1949－2019

中国劳动关系学院70周年校庆

70TH ANNIVERSARY OF CHINA UNIVERSITY OF LABOR RELATIONS

中国劳动関係学院
CHINA UNIVERSITY OF LABOR RELATIONS

70周年校庆丛书

中国劳动关系报告（2019）

REPORT OF CHINA LABOR RELATIONS

乔健 ◎ 主编

社会科学文献出版社
SOCIAL SCIENCES ACADEMIC PRESS (CHINA)

目　录

Ⅰ　总报告

Ⅱ　专题报告

Ⅲ　“一带一路”特别报告

Ⅳ　国际参考专题报告

总 报 告

General Report

第一章 从市场化、法治化到灵活化：改革开放以来中国劳动关系的转型发展及启示

乔 健*

摘 要： 改革开放40多年来，中国劳动关系的形态和调整模式经历了由计划经济向社会主义市场经济的转型发展。这些转型发展包括：国企改制推动劳动关系市场化发展、中国加入世界贸易组织后促进劳动关系全球化发展、民营企业“无法可依”促使劳动关系法制化发展、多重因素推动个别劳动关系集体化发展。改革开放以来职工队伍权益的总体特点是：就业规模持续扩大，就业结构不断优化；工资持续增长且涨幅明显，收入差距过大的现象开始减少；社会保险参保人数增加，待遇水平有所提高；职业安全卫生状况持续改善，但企业安全

* 乔健，副教授，中国劳动关系学院国际交流合作处处长。

生产形势依然严峻；劳动争议持续增长，争议标的集中在工资保险领域。劳动关系新转型是走向灵活化和放松管制，本文分析了数字经济下的灵活用工发展与政策规制，论述了增强劳动力市场灵活性的劳动政策，并对当前劳动关系特点及调整模式做出判断和提出政策建议。

关键词： 劳动关系转型　市场化　全球化　集体化　灵活化

“转型”（transformation），是指一个国家在其发展的一定阶段，通过推行经济、政治或社会体制的改革，以促进国家发展的举措。[①] 而且，体制转型不会一蹴而就，它会根据经济、社会和政治发展的需要，经历一个连续递进或脱胎换骨的过程。改革开放 40 多年来中国劳动关系的转型发展，总体上指我国的劳动关系形态和调整模式如何由计划经济体制向社会主义市场经济体制转变的过程，了解这一过程，对研究我国劳动关系的治理体系和政策模式、预测劳动关系的未来走向具有重要意义。

一　改革开放以来中国劳动关系的转型发展

我国劳动关系的转型是经济体制改革和经济结构调整的产物。从 1980 年第一家合资企业——北京航空食品有限公司，率先实行劳动合同制开始，我国劳动关系转型迈出了市场化雇佣的第一步，包括 1986 年劳动部颁行的《关于实施劳动合同制度的暂行规定》，都是早期劳动关系改革的标志性事件。但劳动关系的整体性转型发展，始于 1990 年代商品市场从求过于供到供过于求的转变，这种转变迫使国家和企业的劳动法律与人力资源政策做出重大调整，以适应市场需求的变化。从 1990 年代至 2015 年，我国劳动关系共经历了四次转型。

① 厉以宁：《转型发展理论》，同心出版社，1996。

（一）第一次转型：国企改制推动劳动关系市场化发展

1990 年代中期，国有企业因冗员压力增大，经营日趋困难。1997 年，全国国有企业职工再就业工作会议把“减员增效、下岗分流、规范破产、鼓励兼并和实施再就业工程”确定为国企摆脱困境的战略性途径后，国企富余人员分流速度明显加快。1997 年 6 月末，城镇下岗职工达 1000 万人，其中下岗无业人员为 578 万人。同时，全国国有和城镇集体企业中停发、减发工资的困难职工为 1190.3 万人，下岗职工和困难职工人数都达到历年来最高点，成为制约经济和社会发展的突出问题。

在当时，下岗职工和困难职工群体具有以下特征：一是下岗职工中女性职工多、中年职工多、文化技术素质低的职工多；二是下岗职工无业周期延长，下岗无业在半年以上的职工占下岗总人数的 59.8%；三是下岗职工的择业观念有待转变；四是困难职工所在的地区和行业分布较为集中，煤炭、军工、森工、纺织、机械等行业的困难职工生活问题与矛盾突出。此外，下岗职工思想波动较大，突发性事件屡有发生。

1998 年 5 月，中央召开国有企业下岗职工基本生活保障和再就业工作会议，其重点是建立一套适合中国国情的保障下岗职工基本生活的制度规范。针对我国劳动力市场不健全、失业保险不完善的现状，会议确定将再就业服务中心设在企业，对于实行劳动合同制以后参加工作并且合同期满的人员，可按照《劳动法》终止劳动关系。合同期未满而下岗的人员，企业也要安排其进入再就业服务中心。下岗职工在再就业服务中心的期限一般不超过三年，三年期满仍未再就业的下岗职工，应与企业解除劳动关系，按规定享受失业救济和社会救济。下岗职工在再就业服务中心期间的基本生活费，原则上可按略高于失业救济的标准安排并按适当比例逐年递减，但最低不得低于失业救济水平。

据统计，截至 2001 年 6 月末，全国累计组织了 2300 多万下岗职工进入再就业服务中心，签订了不超过 3 年的基本生活保障和再就业协议；陆续有 1700 多万下岗职工从再就业服务中心走出，其中，有 1500 多万人实现了再就业，占离开中心人数的 88%；有 360 多万人与原企业解除劳动关系，占离开中心人数的 21%。

为理顺国有企业下岗职工的劳动关系，鼓励下岗职工走出中心，2000 年 12 月，《国务院关于印发完善城镇社会保障体系试点方案的通知》出台，要求各地区用三年左右时间，有步骤地完成下岗职工基本生活保障向失业保险的并轨工作，并确定在辽宁省进行试点工作。2001 年 7 月，国务院批准辽宁省试点方案，主要政策有：距法定退休年龄不足 5 年的下岗职工，可办理“内部退养”，同时，协议保留社会保险缴费关系；在中心期间实现再就业和在中心协议期满后与原企业解除劳动合同的下岗职工，企业都要对其支付经济补偿金；劳动合同期满终止劳动合同的职工，企业要对其支付生活补助费。关于拖欠下岗职工债务，各地普遍规定，债务清偿是企业责任，政府通过制定政策，对困难企业给予帮助。最后，下岗职工与原企业解除劳动关系后，其社会保险关系可以接续或保留。

2002 年 6 月末，辽宁省并轨人员总数达 66.4 万人，完成了三年试点并轨计划的 51%。辽宁试点的主要经验有：一是坚持试点与促进就业同步推进，在 2001 年解除劳动关系的 51 万下岗职工中，有将近 50% 的人员实现了不同形式的再就业；二是正确处理经济因素和非经济因素、在岗职工和并轨人员的关系，凡是国家政策明确规定的，辽宁省都严格按照政策操作，不打折扣；三是做好并轨人员的各项社会保险关系的接续工作。

2002 年 9 月，中央再度召开全国再就业工作会议，将促进就业作为与经济增长同等重要的一项长期的战略任务和重大的政治任务，鼓励国有大企业在进行结构调整、重组改制和主辅分离中，利用非主业资产和闲置资产，以多种方式分流和安置企业富余人员。同时，政府投资开发公益性岗位，优先安排 40～50 岁等大龄就业困难对象就业。

2003 年末，大部分竞争性国企改制基本完成，近 3000 万国企员工被下岗分流。政府通过建立企业再就业服务中心，这一具有中国特色的就业保障服务机构，推动竞争性国企实现了劳动关系的市场化。

（二）第二次转型：中国加入 WTO 促进劳动关系全球化发展

利用外资是中国对外开放政策的重要组成部分，我国主要采取吸引外商直接投资的形式。如果以一种历史眼光加以审视，2001 年 11 月加入 WTO 是中国对外开放发展过程中的重要契机。中国希望借助加入 WTO 这一重要契机，为带动经济迅速发展的对外贸易营造一个良好的国际经济环境，也使中国更深地融入全球化进程，为继续推动新世纪的改革开放提供动力。

但在评价中国加入 WTO 对其劳资关系的影响方面，笔者当时认为，中国入世将带动中国产业结构调整并使农村剩余劳动力流动加快，因而会加剧城镇工人下岗失业的紧张状况。而产业结构和人力资源构成的剧烈调整，以及中国为保持其后一个时期劳动力价格低廉的比较优势，以吸引外商大规模对华投资，都将突显中国的劳动问题和激化劳资矛盾，使劳动者权益保障面临前所未有的挑战。[①] 然而，从后来的发展来看，中国是全球化的受益者，入世不仅为中国注入了强劲的增长动力，而且持久推动了扩大就业。

中国加入 WTO 后，迎来了大型跨国公司对华投资的新高潮，外商连续两年实际投资额超过 500 亿美元。2012 年末，中国累计设立外资企业 74.8 万家，创造了约 4500 万个就业机会。[②] 2008 年国际金融危机以来，国际资本对中国投资趋缓。2015 年末，中国累计吸收外资超 1.6 万亿美元。[③] 由于近年投资成本被不断推高，外企面临全球产业链重新布局、企业撤资外迁等产业结构调整方面的问题。

入世带动的外资经济发展也使我国劳动关系的全球化得到逐步发展。它意味着中国劳动关系在主体结构、劳动标准、调整方式等方面开始出现国际化的发展趋向，即劳动关系的存在和调整，已经不仅是一个国家内部事务，

---

① 常凯、乔健：《WTO：劳工权益保障》，中国工人出版社，2001。

② 张德江：《中国 4500 万人的就业机会来自外资企业》，网易财经，2010 年 11 月 6 日。

③ 高虎城：《商务部部长高虎城回应“外资逃离中国”：不再给超国民待遇》，观察者网，2016 年 2 月 20 日。

而且直接受到国际经贸规则和国际劳工标准的影响和制约。

首先，劳动关系国际化发展表现为外商对华投资企业中所结成的新型劳资关系（见表1－1）。其特点在于，它是跨国性生产组织与国别性劳工及其组织所结成的一种特殊劳资关系。这使劳资双方在主体的力量对比、劳动关系的运行和协调、争议的处理等方面都带有自身的特点。

表1－1　外商对华投资企业雇佣人数

单位：万人

就业人员＼年份	1998	2001	2002	2003	2008	2010	2011	2012	2013	2014	2015
港澳台企业就业人员	294	326	367	409	679	770	932	969	1397	1393	1344
外资企业就业人员	293	345	391	451	943	1053	1217	1246	1566	1562	1446

资料来源：《中国人力资源和社会保障年鉴（2016）》。

其次，国际劳工标准开始对中国的劳动立法和企业劳动标准的设置发挥直接影响。截至2014年，中国共批准25个国际劳工公约，其中包括三项核心劳工公约，即第100号国际劳工公约、第138号国际劳工公约、第182号国际劳工公约。此外，全国人大批准了《经济、社会和文化权利国际公约》。这表明，上述国际劳工公约和人权公约都将具有国内法的效力，并成为中国劳动立法的法律渊源之一。中国政府还以前所未有的力度缩短工时，将每周工作48小时缩短为40小时。另外，中国政府对21世纪以来流行于东南沿海出口加工企业的“企业守则”的认证和监察活动加强了管理，无论是SA8000，还是FLA、BSR、ETI，这些守则的内容主要是依据国际劳工标准而制定的，这些“企业守则”已开始对跨国公司在华投资企业劳动关系的规范产生直接影响。

最后，中国协调劳动关系的手段也在更多地借鉴通行的国际惯例，这体现为劳工权益保障在一定程度上的全球化发展趋势。在借鉴国际惯例方面，我国不仅有传统的劳动者组建工会、劳资集体谈判制度、劳动争议处理制度，特别在入世期间，我国与国际劳工组织合作，引入三方协调机制，并于2001年召开了第一次国家协调劳动关系三方会议。

（三）第三次转型：民营企业“无法可依”促使劳动关系法治化发展

自1997年，党的十五大明确了“非公有制经济是我国社会主义市场经济的重要组成部分”“公有制为主体、多种所有制经济共同发展，是社会主义初级阶段的一项基本经济制度”以来，私营企业无论在数量上还是规模上都取得了快速发展。截至2013年末，全国私营企业达到560.4万户，占企业总量的68.3%[①]，私营企业就业人数为8242万人。[②] 广义而论，如果将个体经济包括进来，城镇私营企业创造了2亿人以上的就业岗位。

但是，21世纪初期，由于大力发展经济，政府往往对私营资本的管理采取相对宽松的政策，因此私营企业对劳动标准执行不规范，普遍存在严重侵犯劳动者权益的现象。2006年10月，中共十六届六中全会通过的《关于构建社会主义和谐社会若干重大问题的决定》，概括了当时劳动关系所存在的许多不和谐因素，例如，劳动合同签订率低、期限短、内容不规范；许多企业缺乏社会责任感，劳动条件和职业卫生状况十分恶劣，强迫员工超时加班；企业工资分配机制不完善，拖欠和克扣职工工资情况时有发生；劳动关系协调机制不能充分发挥作用，群体性事件经常发生等问题。根据2006年1月全国人大检查《劳动法》实施情况的报告、2007年末国务院关于维护职工合法权益情况的报告及2008年末全国人大检查《劳动合同法》实施情况的报告，我国依然存在劳动合同签订率低、期限短、内容不规范，劳务派遣扩大；最低工资保障制度没有得到全面执行，拖欠工资情况仍时有发生，工资正常增长机制尚未形成；超时加班现象比较普遍，劳动条件差；社会保险覆盖面窄、统筹层次低，欠缴保险费现象严重等问题。2011年，全国人大再次检查《劳动合同法》实施情况时，发现上述问题仍然普遍存在。

另外，以2003年10月时任国务院总理的温家宝呼吁为农民工讨薪为契机，进城务工的农民工权益保障问题引起了政府和全社会的关注。仅在劳动

---

① 国家统计局、国务院第三次经济普查办公室：《第三次全国经济普查主要数据公报》，国家统计局网站，2014年12月16日。

② 人社部：《中国人力资源和社会保障年鉴2014》，中国劳动社会保障出版社，2014。

和保障部2002年底开展的农民工工资支付情况专项检查中，在23个外来务工人员较多的省区市，就查处拖欠农民工工资违法案件13000余起，涉及62.6万人，追讨农民工被拖欠工资额达3.5亿元。①

针对上述问题，政府以科学发展观、以人为本和构建和谐社会为指引，积极推动劳动立法，初步构建起市场经济条件下我国劳动关系协调的法律和政策体系。

在个别劳动关系方面，2007年颁布的《劳动合同法》与2008年国务院出台的《劳动合同法实施条例》，共同确立了劳动者与用人单位通过劳动合同建立劳动关系，以实现双方权利义务的法律规制。2013年《劳动合同法》修正案及2014年《劳务派遣暂行规定》的先后实施，强化了对劳务派遣的法律规制。2014年，国务院颁行实施《事业单位人事管理条例》，标志着事业单位向市场化雇佣迈出新的一步。

在集体劳动关系方面，政府主要是加强基层企业民主和法治建设。在原有《工会法》、《劳动法》和《劳动合同法》的基础上，2012年党和国家六部委又颁行《企业民主管理规定》，通过建立完善集体协商和集体合同制度、职工民主管理制度及劳资协商会等制度，在企事业单位建立多层次、多形式的工会和职工参与协调劳动关系的制度。此外，在这一领域，地方省市也出台了一批工资集体协商及职工权益保障的条例。

在宏观劳动关系协调方面，政府主要以健全组织和完善职能为重点，加强劳动关系三方协调机制建设。从2001年劳动关系协调三方机制建立开始，到2012年末，全国共建立各级劳动关系三方协调机制机构（包括地方和产业）2.4万个。

在劳动标准体系建设方面，2007年《就业促进法》、《劳动合同法》、2010年《社会保险法》及《工伤保险条例》修正案、2011年《刑法》修正案（八）和《职业病防治法》修正案、2012年《女职工劳动保护特别规

① 劳动和保障部劳动工资司：《农民工工资支付情况专项检查报告》，《劳动工资动态》2003年第8期。

定》以及2013年《关于深化收入分配制度改革的若干意见》等法规政策的连续出台，初步形成了围绕雇佣关系、工资、工时、休息休假、禁止使用童工、对女职工和未成年工保护、劳动定额、劳动安全卫生等建立的劳动标准体系。同时各地政府还定期上调最低工资标准。

在劳动保障执法监察方面，继2004年颁布《劳动保障监察条例》后，2011年发布的“十二五”规划纲要提出要加大劳动保障监察执法力度，切实维护劳动者权益。2012年党的十八大报告又首次使用“加强劳动保障监察”的提法，要求各级政府要加大执法力度和完善工作机制建设。2013年十八届三中全会通过的《中共中央关于全面深化改革若干重大问题的决定》进一步要求各级政府要加大安全生产、劳动保障等重点领域基层执法力量。

针对劳动争议频繁激增的现状和这项制度过往的缺陷，2007年颁行的《劳动争议调解仲裁法》，创新和完善了劳动争议处理机制。2011年人社部颁行《企业劳动争议协商调解规定》，将制度建设的重心转向劳动争议调解，并加强调解仲裁的效能建设。此外，最高人民法院分别在2001、2006、2010和2013年出台了四个审理劳动争议案件的司法解释，2014年还就审理工伤保险行政案件做出规定，厘清和细化了相关法律边界和规定。

在维护农民工权益问题方面，2003年初，国务院办公厅发出的《关于做好农民进城务工就业管理和服务工作的通知》，要求取消对农民进城务工就业的不合理限制，切实解决拖欠和克扣农民工工资问题。其后，国务院六部委联合颁布了《2003～2010年全国农民工培训规划》。2006年1月，国务院颁布的《关于解决农民工问题的若干意见》，确立了公平对待、一视同仁地做好农民工工作的基本原则，要求抓紧解决农民工工资偏低和拖欠问题，切实为农民工提供相关公共服务，健全维护农民工权益的保障机制。2006年3月，国务院农民工工作联席会议成立，推动建立了农民工工作的协调机制。

在推进劳动立法的过程中，立法机构采取科学立法、民主立法的方法，广泛向社会、专家征集意见，公众参与度明显提高。例如，《劳动合同法》草案收到群众意见近20万条，全国人大常委会将意见进行吸纳整理后，通过媒体向社会反馈。全国人大常委会还分别于2008年和2011年两度对《劳动合同法》的实施情况进行检查，发挥了立法机关的执法监督作用。

总体上看，随着市场经济的发展，中国劳动关系在构成、运行和处理等方面的法制化进程已基本完成，目前正处在为应对经济形势的变化而调整、深化和完善阶段。

（四）间奏：应对金融危机，劳动力市场灵活化的预演

2008 年秋国际金融危机爆发，它在中国表现为产能过剩的危机，对企业劳动关系主要有以下影响。

一是国际金融危机使我国各类企业均遭遇前所未有的经营困难，对外资企业的影响尤其显著，主要表现在外商投资能力下降、出口型企业订单大幅减少、资金紧张、企业经营成本上升、市场需求的萎缩等方面。二是出口加工企业生产开工不足或停产关闭，导致企业裁员或变相裁员。三是企业用工谨慎，劳务派遣等灵活用工形式比重大幅上升。四是部分企业减薪或变相减薪，拖欠工资情况增多，企业主欠薪逃逸事件时有发生。五是实行综合计算工时工作制，便于企业灵活安排员工的工作和休息时间。六是社会保险关系中断人员增多，涉及缴纳社保费纠纷案件增多。七是劳动争议案件大幅增加，群体性争议案件比重上升较快，劳资冲突程度加剧，且群体性事件中的暴力性和非理性成分增加。

为应对国际金融危机所带来的影响，劳动保障部门出台了“五缓、四减、三补、两协商”的危机期间为企业减负的短期政策。“五缓”是指对暂时无力缴纳社会保险费的困难企业，在一定条件下允许其缓缴养老、医疗、失业、工伤和生育五项社会保险费；“四减”是指阶段性降低除养老保险外的四项社会保险费费率；“三补”是指使用失业保险基金为困难企业稳定岗位支付社会保险补贴和岗位补贴，以及使用就业专项资金对困难企业开展职工在岗培训给予补贴；“两协商”是指困难企业不得不进行经济性裁员时，对确实无力一次性支付经济补偿金的企业，在企业与工会或职工双方依法平等协商一致的基础上，双方可签订分期支付或以其他方式支付经济补偿的协议。这些政策在危机时期可能会起到维持企业生存发展

的作用，但也可能引发通胀、社保支付能力下降等问题，为劳动纠纷日后的集中爆发埋下隐患。

总的来看，经济危机使劳动关系的协调处理难度明显加大。劳动保障监察部门的工作思路也由突出维护劳动者权益，向维护劳动者权益和促进企业发展并重、维护劳动者基本权益和长远利益并重转变，并提出了“柔性执法”的口号。另外，面对金融危机，各地都创造了劳资双方互谅互让共渡难关的办法，例如，工会在企业和职工中广泛开展“共同约定行动”，力保岗位不减、工资收入不降，职工对企业临时性采取的弹性工时、弹性工资、灵活用工措施予以理解和支持。

（五）第四次转型：多重因素推动个别劳动关系走向集体化发展

图 1 – 1 显示，总体上，我国劳动争议案件起数呈增长态势。进入 21 世纪以来，劳动争议的重点开始从个别争议转向集体争议。从表 1 – 2 可以看出，从 1997 年起，集体争议人数占劳动争议总人数的比例开始超过 50%，集体争议成为劳动争议的主要形式，这种状况维持了 10 年。从 2007 年起，集体争议人数占劳动争议总人数的比例降至 50% 以下，以后逐年递减，2013 年只有 24.6%。另外，我国集体劳动争议案件数的波动与经济体制改革和经济结构调整密切相关，集体劳动争议案件激增大多出现在体制改革或经济波动的年份。例如，1998 年国企改制与亚太金融危机叠加，当年集体劳动争议数量年增长率为 64.69%，集体劳动争议人数在劳动争议总人数中的占比达到 70.08%；2004 年国企主辅分离、辅业改制基本完成，集体劳动争议数量年增长率为 77.8%；2008 年《劳动合同法》实施与国际金融危机叠加，集体劳动争议数量年增长率为 71.15%，案件量达到 21880 件。笔者认为，从这些指标向度看，我国劳动关系的集体化转型并非从 2008 年《劳动合同法》施行开始①，而要提早到 21 世纪初叶。

① 常凯：《劳动关系的集体化转型与政府劳工政策的完善》，《中国社会科学》2013 年第 6 期。

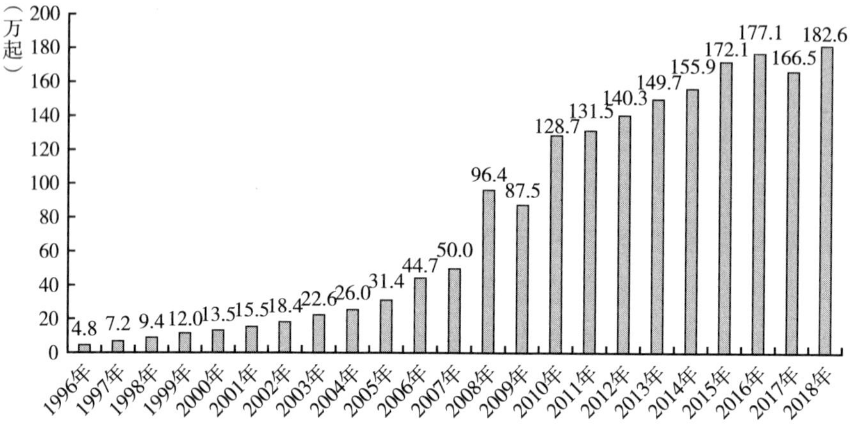

图 1－1　1996～2018 年劳动争议案件起数

表 1－2　1996～2016 年中国集体劳动争议数量及人数情况

科目 年份	集体劳动争议数量（件）	集体劳动争议数量年增长率（%）	集体争议人数（人）	劳动争议总人数（人）	集体争议人数占劳动争议总人数的比例（%）
1996	3150	21. 72	92203	189120	48. 75
1997	4109	30. 44	132647	221115	59. 99
1998	6767	64. 69	251268	358531	70. 08
1999	9043	33. 63	319241	473957	67. 36
2000	8247	－8. 80	259445	422617	61. 39
2001	9847	19. 40	287000	467000	61. 46
2002	11024	11. 95	374956	608396	61. 63
2003	10823	－1. 82	514573	801042	64. 24
2004	19241	77. 78	477992	764981	62. 48
2005	16217	－15. 72	409819	744195	55. 07
2006	13977	－13. 81	348714	679312	51. 33
2007	12784	－8. 54	271777	653472	41. 59
2008	21880	71. 15	502713	1214328	41. 40
2009	13779	－37. 02	299601	1016922	29. 46
2010	9314	－32. 40	211755	815121	25. 98
2011	6592	－29. 22	174785	779490	22. 42

续表

科目 年份	集体劳动争议数量（件）	集体劳动争议数量年增长率（%）	集体争议人数（人）	劳动争议总人数（人）	集体争议人数占劳动争议总人数的比例（%）
2012	7252	10.01	231894	882487	26.28
2013	6783	-6.47	218521	888430	24.60
2014	8041	18.55	267165	997807	26.78
2015	10466	30.16	341588	1159687	29.46
2016	9745	-6.89	289924	1112408	26.06

资料来源：1997～2017年《中国劳动统计年鉴》。

但是，如何解释2010年以来进入“一裁两审”程序的集体劳动争议数量的下降现象？笔者认为，其技术原因在于，有相当一部分集体劳动争议在仲裁前就已经通过调解程序处理，这部分案件没有统计进来，而2012年以后，调解处理的案件量甚至超过了仲裁的案件量。其实质原因是，有相当多的员工不再通过法律规定的申诉渠道，而是诉诸罢工、静坐、游行示威、请愿、上访等不同途径，来维护自身利益，使进入处理程序的集体劳动争议案件数量有所下降。

截至目前，我国尚未建立一套公开的劳动者群体性事件的统计指标体系，并且，出于维护社会稳定的需要，这方面的统计数字不公开。研究者只能从某一时期、某一地区前后统计数据的比较分析和个案研究，对劳动者群体性事件的性质、规模和数量做出推测。例如，2003年，全国在岗职工、下岗职工及离退休人员参与群体性事件的人数为144万人，占全国各类群体性事件参与人次总数的46.9%，位居第一。2010年夏，南海本田的工人罢工，开启了劳工集体抗争的新模式，也推动了各地以提高工资为目标的罢工行动密集展开。这些案件主要集中发生在纺织、电子、建筑等劳动密集型行业，参与群体以农民工为主。以发生的区域来看，广东省发生的案件占案件总数的49.1%，参与人数占案件参与总人数的60%。而且，群体性事件的组织性在增强，持续时间更长。从发生的地点和路线设计来看，这些案件的发生是有组织和有目的的。[1] 随着经济新常态和供给侧结构改革力度加大，2014～2015 年劳动者群体性事件数量又有迅猛增长。

集体劳动争议数量激增和劳动者群体性事件发生数量的不断上升，表明了劳动关系自下而上的集体化转型。出现这种变化的首要原因在于人口中长期发展趋势和劳动力市场供求关系出现了有利于劳动者的态势。从 2012 年起，我国劳动年龄人口连续 7 年下降，劳动年龄人口年均净减少超过 400 万人。劳动力市场求过于供的态势使劳动者更易选择激进抗争的博弈策略为自己争取利益。其次，这种变化还与新生代农民工的特质有关。他们是多出生于 1980 年代以后、年龄在 16 岁以上、在异地以非农就业为主的农业户籍人口，同时他们对职业期望更高、想获得体面的工资水平，并且更具有融入城市和转化身份的意愿。新生代农民工由于比上一代农民工有更强的平等意识和维权意识，其维权态度更为积极。据统计，当新生代农民工权益受到侵害并采取投诉时，采取集体投诉方式的农民工占新生代农民工总人数的 45.5%。[2] 在诉求内容上，劳动者已产生了分享经济发展成果的要求，从基本权利诉求转向利益诉求。劳动争议的集体性及诉求内容的变化反映出新生代农民工的团结意识乃至工人阶级意识的初步形成。

此外，劳动者上述行为模式的变化也从正面促进了工会的组建及作用的发挥。2010 年 7 月召开的全国总工会十五届四次执委会议提出“两个普遍”的要求，即推动企业普遍建立工会组织，普遍开展工资集体协商，以实现劳动关系和谐稳定。且这一轮工资集体协商的开展将区域性和行业性集体协商作为当前这项制度建设的主要载体。随着 2011 年全国和谐劳动关系总结表彰会的召开和 2015 年党中央和国务院颁行《关于构建和谐劳动关系意见》，以及 2015 年学习贯彻中央群团工作会议精神活动的开展，工会改革被提上议事日程，表明调整劳动关系的方式也从个别转向集体，政府和工会发挥了更大作用。

---

① 宋娟：《在“中国集体劳动争议状况及对企业劳动关系的影响”研讨会上的报告》，2010。

② 中华全国总工会课题组：《关于对新生代农民工现状的调查与对策建议》，《劳动关系与工会运动研究与动态》2010 年第 6 期。

二　改革开放以来职工队伍权益保障状况的演进

劳动关系的转型伴随着我国新生代职工队伍的成长。过去我们对工人阶级的定义是，与社会化大生产相联系，以公有制形式为主体占有生产资料，以工资收入作为主要生活来源的劳动者所构成的社会集团。[①] 现在，这个概念要结合市场化进程中的经济结构变化和劳动关系转型来调整，因此现阶段的工人阶级主要指作为劳动法律关系中与用人单位及其代表相对应的劳动者阶层，其主要特征是自由独立性和受雇佣性，这一特征也从根本上决定了工人的法律和社会地位。所以，现阶段的职工队伍实质上是雇佣劳动者，这一阶层主要由两个群体组成：城镇蓝领、白领工人群体（基层管理人员和专业技术人员），以及由农民转化的农民工群体（其中绝大部分是蓝领工人）。

改革开放40多年来，随着经济社会的转型，我国从农业社会走向工业及信息社会、从计划经济走向市场经济，这一过程从根本上说是社会利益关系的重新配置，也是社会阶层结构的重新组合。有学者将中国城市“工人阶级转型”分为三种模式：第一，流动农民工的形成；第二，社会主义工人的再造；第三，下岗工人的消解（unmaking）。每一种模式都意味着变化中的政治经济（并非计划经济或市场经济的简单划分）、工厂政体（变化的、弹性的）和工人主体性（非革命性、改革主义或激进的）的结合。[②] 对职工来说，就是从计划经济下的依附国家的“主人翁”转变为市场经济下的独立自主的雇佣劳动者。其中，城镇职工原有的“主人翁”身份随着公有制企业改制而变化，经济和社会地位的下降及心态失衡是这个阶层中相当一部分人的主要特点；而农民工则饱受“血汗工厂”之苦，他们是中国经济快速发展中最主要的社会成本承担者，但

---

① 中共中央宣传部理论局：《马克思主义哲学学习纲要》，中共中央党校出版社，1989。

② 李静君：《中国工人阶级的转型政治》，载李友梅、孙立平、沈原主编《当代中国社会分层：理论与实证》，社会科学文献出版社，2006。

这一阶层的职工年轻、独立、积极向上并初具权利和团结意识，同时他们也越来越多地通过社会行动来表达其诉求，他们是新工人阶级的主体和未来。

（一）职工就业规模持续扩大，就业结构不断优化

从1990年代中期以来，我国的职工就业规模持续扩大。表1-3显示，城镇就业人数从1998年的约2.16亿人扩大到2015年的约4.04亿人。在近20年间，年均城镇新增就业人数保持在1000万人以上。即便在供给侧结构改革的“十三五”规划时期，年均城镇新增就业人数仍连续保持在1300万人以上，2018年为1361万人，比上年增加10万人。与此同时，城镇登记失业率一直保持在较低的水平，从1998年的3.1%，到2018年的3.8%，即便是受到国际金融危机影响最大的2009年，城镇登记失业率也只有4.3%。2018年城镇调查失业率维持在4.9%左右的较低水平。从2009～2014年，全国农民工总量从2.30亿人增加到2.74亿人，增加4400万人，其中外出农民工总量从1.45亿人增加到1.68亿人。2018年农民工总量为2.88亿人，比上年增加184万人，增长0.6%。同其他国家相比，我国失业率长期保持在5%之下，就业相对充分。

表1-3　1998～2016年GDP增长率、城镇登记失业率与城镇就业人数的扩张情况

单位：%，万人

科目＼年份	1998	2000	2001	2004	2008	2009	2010	2012	2013	2014	2015	2016
GDP增长率	7.8	8.4	8.3	10.1	9.6	9.2	10.4	7.7	7.7	7.4	6.9	6.7
城镇就业人数	21616	23151	24132	27293	32103	33322	34687	37102	38240	39310	40410	41428
城镇登记失业率	3.1	3.1	3.6	4.2	4.2	4.3	4.1	4.1	4.05	4.09	4.05	4.02

资料来源：《中国劳动统计年鉴2017》。

与此同时，我国职工就业结构也在不断优化。从产业结构看，我国三大产业就业人员比重从1998年的49.8∶23.5∶26.7转变为2014年的29.5∶29.9∶40.6。其中，第二、三产业就业人员比重超越第一产业就业人员比重

都发生在“十二五”规划时期，它表明劳动者素质和劳动生产率有同步提高的发展趋势。从城乡之间的就业结构看，城镇就业比重从 1998 年的 30.6% 提高到 2014 年的 50.9%，首次超过乡村就业比重，表明城镇化进程在加快。

职工就业规模的持续扩大，其原因包括，首先，我国政府始终注重从总体上解决就业问题，即把促进经济发展和社会生产力水平的提高作为促进就业的前提条件。稳增长实际是保就业，1998～2013 年，我国 GDP 增速一直稳定在 7.7% 以上，从而在根本上保障了职工就业的物质基础。

其次，由于经济结构和产业结构的调整，职工就业规模的扩大带来了新的就业岗位。在制造业时代，GDP 每提高一个百分点就创造出 100 万个就业岗位；当产业结构重心转向服务业以后，则可增加 130 万～150 万个就业岗位。尤其是近年新经济、新业态、新就业形态的出现，增强了经济增长对就业的拉动能力。新就业形态主要指依托互联网实现的有别于正式稳定就业和标准劳动关系的灵活化、平台化的组织用工和劳动者从业形态。2017 年我国参与数字经济活动的人数超过 7 亿人，参与提供服务者约为 7000 万人，其中通过互联网平台实现就业的人员约为 716 万人，均比上年大幅度增加。①

再次，我国政府所采取的积极就业政策，对促进劳动者就业发挥了重要作用。除了以提高经济增长拉动就业能力为导向的宏观经济政策外，还包括 1997～2003 年以重点促进国企改制中的下岗失业人员再就业为导向的扶持保障政策，再有以实现劳动力与就业需求合理匹配为导向的劳动力市场政策，以及以减少失业为导向的宏观调控政策等。② 当前，面对中美贸易摩擦，我国就业呈现稳中有变的格局，政府决定实施更加积极的就业政策：一是对符合条件的稳定就业参保企业，政府可通过减费方式，返还企业及其职工缴纳的 50% 失业保险费；二是企业可通过政府性融资担保、鼓励创业担保贷款等促进创业就业；三是支持职工参加技能培训等。

① 国家信息中心：《中国共享经济发展年度报告（2018）》，2018。

② 莫荣等著《中国积极就业政策》，社会科学文献出版社，2015。

最后，劳动力市场从供过于求转向求过于供，在相当程度上缓解了就业压力。事实上，某些沿海开放地区从2003年开始就出现劳动力求过于供的现象。劳动力市场出现全局性的反转是在2009年以后，其表现是“用工荒”。2012～2015年，我国劳动年龄人口连续四年下降，分别比上年下降345万人、244万人、371万人和487万人，累计下降1447万人，2018年下降470万人。[①] 而且，这些年的求人倍率都在1以上，劳动力市场需求略大于供给，这有助于在经济下行期缓解就业压力。

（二）职工工资持续增长且涨幅明显，工资收入差距过大的局面开始缓解

1998～2016年，我国各经济类型在岗职工平均工资均保持了两位数以上的增长幅度，1998年在岗职工平均工资为7479元，2016年为68993元，是1998年的9倍，年均名义工资增长率为13.14%。从2007年开始，工资增长幅度大于劳动生产率增长幅度，且在相当多的年份里略大于GDP的增长幅度。在此背景下，城镇居民人均可支配收入也有大幅度提高，1998年为5425元，2015年增加到31195元，是1998年的5.75倍，扣除物价因素，年均城镇居民人均可支配收入实际增长率为6.6%。根据国家统计局监测数据，全国外出农民工打工月均工资收入，2008年为1340元，2015年提高到3072元，是2008年的2.29倍，年均增长率为16.16%，明显快于同期城镇在岗职工工资增幅，也比同期GDP增幅大（见表1－4）。

表1－4　1998～2016年我国各经济类型职工工资及基尼系数变化情况

科目＼年份	1998	2000	2001	2004	2008	2009	2010	2012	2013	2014	2015	2016
在岗职工平均工资(元)	7479	9371	10870	16024	29229	32736	37147	47593	52388	57361	63241	68993

① 国家统计局：《劳动年龄人口下降，但劳动力资源仍然丰富》，《证券时报》2019年1月23日。

续表

科目 \ 年份	1998	2000	2001	2004	2008	2009	2010	2012	2013	2014	2015	2016
城镇单位职工工资总额（亿元）	9540	10955	12205	17615	35290	40288	47270	70914	93064	102817	—	120075
城镇居民人均可支配收入（元）	5425	6280	6860	9422	15781	17175	19109	24565	26955	28844	31195	33616
外出农民工月均收入（元）	—	—	—	—	1340	1417	1690	2290	2609	2864	3072	3275
基尼系数	0.378	0.409	0.403	0.473	0.491	0.490	0.481	0.474	0.473	0.469	0.462	0.465

资料来源：《中国人力资源和社会保障年鉴（2016）》，《中国劳动统计年鉴2017》，国家统计局网站。

除此之外，各地区、行业工资收入差距过大的情况开始得到缓解。据统计局测算，1998年全国居民收入基尼系数为0.378，2008年攀升至0.491，而后缓慢下降，2015年降至0.462（见表1-4）。从地区差距看，中西部地区平均工资增速高于全国平均水平，但资源集中省份工资增速近年明显减弱，2008年地区间城镇单位在岗职工平均工资高低差达到近期高值的2.69倍，而后降至2012年的2.27倍，但2013年又升至2.42倍。从行业水平看，工资最高的金融、信息、软件业工资增速慢于工资最低的农、林、牧、渔业，故工资差距继续呈缩小趋势。行业工资差距最高为2005年的4.73倍，最低为2014年的3.82倍。① 但总的来看，行业工资差距依然过大，垄断行业工资过高，部分产能过剩行业如煤炭、钢铁、水泥等企业因经营困难，工资增长乏力。

职工工资水平的快速上升导致企业劳动力成本大幅增加，甚至迫使部分外资企业结业撤离，转向工资成本更低的东南亚国家。这一格局是制度规制与市场供求共同作用的结果。从制度规制来看，政府近年来加大了最低工资的调整力度，“十二五”规划纲要提出，在此期间，最低工资年均增长要在

① 刘学民、王学力：《我国工资分配发展现状与前景展望》，载刘燕斌主编《中国劳动保障发展报告（2015）》，社会科学文献出版社，2015。

13%以上，多数地区达到社会平均工资的40%以上。2011～2015年全国分别有25、25、27、19、28个地区调整了最低工资标准，平均增幅分别为22%、20.2%、17%、14.1%和14%。当前，人社部依据“增强劳动力市场灵活性”的原则，已于2016年初颁行新的最低工资标准调整机制的文件，要求政府以保障最低收入劳动者及其赡养人口基本生活为底线，兼顾企业承受能力，稳慎调整最低工资标准。此外，政府发布的工资指导线、劳动力市场工资指导价位、对企业恶意欠薪的法律政策规制、对企业高管薪酬的规范以及工会推进的工资集体协商，都对这一时期职工工资水平的提高发挥了重要作用。但是，最重要的仍然是市场机制所发挥的作用。如前所述，劳动力市场在“十二五”规划期间已在总体上形成求过于供的格局，加之我国GDP仍保持中高速增长，劳动者有组织要价能力的提高，都是职工工资水平持续增长的根本原因。

2014年以来，国家对职工工资开始稳慎控制增长。2018年，全国居民人均可支配收入28228元，比上年实际增长6.5%，与经济增长基本同步。城镇居民人均可支配收入39251元，比上年实际增长5.6%。2017年农民工月均收入3485元，比上年增加210元，增长6.4%，增速同比回落0.2个百分点。[①] 在最低工资方面，2018年全国有13个省市上调最低工资标准。其中，上海月最低工资标准达到2420元，为全国最高；小时最低工资标准最高的是北京的24元。目前，人社部门正着力完善和落实工资支付保障制度，加强欠薪源头治理和日常监察执法和专项检查，以达到2020年实现农民工工资基本无拖欠的目标。

（三）社会保险参保人数不断增加，待遇水平有所提高

1990年代后期，为配合国企改制，我国推进了养老、医疗和失业保险制度的改革，确立了“社会统筹与个人账户相结合”的养老保险模式。从那时以来，各项保险参保人数不断增加。1998年企业在岗职工和离退休人

① 国家统计局：《2017年农民工监测调查报告》，国家统计局官网，2018年4月27日。

员有1.12亿人参加城镇职工基本养老保险，2015年达到约3.54亿人；1998年参加基本医疗保险的只有509万人，2015年扩大到约6.66亿人；1998年失业保险参保人数为7927.9万人，2015年增加到约1.73亿人；1998年工伤和生育保险的参保人数分别为3781.3万人和2776.7万人，到2015年扩大至约2.14亿人和1.78亿人（见表1-5）。

表1-5　1998~2015年在岗和离退休职工参加社会保险人数

单位：万人

科目＼年份	1998	2000	2001	2004	2008	2009	2010	2012	2013	2014	2015
基本养老保险参保人数	11203.1	13617.4	14182.5	16352.9	21891.1	23549.9	25707.3	30426.8	32218.4	34124.4	35361.2
基本医疗保险参保人数	509.3	4332	7285.9	12403.6	31821.7	40147	43262.9	53641.3	57072.6	59746.9	66581.6
失业保险参保人数	7927.9	10408	10355	10584	12400	12715	13376	15225	16417	17043	17326
领取失业保险金人数	306.7	330	312	419	261	235	209	204	197	207	227
工伤保险参保人数	3781.3	4350	4345	6845	13787	14896	16161	19010	19917	20639	21432
生育保险参保人数	2776.7	3002	3455	4384	9254	10876	12336	15429	16392	17039	17771

资料来源：《中国人力资源和社会保障年鉴（2016）》，国家统计局网站。

农民工参加社会保险的人数虽有增加，但不明显。2009年，用人单位为农民工缴纳养老、工伤、医疗、失业和生育保险的比例分别为7.6%、

21.8%、12.2%、3.9%和2.3%。到2014年，农民工“五险一金”的参保率分别为：工伤保险26.2%、医疗保险17.6%、养老保险16.7%、失业保险10.5%、生育保险7.8%、住房公积金5.5%，比上年分别提高1.2、0.5、0.5、0.7、0.6和0.5个百分点。[①] 外出农民工和本地农民工“五险一金”的参保率均有提高。2017年，农民工“五险”的参保人数分别为：参加养老保险的农民工人数为6202万人，比上年末增加262万人；参加医疗保险的农民工人数6225万人，比上年末增加1399万人；参加失业保险的农民工人数4897万人，比上年末增加238万人；参加工伤保险的农民工人数7807万人，比上年末增加297万人。[②]

20多年来，职工社会保险的待遇水平也在稳步提高。1998年，养老金月人均水平只有413元，到2015年，国务院第11年连续调整企业退休人员基本养老金，全国有7974万名企业退休人员受益，调整后的月人均养老金水平超过2200元。全国1.46亿城乡居民基础养老金最低标准从每人每月55元提高至70元，有27个省级政府及新疆生产建设兵团在全国标准之上增加了基础养老金，提高后的最低标准月人均养老金水平超过110元。全国失业保险金月人均发放水平由2014年的852元提高到960元。

同时，社会保险基金收支结余规模持续扩大。1998年全国基本养老保险基金滚存结余611.6亿元，医疗保险基金滚存结余9.8亿元，失业保险基金滚存结余16.5亿元，工伤保险基金滚存结余39.8亿元，生育保险基金滚存结余10.3亿元，五项保险基金合计结余为688亿元。到2015年，五项社会保险基金总收入4.6万亿元、总支出3.9万亿元，年末累计结余为5.95万亿元。可见，社会保险基金收支结余规模的扩大对收入再分配和经济发展的影响也日趋增大。

当前，社会保险存在的主要问题有：社会保险基金支出增长率超过收入增长率，养老和医疗保险基金收支缺口越来越大；由于诸多原因，职工中断

① 国家统计局：《2014年全国农民工监测调查报告》，国家统计局网站，2015年4月29日。

② 人社部：《2017年度人力资源和社会保障事业发展统计公报》，人力资源社会保障部官网，2018年5月21日。

缴费现象相当严重；社会保险基金难以保值增值；社会保障供给与需求的压力不断增大，社会保险成为工人维权诉求的一个重要领域。

为此，国家开展了机关事业单位养老保险制度改革，除阶段性调低社会保险费率，以及税务代征社会保险费几项举措外，还拟采取以下改革措施：一是城镇职工基本养老金实行全国统筹，合理划分中央与地方对基本养老金的筹资和支付责任；二是引入弹性退休机制，渐进式提高法定退休年龄；三是加快完善个人账户制度；四是建立基本养老保险待遇的正常调整机制。

（四）职业安全卫生状况持续改善，但企业安全生产形势依然严峻

我国企业的职业安全卫生状况与经济发展和结构调整密切相关，例如，当我国经济增速提高或产业施行重大结构调整时，企业的职业安全卫生状况便会成为突出问题。1996 年，我国生产安全事故发生数尚为 34.34 万起，死亡 9.34 万人，而 2001 年生产安全事故却增至 100 万起，死亡 13.05 万人。到 2004 年，不但死亡人数达到 13.68 万人，一次死亡 30 人以上的特别重大事故也达 16 起，死亡 936 人（见表 1-6）。

表 1-6　2001～2015 年全国生产安全事故及职业病情况

科目 \ 年份	2001	2003	2004	2005	2008	2009	2010	2012	2013	2015
生产安全事故起数（万起）	100	96.4	80.36	72.79	41.38	37.92	36.34	33.7	30.93	28.16
生产安全事故死亡人数（万人）	13.05	13.63	13.68	12.68	9.12	8.32	7.96	7.2	6.94	6.62
特别重大事故起数（起）	16	14	16	17	10	—	—	2	4	4
特别重大事故死亡人数（人）	707	830	936	1197	662	—	—	84	252	289
报告职业病（例）	13215	14821	4423	12212	13744	18128	27240	27420	26393	29180

注：2004 年报告职业病为 15 省统计数值。

资料来源：历年《中国安全生产年鉴》，国家安全生产监督管理总局网站。

2008 年是一个重要转折点。2008 ~ 2012 年 5 年间，全国安全生产事故死亡人数从 2008 年第一次低于 10 万人降至 2013 年的 6.94 万人（见表 1 - 6），2014 ~ 2018 年延续了下降趋势。重特大事故发生数也持续下降，从年均发生 76 起，2013 年下降到 49 起。特别是煤矿安全生产成效明显，煤矿事故发生数和死亡人数持续下降，曾连续 29 个月没有发生特别重大事故。大部分行业领域事故发生数也呈下降态势。如金属非金属矿山、化工品和危险化学品、建筑施工、冶金机械等行业以及道路交通、水上交通、铁路交通、农业机械等领域都实现了事故总量和事故死亡人数的双下降。

从反映安全发展水平的主要指标看，我国职业安全卫生状况总体趋向良好。与 2008 年相比，2013 年亿元 GDP 事故死亡率由 0.312 下降到 0.124，降幅为 60%；道路交通万车死亡率由 4.3 下降到 2.3，降幅为 47%；煤矿百万吨死亡率由 1.182 降至 0.288，降幅为 76%。

但是，近年来恶性重大事故仍频繁发生，例如，2013 年 6 月 3 日吉林宝源丰禽业公司火灾共造成 121 人死亡，其中死亡者九成是女工；2014 年 8 月 2 日江苏昆山中荣金属制品公司的粉尘爆炸，造成 75 人死亡和 185 人重伤；2015 年 6 月 1 日重庆东方轮船公司的东方之星客轮在长江翻沉，442 人遇难；2015 年 8 月 12 日天津港瑞海公司危险品仓库爆炸，173 人遇难。这些事故充分暴露了我国生产、建设、交通等行业仍然存在安全责任落实不到位、防范措施不到位、安全监管不到位、治理整顿不到位等突出问题，安全生产环境非常脆弱。

与生产安全事故好转的趋势相反，我国职业病则呈现相对恶化的趋势。2008 年以前，全国每年报告职业病数维持在 1.3 万例左右，但 2008 年以后激增到每年 2.8 万例左右，2014 年共报告职业病 29972 例。其中职业性尘肺病 26873 例，占职业病总数的 89.66%，急性职业中毒 486 例，慢性职业中毒 795 例，其他职业病合计 1818 例。2016 年报告职业病突破 30000 例，达 31789 例。2017 年开始下降，这一年报告各类职业病新病例 26756 例，同比降低 15.8%。职业性尘肺病及其他呼吸系统疾病 22790 例，其中职业性尘肺病 22701 例，同比下降 18.6%。[①] 从行业分布看，煤炭开采和洗选业、有色金属矿采选业和开采辅助活动行业的职业病病例数较多。其主要原因是 1990 年代到 21 世纪初叶是我国经济高速发展时期，由于企业和政府单纯追求利润和 GDP 增长，这些职业病大多没有被各地企业及政府重视。

此外，农民工的工作时间依然超长。2009 年，以受雇形式从业的外出农民工平均每个月工作 26 天，每周工作 58.4 小时。其中，每周工作时间多于《劳动法》规定的 44 小时的农民工占外出农民工总数的 89.8%。从农民工集中的几个主要行业看，从事制造业的农民工平均每周工作时间为 58.2 小时，建筑业 59.4 小时，服务业 58.5 小时，住宿餐饮业 61.3 小时，批发零售业 59.6 小时。平均劳动时间最长的是从事住宿餐饮业的农民工，他们每周的工作时间超过 60 小时。2014 年，外出农民工年从业时间平均为 10 个月，月从业时间平均为 25.3 天，日从业时间平均为 8.8 个小时。日从业时间超过 8 小时的农民工占外出农民工总数的 40.8%，较上年略有下降，但周从业时间超过 44 小时的农民工占外出农民工总数的 85.4%，比 2009 年降低 4.4 个百分点，但比上年提高 0.7 个百分点。

总体上看，导致安全生产形势严峻的原因包括：一是中国仍处在快速工业化阶段，社会生产活动偏多，就业规模较大，且经济结构不合理，采掘业、建筑业、化工等高危行业比重过大，道路交通发展过快，加大了安全生产的压力；二是企业、政府的安全发展理念、法规制度、问责体系不完善，这表现在多数生产安全事故是责任事故。

（五）劳动争议持续增长，争议标的集中在工资保险，劳动者的胜诉率明显高于用人单位[②]

第一，与安全生产相似，我国劳动争议案件数量与经济体制改革和结构

---

① 国家卫健委：《2017 年中国卫生事业发展统计公报》，2018。

② 本目主要根据《中国人力资源和社会保障年鉴（2014）》所公布的劳动争议统计数据撰写。这部分数据包括历年各地劳动争议仲裁委员会的受理案件及部分案外调解案件，不包括案外调解的全部案件，也不包括未进入争议处理程序的劳动者群体性事件。

调整的发展呈现正相关，凡是体制改革和结构调整的年份，劳动争议案件数量必然上升。因此改革开放以来，劳动争议案件数量呈持续增长趋势，这是其首要特点。如表 1-7 所示，1998 年地方劳动争议仲裁委员会受理案件约为 9.36 万件，涉及劳动者为 35.85 万人；到 2013 年，受理案件数约 66.58 万件，涉及劳动者为 88.84 万人，两项指标年均涨幅分别为 44.4% 和 15.5%。如果将全部案外调解案件统计在内，2015～2017 年处理全部劳动争议调解仲裁案件分别为 172.1 万件、177.1 万件、166.5 万件，2018 年前三季度为 129.7 万件，无论是个别争议还是集体争议，案件起数还是涉及人数，均有一定增长。

表 1-7　1998～2016 年地方劳动争议案件和当事人数量的变化情况

单位：件，万人

科目＼年份	1998	2000	2001	2004	2008	2009	2010	2012	2013	2015	2016
当期案件受理数	93649	135206	154621	260471	693465	684379	600865	641202	665760	813859	828410
集体争议案件数	6767	8247	9847	19241	21880	13779	9314	7252	6783	10466	9745
劳动者当事人数	35.85	42.26	46.72	76.5	121.43	101.69	81.51	88.25	88.84	115.97	111.24
劳动者申诉案件数	84829	120043	146781	249335	650077	627530	558853	620849	641932	784229	801190

资料来源：《中国劳动统计年鉴（2017）》。

第二，集体劳动争议案件是劳动争议案件构成中的主体部分。如前所述，从 1997 年开始，集体劳动争议人数在劳动争议涉及劳动者总人数中的占比突破 50%，这一势头一直持续到 2006 年，标志着集体劳动争议案件数量是劳动争议案件数量的主要组成部分。从 2007 年起，由于劳动争议案件数量总量暴涨，集体劳动争议涉及人数在总涉案人数中的比重持续下降，2016 年只占 26.06%。导致这种变化的原因，一是劳动争议案件总量在 2008 年后呈井喷式上涨，使集体劳动争议案件数量比重相对下降；二是为彰显政绩和维护社会稳定，各地仲裁委一般希望将具有共同申诉标的的集体劳动争议案件拆分成个别争议案件审理，亦导致集体劳动争议数量下降；三是2010年以来，劳动者抗争意识提高，更多集体劳动争议是劳动者通过发动群体性事件而产生的，而这部分案件不在统计范围之内。所以，广义意义上，集体劳动争议仍在劳动争议中占据主要地位。

第三，劳动者申诉案件占受理案件的绝大多数。1998年劳动者申诉案件为8.48万件，占当期受理案件的90.6%。2016年，劳动者申诉案件占当期受理案件的96.7%。这些数据对预示案件性质和劳动者维权意识做了很好说明。

第四，劳动报酬和保险福利是引发劳动争议的主要原因。表1－8显示，在国企改革告一段落的2004年和国际金融危机爆发的2008年，有关劳动报酬、社会保险和解除合同的劳动争议均成倍增加。2001年有关劳动报酬的争议案件约为4.5万件，2016年约为34.6万件，年均涨幅为14.57%；2001年社会保险的争议案件约为3.1万件，2016年约为14.6万件，年均涨幅为10.88%。此外，在经济波动较大的年份，解除劳动合同也是主要争议标的。

表1－8　1998～2016年劳动争议案件的类型及数量

单位：件

科目＼年份	1998	2000	2001	2004	2008	2009	2010	2012	2013	2015	2016
劳动报酬	—	—	45172	85132	225061	247330	209968	225981	223351	321179	345685
社会保险	—	—	31158	88119	—	—	—	159649	165665	158002	145671
变更劳动合同	2840	3829	4254	4465	—	—	—	—	—	—	—
解除劳动合同	13069	21149	29038	42881	139702	43876	31915	129108	147977	182396	188642
终止劳动合同	4752	10816	10298	14140	—	—	—	—	—	—	—
其他	9515	12549	—	—	—	—	—	—	—	—	—

注：自2011年起，将解除和终止劳动合同两项合并统计。

资料来源：《中国劳动统计年鉴（2017）》。

第五，劳动争议案件以仲裁裁决为主的处理方式正在改变。表1－9显示，2000～2010年，劳动争议案件的处理方式以仲裁裁决为主。从2009年人社部系统推行劳动争议“大调解”机制建设以来，通过仲裁调解所处理的劳动争议案件数量正在超过通过法院仲裁裁决的案件数量，仲裁调解成为地方仲裁委员会受理案件的主要处理方式。此外，还有部分案件是以其他方式调解处理的，例如，劳动争议当事人和解及仲裁外的案件等，这部分统计数据并不完整，但它的比重也在逐年增多。

表 1－9　1998～2016 年劳动争议处理方式及数量

单位：件

科目 \ 年份	1998	2000	2001	2004	2008	2009	2010	2012	2013	2015	2016
仲裁调解	31483	41877	42933	83400	221284	251463	250131	302552	311806	362814	389109
仲裁裁决	25389	54142	77250	110708	274543	290971	266506	268530	283341	368409	366742
其他方式	35155	34669	35096	64550	126892	147280	117404	72210	73915	81238	71866

资料来源：《中国劳动统计年鉴（2017）》。

第六，劳动者胜诉案件数量远高于用人单位胜诉案件数量，但劳动者胜诉案件数量的比例逐年下降，案件的复杂程度加深。表 1－10 显示，在 1998 年仲裁部门实际处理的 87952 件劳动争议案件中，劳动者胜诉 48650 件，占劳动争议案总数的 55.3%，用人单位胜诉 11937 件，占劳动争议案总数的 13.6%，双方部分胜诉及其他案件为 27365 件，占劳动争议案总数的 31.1%。到金融危机爆发的 2008 年，仲裁部门共处理案件 622719 件，其中劳动者胜诉案件数占劳动争议案总数的 44.5%，用人单位胜诉案件数占劳动争议案总数的 12.9%，双方部分胜诉及其他案件数占劳动争议案总数的 42.6%。到 2016 年，在实际裁决的 747658 件案件中，劳动者胜诉案件数占劳动争议案总数的 38.2%，用人单位胜诉案件数占劳动争议案总数的 12.4%，双方部分胜诉及其他案件数占劳动争议案总数的 49.4%。上述数据说明，在 1990 年代后期，劳动争议案件基本的性质是用人单位侵害劳动者的法定权利。但 21 世纪以来，劳动者胜诉率逐年下降，已不足 50%，而双方部分及其他案件胜诉率在迅速提高，结合劳动者超高的申诉率，说明劳动者维权意识觉醒，劳动者胜诉率虽明显高于用人单位胜诉率，但案件复杂性亦有明显增加。

表 1 - 10 1998 ~ 2016 年劳动争议案件的处理结果及数量

单位：件

科目＼年份	1998	2000	2001	2004	2008	2009	2010	2012	2013	2015	2016
用人单位胜诉	11937	13699	31544	35679	80462	95470	85028	79187	82519	90785	92405
劳动者胜诉	48650	70544	71739	123268	276793	255119	229448	213453	217551	287544	285824
双方部分胜诉及其他	27365	37247	46996	94041	265464	339125	319565	350652	368992	434132	369429
案外调解案件数	—	—	63939	70840	237283	185598	163997	212937	215595	258114	240101

资料来源：《中国劳动统计年鉴（2017）》。

近年劳动争议案件数的持续增长，与经济下行、化解过剩产能中，企业在人员安置、劳动合同变更、解除等方面劳动关系的处置不当有关；劳动关系复杂多元，“互联网 +”企业、金融服务、科技研发等行业高管及特殊技术人才的竞业限制、股票期权收益等争议形式，使劳动争议案情更为复杂，处理难度进一步提升；而基层调解组织专业化程度不高，调解人员和经费不足，信息化程度低也影响案件预防和调处的质量。

三 新的转型：走向劳动关系灵活化和放松管制

劳动关系的第五次转型始于经济增长“新常态”时期，这个概念原用于形容金融危机之后经济恢复的缓慢而痛苦的过程。新常态在经济领域主要表现为：GDP 增速换挡、产业结构调整、政策转型。其中，经济增速从高速下调到中高速，特别是经济运行稳中有变、稳中有缓，下行压力加大，结构调整的阵痛持续显现，对劳动关系现状和劳动政策带来新的影响。

（一）数字经济下的灵活用工迅猛发展与政策规制前瞻

数字经济，也称共享经济或零工经济（gig economy），是指以使用数字化的知识和信息作为关键生产要素、以现代信息网络作为重要载体、以信息通信技术的有效使用作为效率提升和经济结构优化的重要推动力等一系列经济活动。数字经济作为全球新一轮科技革命和产业变革的新经济形态，其核心是以人工智能、数字化和互联网为代表的技术进步。与此相关的概念是电子商务，世界贸易组织（WTO）将电子商务定义为“通过电子方式生产、分销、营销、销售或交付商品和服务”，但实际上数字经济要复杂得多。

近年来，随着智能手机的普及，数字信息技术已经广泛应用到社会的各个领域，深刻改变着整个社会的生活形态和经济结构。在我国，勃然而生的互联网创业企业不断发掘新的需求和市场，为经济发展提供新的动能，并成为扩大就业的重要形式。据国家信息中心统计，2018 年我国共享经济剔除金融类的交易额约为 2.94 万亿元，同比增长 41.6%；2018 年我国提供共享经济的服务者人数约 7500 万人，同比增加 500 万人；平台企业员工数从 2017 年的 556 万人略增到 2018 年的 598 万人，同比增长约为 7.5%。[①]

在带来生活便利的同时，技术进步对工作的影响却一直存在争论，其争论的焦点在于技术进步对工作究竟具有创造效应还是毁灭效应。在互联网创业大潮中，资本和技术的结合，正在使劳动过程和劳动组织产生重要变革。数字经济对劳动关系领域的影响，迫切需要劳动监管制度做出应对与革新。

数字经济中资本和技术结合发展出更加多样化的就业形态。以平台经济为代表的新经济形式就是其中的代表。互联网平台有三种主要的运营模式，其一是电商平台就业模式，其中最具代表性的是阿里巴巴集团的淘宝平台，它不仅直接创造就业机会，而且借助淘宝平台，众多个人或企业通过开网店实现就业与创业，同时，围绕着网店衍生出新的就业机会。

其二是分享经济就业模式，依据分享对象的类别，可将分享经济划分为产品分享、空间分享、信息技能分享、劳务分享、资金分享、生产能力分享等；依据满足用户需求类别，可将分享经济划分为出行、住宿、吃饭、贷款、学习、旅行、就医等。传统就业模式下，员工受雇于特定企业，通过企业与市场进行价值交换，而分享经济就业者只需要通过虚拟平台就可以与市

① 国家信息中心：《中国共享经济发展年度报告（2019）》，2019。

场相连接，实现个人的市场价值，它使闲置劳动力以及与劳动力相关的技能、经验、专业知识等在碎片化的时间中发挥最大价值，使用工模式更加灵活。这种劳动力交易平台包括滴滴、Uber、猪八戒网等。

其三是创业式就业模式和企业内部平台化创业模式。2015 年社会各界响应国家“大众创业，万众创新”的号召，依托云计算、大数据、移动互联网等技术和平台，大批量的“创客”涌现。同时，政府出台政策支持推广创客空间、创业咖啡、创新工厂等新型孵化空间。其典型代表包括北京创客空间、上海新车间、深圳柴火创客空间等。企业内部平台化创业模式出现的背景是互联网技术使企业边界日益模糊，企业内部架构逐渐扁平化。为了保障企业的发展活力，企业迫切需要将员工个人发展愿景纳入企业的长期目标中，创立合作共赢的工作模式。企业内部平台化创业模式是企业践行新兴管理理念、探索新型雇主—雇员关系的产物，其典型代表是海尔独创按单聚散的组织模式，即把企业做成一个孵化平台，提出了人单合一模式。在这一模式中，员工决定生产什么产品，根据市场需求提出竞标方案，自己组建团队进行生产、研发、销售，海尔集团投资和分享利润，人单模式使员工创客化，实现了组织内部的“自创业、自组织、自驱动”，颠覆了科层管理体制。

另外，与数字经济相关的新技术性、服务性和娱乐性职业在不断涌现，比如专门进行一些数据库和系统维护的机器人饲养员、网络主播、电竞游戏指导、虚拟时尚设计师、基因咨询师、旅游体验师、微视频编导等。这些新兴职业群体规模在快速壮大的同时，也出现了一些问题，这对新型劳动关系的保护与监管提出了难题。

数字经济带来了“去劳动关系化”的雇佣发展新趋势。传统劳动关系的认定标准不能适应平台经济下新型用工的需要，这是世界各国劳动法所共同面临的挑战，这导致越来越多的劳动者从劳动法律的保护网中被抛离出来。在平台经济起步最早也是发展程度最高的美国，尽管相关劳动争议案件时有发生，但主要应对措施是将案件交由司法部门作为个案处理。例如，2014 年美国洛杉矶“Uber 案”中，法院确认司机为 Uber 公司雇员，2018 年旧金山“Grubhub 案”中，法院认定共享平台公司的外卖司机不属于劳动者，属于独立承包人。

国际劳工组织认为实现体面劳动需要一系列的政策干预，包括制定法律和加强劳动力市场管理。政策干预需要建立在两个互补思路的基础上：第一，使非标准工作体面化；第二，政策应支持和保护所有劳动者，不论他们以何种方式在工作。在这两个互补思路的基础上，国际劳工组织提出了四项具体的政策措施：第一，填补政府规制的漏洞，例如，对半日制和呼叫中心的工作规定最低工作时间，对有多方人员参与的工作要理清参与人员的责任和义务，保证所有劳动者自由结社的权利和集体谈判的权利；第二，加强集体谈判机制，培养工会在组织非标准工作者方面的能力，提倡包容性的集体谈判，用集体谈判规制非标准工作，使工会和其他社会组织可以联合起来对非标准工作做出集体性回应；第三，加强社会保护措施，消除或者降低获得社会保障资格的门槛（例如工作小时数、收入额、最低就业时间等方面的限制），提高不同社会保障项目的可随身转移性，确保社会保障对自雇者的足够覆盖，利用无须供款的补充社会保险项目为所有就业者提供最基本的保障；第四，制定就业和社会政策来应对社会风险和劳动力市场转型，制定支持创造就业机会和减少失业的宏观经济政策，重新设计可以促进技术与职业发展的失业保险政策。①

针对数字经济灵活用工劳动关系属性的争论，2017 年以来，我国政府已形成以下规制原则：第一，鼓励发展；第二，包容审慎监管；第三，兜住底线。②政府的具体规制思路为：平台、电商类企业用工，与劳动者建立劳动关系，应订立合同，非全日制用工的平台企业，可与劳动者订立口头合同。提供信息、帮助劳动者与消费者对接的平台公司，视其工作时间、频次、监管程度及考核方法，与劳动者订立合同或民事协议。平台帮助其他经营者与劳动者对接的，也须指导订立相应协议。平台企业、电商和其他经营者与劳动者订立民事协议的，可参照劳动法律规定，与劳动者合理约定工作时间、劳动报酬等事项。平台企业、电商和其他经营者与没有稳定劳动关系或订立民事协议的劳动者确立劳动关系时，可探索按照项目方式为其优先加入工伤保险。劳动者个人可按灵

---

① 周畅、李琪：《非标准工作与体面劳动：数据化带来的劳动问题与政府对策》，《中国人力资源开发》2017 年第 8 期。

② 聂生奎：《当前劳动关系的几个问题——在全总权益部研讨班的报告》，2017。

活就业人员身份参加城镇职工基本养老保险或城乡居民基本养老保险。

此外，在2016年开始的供给侧结构性改革中，钢铁和煤炭两个行业化解过剩产能涉及职工共计180万人。这些传统行业职工在岗位、收入、社保等方面感受到明显压力，具体表现为：一是企业岗位减少，由于去产能、降成本等改革举措实施，同时受经济下行的影响，部分企业生产规模缩减，相当多的企业不再招收新职工，有的甚至开始逐步裁员。二是收入福利下降，煤炭、钢铁等行业企业营业收入大幅降低，职工基本工资、福利、公积金等开始下滑，出现收入保障危机。一些企业职工年终奖缩水或未发，工资迟发延发。有的企业不适应经济转型升级的要求，加上经营管理不善，导致严重亏损，出现欠薪和社保费欠缴的情况。工会和职工发出工资集体协商要约，不少企业以运营压力大、效益不理想为由推脱。三是劳动争议案件数增多，因解除劳动关系引发的经济补偿、赔偿等争议案件增多，特别是“僵尸企业”与职工的劳动关系纠纷处理困难，企业资金断流，没有能力支付拖欠的工资、社保和经济补偿。即使进入破产程序，按照法定清偿顺序，职工仍有可能拿不到工资保险和补偿金。上述情况给职工队伍的稳定带来一定隐患。对于煤炭、钢铁行业“去产能”后的职工安置问题，人社部等七部委于2016年4月颁布《关于在化解钢铁煤炭行业过剩产能实现脱困发展过程中做好职工安置工作的意见》提出，要多渠道分流安置职工，支持企业内部分流，同时妥善处理劳动关系，做好社会保险接续。①

（二）劳动政策转向增强劳动力市场灵活性

在经济发展总体趋缓的大背景下，2015年10月，中共十八届五中全会通过了《中共中央关于制定国民经济和社会发展第十三个五年规划的建议》。其中，第七部分以“坚持共享发展，着力增进人民福祉”为题，重点阐述了“十三五”规划时期的劳动政策要点。

第一，在指导思想上，与2010年“十二五”规划建议重在着力保障和

① 《钢煤行业职工如何分流安置？七部门出台意见》，观察者网，2016年4月17日。

改善民生，提高政府保障能力、建立健全基本公共服务体系的立意不同，“十三五”规划建议的民生建设立足新常态，特别是在经济增速下滑的大背景下，注重底线思维和保障“基本民生”，强调效率原则，要求人人参与、人人尽力、突出重点，注重机会公平。它将民生建设中的劳动者权利本位替换为劳动者义务本位。

第二，在就业与劳动关系协调方面，与“十二五”规划建议重视构建和谐劳动关系，要求加强劳动执法，完善劳动争议处理机制，改善劳动条件，保障劳动者权益，努力形成企业和职工利益共享机制不同，“十三五”规划建议更强调促进就业创业，坚持就业优先战略，提高劳动力素质、劳动参与率、劳动生产率，增强劳动力市场灵活性，体现了鲜明的放松管制意图。在劳动关系协调部分，仅强调“维护职工和企业合法权益”。

第三，在收入分配方面，与“十二五”规划建议要求努力提高居民收入在国民收入分配中的比重，提高劳动报酬在初次分配中的比重，逐步提高最低工资标准不同，“十三五”规划建议坚持居民收入增长和经济增长同步、劳动报酬提高和劳动生产率提高同步，完善最低工资增长机制，体现了效率优先的原则。在工资决定机制部分，它主张健全科学的工资水平决定机制、正常增长机制、支付保障机制，推行“企业工资集体协商制度”。

第四，在社会保障方面，与“十二五”规划建议要求坚持广覆盖、保基本、多层次、可持续方针，加快推进覆盖城乡居民的社会保障体系建设相似的是，“十三五”规划建议倡导建立更加公平、更可持续的社会保障制度，基本实现法定人员全覆盖。然而，它更强调效率和个人责任，要求坚持精算平衡，完善筹资机制，分清政府、企业、个人等的责任。同时，完善职工养老保险个人账户制度，健全多缴多得激励机制。

以2016年劳动政策为例，放松最低工资管制的趋势明显。2016年1月，人社部颁行完善最低工资调整机制的政府文件，将最低工资与社会平均工资挂钩修改为与最低收入职工及家庭成员基本生活水平挂钩，从而降低了最低工资的形成标准。4月，国务院常务会议通过《关于阶段性降低社会保险费率的通知》，要求分阶段下调企业社会保险缴费费率。5月，人社部决定延长最低工资标准调整周期，由每两年至少调整一次，改为两至三年至少调整一次，且调整幅度原则上不超过社会平均工资增长幅度。[①] 7 月，《职业病防治法》修正案通过，取消有职业病危害的建设项目的安监行政审批，及企业应委托机构进行职业病危害预评价的要求，为企业减负。同月，中央政治局会议提出，降成本的重点是增加劳动力市场灵活性，从而将修订《劳动合同法》提上议事日程。8 月，国务院印发《降低实体经济企业成本工作方案的通知》，规定企业住房公积金缴存比例不得超过 12%。从 2016 年 5 月 1 日起两年内，由各省结合实际，阶段性适当降低住房公积金缴存比例。11 月，国务院印发《关于激发重点群体活力带动城乡居民增收的实施意见》，提出将城镇私营单位在岗职工平均工资纳入缴费基数统计口径范围，由此调降社会保险和住房公积金缴费基数。

“十三五”规划时期是我国开启劳动关系放松管制和增强劳动力市场灵活性的新纪元，这种变化更主要体现在关于《劳动合同法》修订的讨论上。几次讨论中，关于该法修订的目标提法各有不同。2015 年十八届五中全会强调灵活性，冲破结构性障碍。2016 年 7 月政治局会议讨论，侧重供给侧改革和降成本。2017 年 4 月中央财经领导小组提出，修法要增加劳动力市场的竞争性和灵活性，让工资成本能真正反映供求关系的变化。

目前，各界对《劳动合同法》的认识高度不统一。政府的主要观点为：一是企业解雇和用人要更加容易；二是企业内部工作安排要有灵活性，不是体现岗位的连续性，而是体现就业的连续性，这应当由企业自主确定；三是劳动者的就业能力加强，不仅是专业能力，而且是多种就业能力，以此来适应就业方式的灵活性变化；四是工资和社会保险更加灵活化，要平衡灵活性和安全性，失业保险的期限要缩短，失业保险金要达到最低工资的 90%，工时要灵活，要给企业以自主权；五是集体合同要更加灵活，允许企业就劳动标准与劳动者进行协商。

---

① 《人社部将延长最低工资标准调整周期》，《烟台日报》2016 年 5 月 18 日。

对《劳动合同法》条文的修改，讨论较多的有：第 4 条关于职工代表大会的民主程序，小微企业通常没有职代会，可否征集意见的方式更加灵活一些；第 14 条无固定期限劳动合同，根据企业生命周期，70% 以上的企业存活时间一般为 3 ~5 年，7 年以上的更少，签订无固定期限合同是否必要；《劳动合同法》是否应当分层管理，等等。改革目标是促进劳动力市场规制灵活化。由于劳资之间对修法分歧过大，全国人大决定，不将《劳动合同法》的修法列入 2018 年立法计划，暂时搁置了这个议题。

“十三五”规划时期劳动政策变化的原因有以下几点：第一，经济增速下滑是推进放松管制和劳动力市场规制灵活化的主要原因。第二，制定“十三五”规划建议的指导思想已转向效率优先，强调提高劳动力素质、劳动参与率和劳动生产率的提高；而“十二五”规划建议更强调以人为本、构建和谐社会，推崇公平正义和借鉴国际劳工组织的“体面劳动”理念。第三，经济结构发生变化，既表现在传统产业推进供给侧结构改革方面，又突出反映在与互联网深度融合的新经济和新业态方面。第四，劳动法治环境不同。“十二五”规划时期劳动法制更多地强调建立稳定劳动关系、维护职工合法权益、构建和谐劳动关系；而当下有关再度修改《劳动合同法》的讨论，是以放松管制理念校正政府劳动力市场监管方式的重要标志，其主要目标是扩大就业和增进灵活性，减少政府干预。

（三）对当前劳动关系形势及调整模式的判断和政策建议

1. 对当前劳动关系形势的判断

在供给侧结构改革和经济下行期，我国劳动关系的总体特点是趋向灵活化，其表现为：伴随着企业人工成本的上升，传统的灵活化雇佣模式，例如劳务派遣、业务外包和非全日制就业规模仍在扩大；与互联网平台相联系的新经济、新业态就业模式出现“去劳动关系”的特点；人工智能、物联网的引入形成了去劳动化的用工形式。

经济下行期劳动关系的敏感性在于，一是新经济、新业态将更多劳动者排除在劳动法律保护之外，灵活就业人员越来越多，但法律保障不足；新生代农民工提出更高的诉求，即体面劳动、发展机会和市民化，但三者之间存在巨大的鸿沟。二是产业结构优化过程中积累的矛盾，难以再通过政府买单的方式处理。三是企业增本减利的矛盾突出，可能减少用工规模，从而影响就业稳定。四是经济发展转换到中低速后，之前被掩盖的劳动关系、社会保障矛盾可能爆发。产业结构调整对高技能劳动者需求增大，与企业职工劳动权益保障不足使员工不愿在企业就业和不愿提高技术水平的矛盾加大。

当前劳动关系矛盾主要表现在：劳动争议案件不断增多；群体性事件时有发生；劳动保障违法行为比较普遍。其中，利益争议案件将继续增多，但权利争议案件仍是主要类型；在利益争议案件中，以增加工资、经济补偿金和改善劳动条件为诉求；在权利争议案件中，拖欠工资争议案件所占比例仍旧很大。

劳动关系运行中的突出问题包括：企业劳动合同签订率低，劳务派遣用工不规范，非法外包明显增多；拖欠工资，同工不同酬；违法解除劳动合同，不依法给予经济补偿；不缴或欠缴社保费；超时加班，不安排带薪年休假，不依法支付加班工资；违反劳动安全卫生标准，生产设备陈旧，工作环境差，部分行业工伤职业病多发；规章制度不民主，内容违法；日常管理不科学，管理方式粗暴，缺乏人文关怀；工资增长不合理，一线职工收入过低，而推进供给侧结构改革，煤炭、钢铁等行业面临员工安置分流等新问题；发展新业态经济，劳动者无法确认与大数据平台的劳动关系；中美贸易摩擦也使我国东南沿海地区用工，特别是大中型企业用工明显萎缩。

上述问题的成因是：企业法律意识淡薄，管理手段落后；经济处于下行期，企业增本减利，执行劳动法律空间有限；有些地方政府执法监察不严。

2018 年 3 月以来，中美贸易摩擦是影响劳动关系形势的一个宏观因素。根据中国社会科学院的一项测算，美国对我国出口的 500 亿美元商品加征关税可能导致中国的制造业产值和就业率分别下降 4.622% 和 3.093%，制造业减少的就业岗位大约在 360 万人左右。[①] 从实际进程看，广东省用工数量

① 李春顶：《中美贸易战的进展、影响和应对措施》，《中国市场》2018 年第 24 期。

受中美贸易摩擦影响较大。2018 年 2～6 月与 2017 年同期相比，珠三角九市乃至整个广东省的企业平均用工人数都出现较大幅度减少的情况。大中型企业每月平均用工人数与 2017 年同期相比，均为负增长；2018 年第一季度规模以上工业企业从业人员工资总额及在岗职工工资总额与 2017 年同期相比，均为负增长。①

总的来看，尽管我国经济下行期和供给侧结构改革条件下劳动关系矛盾涉及面广，矛盾数量多、矛盾程度重，矛盾分布态势和时段相对集中，但全国劳动关系的整体局势并未发生根本变化。笔者的判断是我国劳动关系总体稳定，局部行业、业态劳动关系矛盾凸现，新的挑战增多，协调难度加大。以劳动争议案件为例，从国际比较来看，国际上一般用争议率（受理劳动争议案件与经济活动人口之比）来反映一国劳动争议和劳资冲突的激烈程度。我国近年劳动争议案件尽管逐步增多，但我国由于经济活动人口基数大，故 2017 年争议率仅有 0.23% 左右，不及 2007 年德国的 1.4%，更与 2016 年巴西的 3.4% 相差甚远，并不是劳资矛盾较为激化的国家。

2. 我国劳动关系调整模式及政策建议

中国劳动关系的调整模式需要符合两个前提条件：一是维护国家的政治安全，即要“坚决防止敌对势力借机插手煽动、渗透破坏，坚决防止‘独立工会’‘民间工会’出现，坚决维护职工队伍和工会组织的团结统一，坚决维护企业和社会大局和谐稳定，坚决捍卫中国共产党领导和我国社会主义制度”。② 二是在经济新常态和供给侧结构改革的背景下，特别是以数字平台为基础的新经济、新业态迅猛发展之下，平衡经济的可持续性发展、企业的竞争力与社会公平和保障职工权益的关系。

2015 年 4 月中共中央、国务院颁行《关于构建和谐劳动关系的意见》以来，构建“中国特色和谐劳动关系”体系已完成破题工作。但究竟内涵为何，则众说纷纭。笔者认为，在理论上，“中国特色和谐劳动关系”基于

---

① 谌新民：《中美贸易摩擦对珠三角地区员工就业的影响》，首届工会与劳动关系山东论坛，2018 年 10 月 28 日。

② 王东明：《奋力开创新时代工运事业和工会工作新局面》，《求是》2018 年第 22 期。

“人民内部矛盾”理论，指出改革开放给劳动关系带来的变化，即“没有改变我国工人阶级和所有劳动者国家和社会的主人的地位，没有改变我国劳动关系的社会主义性质”。因此，现阶段的劳资矛盾是在劳资根本利益一致基础上具体利益差别的矛盾，完全能够在合作、协商、协调、依法调处的基础上，用“和谐”的制度途径解决。[①] 这一理论突出劳动关系的非对抗性，以劳资合作达到劳动关系和谐，既符合中国国情和实践，也顺应了经济可持续发展和加强企业竞争性的要求。在实践层面，和谐劳动关系协调的体制机制以健全组织和完善职能为重点，加强协调劳动关系三方协调机制建设；推动企业协商与区域和行业结合，使集体协商“提质增效”；加强劳动争议的“大调解”机制和效能建设来避免劳资矛盾激化和低效高耗的法庭诉讼。以此来实现党的十九大提出的“完善政府、工会、企业共同参与的协商协调机制，构建和谐劳动关系”的目标。

为此，笔者建议，在法定劳动基准方面，采取分类治理，既有更为严格的执法，又有放宽松绑，稳慎增长，适当放松对小微企业的刚性要求。在三方协调机制方面，明确职责，做实三方委员会机制，建立日常工作方式，组建智库和学术委员会，做好前瞻性研究。在企业协商机制方面，组建企业协商委员会，立法明确权利，强化企业信息披露义务，明确基层工会代表性，发挥工会作用。在集体合同制度方面，鼓励具备条件的企业开展集体合同制度探索，倡导国企探索党政主导的协商机制。在劳动争议处理制度方面，加强劳动关系形势分析研判和预警机制建设，做好劳动争议预防；继续完善劳动争议多元参与调解的组织、功能和技巧。在商会协调监督方面，发挥行业协会和商会的协调功能；发挥产业基地的监督作用；发挥电子商务平台的协调和监督作用。在小微企业劳动关系托管服务方面，建议通过政府购买服务的方式，借助扶持人力资源服务业发展的政策措施，改造部分劳务派遣机构为小微企业人力资源服务机构，为社会提供人力托管服务。

在 2018 年 10 月举行的工会十七大上，习近平总书记要求工会敢于维

---

① 乔健：《略论中国特色和谐劳动关系》，《中国劳动关系学院学报》2015 年第 2 期。

权、善于维权，认真履行维护职工合法权益、竭诚服务职工群众的基本职责，切实提升职工群众获得感、幸福感、安全感，将构建和谐劳动关系作为工会工作主线。他甚至说，维权工作如果做不好，工会就没有存在价值。工会应关注新型灵活就业人员团结权的保障，组建平台工会；参与构建企业与职工命运共同体；积极推进产业工人队伍建设改革，提升职工技能素质；以“提质增效”为重点深化集体协商工作；做好快递员、送餐员和卡车司机等新型灵活就业人员的维权工作，使工会成为他们的靠山。

四 结语

劳动关系是社会转型的核心问题，它是理解经济所有制变革、社会结构调整和政治体制改革的钥匙。在西方学术界的视野里，共产党国家从计划经济向市场经济的转型通常被认为是一种多重转型。

然而，改革开放 40 多年来，中国劳动关系从计划经济向社会主义市场经济的转型走过了一条完全不同的道路。转型政策主要集中在经济改革上，推动多种经济所有制并存和民营经济发展，在一定程度上使劳资双方及其社会权利有所保障，包括组织权和集体谈判权等集体劳动权利；但在政治层面，中国共产党领导的国家治理体系坚如磐石。在中国特色和谐劳动关系体系的探索方面，要坚决防范敌对势力的渗透破坏，防止“独立工会”出现，维护社会稳定大局，捍卫党的领导和社会主义制度。

另外，在经济增速下滑、供给侧结构改革和面临劳动力市场灵活化挑战的大背景下，我国推动劳资合作，在构建中国特色和谐劳动关系体系上进行了有益探索，在保障国家政治安全、增强经济的竞争性与降低成本、维护职工合法权益三者之间达成新的平衡。这些做法，也为国际劳动关系协调的理论与实践提供了新的案例经验。

也须看到，以往制约劳动关系发展的一些顽疾，例如企业工会组织的代表性、集体协商的形式化和压力机制等，都需要在实践中深入探索和解决。中国将在今后的探索中走出一条和谐劳动关系之路。

参考文献

厉以宁：《转型发展理论》，同心出版社，1996。

常凯、乔健：《WTO：劳工权益保障》，中国工人出版社，2001。

张德江：《中国4500万人的就业机会来自外资企业》，网易财经，2010年11月6日。

高虎城：《商务部部长高虎城回应"外资逃离中国"：不再给超国民待遇》，观察者网，2016年2月20日。

国家统计局、国务院第三次经济普查办公室：《第三次全国经济普查主要数据公报》，国家统计局网站，2014年12月16日。

人社部：《中国人力资源和社会保障年鉴2014》，中国劳动社会保障出版社，2014。

劳动保障部劳动工资司：《农民工工资支付情况专项检查报告》，《劳动工资动态》2003年第8期。

常凯：《劳动关系的集体化转型与政府劳工政策的完善》，《中国社会科学》2013年第6期。

宋娟：《在"中国集体劳动争议状况及对企业劳动关系的影响"研讨会上的报告》，2010。

全国总工会课题组：《关于对新生代农民工现状的调查与对策建议》，《劳动关系与工会运动研究与动态》2010年第6期。

中共中央宣传部理论局：《马克思主义哲学学习纲要》，中共中央党校出版社，1989。

李静君：《中国工人阶级的转型政治》，载李友梅、孙立平、沈原主编《当代中国社会分层：理论与实证》，社会科学文献出版社，2006。

国家信息中心：《中国共享经济发展年度报告（2018）》，2018。

莫荣等著《中国积极就业政策》，社会科学文献出版社，2015。

国家统计局：《劳动年龄人口下降，但劳动力资源仍然丰富》，《证券时报》2019年1月23日。

国家统计局：《2015年国民经济和社会发展统计公报》，国家统计局网站，2016年2月29日。

刘学民、王学力：《我国工资分配发展现状与前景展望》，载刘燕斌主编《中国劳动保障发展报告（2015）》，社会科学文献出版社，2015。

国家统计局：《2017年农民工监测调查报告》，国家统计局官网，2018年4月27日。

国家统计局：《2014年全国农民工监测调查报告》，国家统计局网站，2015年4月

29 日。

人社部：《2017 年度人力资源和社会保障事业发展统计公报》，人力资源社会保障部官网，2018 年 5 月 21 日。

国家卫健委：《2017 年中国卫生事业发展统计公报》，2018。

国家信息中心：《中国共享经济发展年度报告（2019）》，2019。

周畅、李琪：《非标准工作与体面劳动：数据化带来的劳动问题与政府对策》，《中国人力资源开发》2017 年第 8 期。

聂生奎：《当前劳动关系的几个问题——在全总权益部研讨班的报告》，2017。

《钢煤行业职工如何分流安置？七部门出台意见》，观察者网，2016 年 4 月 17 日。

《人社部将延长最低工资标准调整周期》，《烟台日报》2016 年 5 月 18 日。

《国务院关于印发降低实体经济企业成本工作方案的通知》，中央政府门户网站，2016 年 8 月 28 日。

李春顶：《中美贸易战的进展、影响和应对措施》，《中国市场》2018 年第 24 期。

谌新民：《中美贸易摩擦对珠三角地区员工就业的影响》，首届工会与劳动关系山东论坛，2018 年 10 月 28 日。

王东明：《奋力开创新时代工运事业和工会工作新局面》，《求是》2018 年第 22 期。

乔健：《略论中国特色和谐劳动关系》，《中国劳动关系学院学报》2015 年第 2 期。

专题报告

Special Report

第二章　中国工会十七大与构建和谐劳动关系新机制

闻效仪*

摘　要： 中国工会十七大的召开是新时期指导工会建设的重要会议，明确了指导和谐劳动关系构建的基本路线。工会组织面临职工队伍变化的挑战、构建和谐劳动关系的挑战以及改革攻坚克难的挑战。工会组织在参与劳动关系协调时，还存在体制机制问题、方法手段问题、能力意识问题、基层组织薄弱问题，还需要进一步发展和创新，加强和改进新形势下工会工作。中国工会将坚持政治性、先进性和群众性的正确方向，聚焦基层组织建设和网上工会建设两个重点，形成劳动和技能竞赛、维权、服务三个机制，关注产业工人队伍、农民工、困难职工、工会干部四个主要群体，在构建和谐劳动关系新

* 闻效仪，教授，中国劳动关系学院劳动关系与人力资源学院院长。

机制中发挥更大作用。

关键词： 工会十七大 劳动关系 维权服务

2018 年 10 月 22 日至 26 日，中国工会第十七次全国代表大会在北京胜利召开，这是在决胜全面建成小康社会关键时期、中国特色社会主义进入新时代背景下召开的一次重要会议，是中国工会和亿万职工群众政治生活中的一件大事。其中，工会改革是工会十七大报告中的重要内容，报告不仅回顾了 2015 年以来的中央群团工作，其中，中华全国总工会作为中央群团机关改革试点单位以及上海、重庆工会作为地方群团改革试点单位，在增强政治性、先进性、群众性工作方面取得了阶段性的成效。同时，此次会议也吹响了工会进一步深化改革的号角，指引了和谐劳动关系构建的新方向。各级工会组织贯彻落实习近平总书记关于工人阶级与工会工作的重要论述要求，按照增“三性”、去“四化”、强基层、促创新的改革总体思路，聚焦重点领域和关键环节，化解突出矛盾，回应职工关切，形成自上而下、自下而上的全面改革态势，力争在和谐劳动关系构建中发挥更重要的基础性作用。

一　新时期工会组织面临的挑战

（一）职工队伍变化的挑战

党的十九大报告明确指出，新时代我国社会主要矛盾是人民日益增长的美好生活需要和不平衡不充分的发展之间的矛盾，这是中国特色社会主义进入新时代的一个重要标志，将对经济社会各个方面产生广泛而深刻的影响。第八次全国职工队伍状况调查显示，我国职工总数已达 3.91 亿人。[①] 广大

① 李玉赋：《第八次中国职工状况调查》，中国工人出版社，2017 年 11 月。

职工在为国家经济建设和社会发展做出重大贡献的同时，也面临日益增长的美好生活需要和不平衡不充分的发展之间的矛盾。工会十七大报告中指出，“当前我国职工队伍规模不断壮大、结构深刻变化、素质逐步提升、权益得到实现，同时在收入分配、利益诉求、价值取向、思想观念等方面呈现日益多样化、差异化的新特征”。

中国经济经过 40 多年的快速发展，劳动力市场的供求关系正在发生变化。一方面，非公企业职工规模不断扩大，农民工成为产业工人主体。2017 年，全国农民工数量达到 2.87 亿人，其中 80 后出生的新生代农民工占农民工总量的 49.7%。[①] 另一方面，劳动年龄人口不断减少，人口红利正在缩减。从 2012 年开始，我国劳动年龄人口以每年三四百万的速度逐年递减，已经连续六年下降，2017 年比上年减少 548 万人。[②] 当前中国劳动力市场正在经历“供过于求”到“供不应求”的转变，劳动力可以无限供给的时代将成为历史，而曾经极度短缺的资本，开始出现相对过剩局面，传统劳动关系双方力量对比格局正在改变，由此将带来我国职工队伍在利益诉求、思想意识、表达方式等方面的一系列深刻变化。

首先，职工队伍利益诉求从“底线型”利益诉求向“增长型”利益诉求转变。“底线型”利益诉求是指职工在工资收入、工作时间、社会保险、劳动保护等方面为达到国家法律法规明文确定的标准而展开的利益诉求；“增长型”利益诉求则是指职工不满足于底线利益的获取，要求自身利益的增长与企业利益增长或与社会发展保持同步。以往，职工群体频繁出现的利益诉求基本上属于“底线型”利益诉求，例如，欠薪、工资达不到最低标准、超时加班或加班工资不能兑现、发放伤残补贴等诉求；而如今职工群体需要法律规定范围以内、基于企业发展的更多利益，包括提高工资标准、改善工作条件、缩短工作时间、发放加班工资等，其诉求内容具有“增利”的特征，劳动者更加关注企业利润的增长是否带来了职工工资的增长，劳动

---

① 人力资源和社会保障部：《2017 年全国农民工总量达到 2.87 亿人》，新华网，http://www.xinhuanet.com/2018-04/12/c_1122674875.htm。

② 国家统计局：《中华人民共和国 2017 年国民经济和社会发展统计公报》，2017。

者要求“共建共享”的自主意识和维权意识日益强烈。

其次，职工思想意识日益多元。随着职工队伍结构的变化，职工思想活动的独立性、选择性、多变性、差异性日益增强。各职工群体收入水平差距扩大，利益分化明显。普通职工政治参与程度较低，主要利益诉求集中在劳动经济权益方面；而专业技术人员、经营管理人员对民主、社会责任、环保权益的诉求日益增多；不少低收入职工群体对生活现状不满，工作生活和心理压力加大，对不良社会现象缺乏理性认识，“仇富仇官”心理滋生；部分农民工在城市处于“边缘化”状态，对未来生活的预期略显悲观。值得关注的是，由于工资收入不高和社会地位不高的现实，一些职工勤劳专注的工作伦理观正在发生退化。很多年轻职工不愿意从事生产、好逸恶劳的倾向严重。在深圳的一份职工队伍调查报告中发现，受访职工中认可“劳动致富”的比例只有45.5%，认为“再努力也比不过有个有钱有势的父母”很有道理和有一定的道理的职工占受访职工的72.2%。[①] 在对生产型企业的调研中研究者也发现，企业中流动性高的职工，往往是那些年轻的新生代职工，他们难以接受生产线上的劳动强度、对工作环境要求高、崇尚自由、不愿受生产纪律约束。

最后，互联网日益成为职工队伍表达利益诉求的主场所。以互联网为载体的新媒体，具有“反应迅速、成本低廉、公众参与、实时在线”的特点，已经成为年轻职工群体利益表达的重要渠道。其迅猛的发展态势不仅重塑了媒体格局、舆论生态，而且深刻改变着社会结构、社会关系，对现实社会的影响越来越大。据第八次中国职工队伍状况调查，互联网对职工的生产生活影响巨大，57.3%的职工表示离开互联网无法从事现有工作，互联网已成为职工社会交往的主要媒介，极大地影响着职工思想生活状况。[②] 特别是微博、微信等网络平台，不仅具有信息发布、舆论传播功能，而且具有强大的社会动员功能，可以把不同地域、行业的网民组织起来，随时随地联系互动、讨论问题、评判社会，影响公共事务、公共事件。

---

① 汤庭芬：《深圳劳动关系发展报告（2015）》，社会科学文献出版社，2016。

② 李玉赋：《第八次中国职工状况调查》，中国工人出版社，2017。

（二）构建和谐劳动关系的挑战

伴随职工队伍的变化，不同职工群体的利益诉求和价值取向渐趋多元，职工维权意识和法律意识不断觉醒，劳动关系类型更加复杂，劳动关系矛盾日益增多。工会十七大报告指出，“劳动关系的和谐，事关经济发展与社会和谐，事关广大职工和企业的切身利益，是加强和创新社会治理的重要内容”。

首先，各类劳动关系风险高位运行。根据人社部数据，2000～2016 年，各级劳动争议仲裁委员会受理仲裁劳动争议案件数量增长了 12.12 倍，达 117.1 万件，涉及职工 226.8 万人。在一些地区和行业，劳动关系矛盾不断由隐性转向显性，并呈现常态化特征，矛盾的敏感性、关联性和对抗性增强，甚至在一定条件下被叠加放大，频繁引发集体劳动争议事件和职工群体性事件。尤其随着新媒体的广泛应用，局部地区的劳动关系矛盾、个体劳动争议被迅速传播放大，成为公共事件，进而演变为更大规模的群体性事件。在 2015 年中国社科院的《社会蓝皮书》中指出，劳动争议和劳资矛盾已经成为中国各类社会矛盾之首，新形势下职工队伍稳定面临严峻挑战。[①]

其次，新经济正在成为职工队伍稳定的重要因素。工会十七大报告指出“随着新一轮科技革命和产业变革不断深入，数字经济、共享经济等新业态蓬勃兴起，企业组织形式、管理模式、生产经营方式及用工方式等发生深刻变化，劳动关系的确立与运行、职工权益的维护和保障面临许多新情况新问题”。国家信息中心的数据显示，2017 年我国提供共享经济服务的服务者人数约为 7000 万人，比 2016 年增加 1000 万人，比 2015 年增加 2000 万人，短短两年时间形成了 2000 万人的就业人群。[②] 然而这些就业人群与互联网平台之间大多没有确立劳动关系，无法享受国家的劳动法律法规保护，因此，这一群体还处于劳动权益保护真空地带。这个群体的工资、工时、社

---

① 李培林：《社会蓝皮书：2015 年中国社会形势分析与预测》，社会科学文献出版社，2015。

② 国家信息中心：《中国共享经济发展年度报告（2018）》，2018。

保、劳动保护等一系列权益事项不仅缺乏行业标准，也缺乏有效行业监管，因此在实际的运行过程中，产生了大量的劳动争议案件，并日益形成损害社会稳定的风险。2014～2017 年，北京海淀区仲裁院受理的涉互联网企业劳动争议纠纷仲裁案件分别为 5671 件、7846 件、11140 件、11456 件，四年间案件数增长了 2 倍。

最后，劳动关系风险具有外部化风险。随着维权事件的增多以及受互联网传播的影响，劳动关系矛盾成为被社会关注的重要领域，也客观上形成了为外部力量插足的空间。某些群体性事件被造谣污蔑，恶意炒作，甚至用以攻击政治制度和丑化政府的形象；某些群体性事件本来是由追求经济利益所引发，仅限于特定的利益诉求，但在某些“劳工维权”组织介入下，经济问题就出现政治化的迹象，甚至在个别地区出现“寻求体制外解决问题”的现象；某些群体性事件一旦被一些别有用心的人染指，就被激化为严重的群体性突发事件。工会十七大报告指出，“增强政治敏锐性和政治鉴别力，加强劳动关系领域风险排查化解、应急处置，坚决防止敌对势力煽动渗透破坏，坚决维护职工队伍和工会组织的团结统一，坚决维护企业和社会大局和谐稳定”。

（三）改革攻坚克难的挑战

工会十七大报告指出，“党的十九大在新的历史起点上对全面深化改革做出战略谋划。党的十九届三中全会对深化党和国家机构改革做出重大部署。改革进入新阶段，将进一步触及深层次利益格局调整和制度体系变革，复杂性、敏感性、艰巨性更加突出”。

首先，供给侧结构性改革与职工安置问题。供给侧结构性改革是国家根据经济进入新常态之后从现实出发做出的一项重大部署。要在适度扩大总需求的同时，通过改革的办法推进经济结构调整，矫正要素配置的扭曲，扩大有效供给，改善供给质量，更好地满足广大人民群众的需要，而供给侧改革的主要任务就是“三去一降一补”（去产能、去库存、去杠杆、降成本、补短板）。因此化解过剩产能和“僵尸企业”兼并重组、破产清算、事业单位改革的过程，将不可避免地对去产能企业的职工生产生活产生重大影响。工会协助政府和企业对部分职工进行分流安置，解决好转岗、再就业和社会保障等问题，将是供给侧结构性改革顺利进行的重要保障。

其次，社会保险征收制度改革与劳动关系稳定。在《深化党和国家机构改革方案》中，中央做出社会保险费用将由税务部门统一征收的决定。以往社保费用由人社部门征收，但普遍存在企业不给员工缴纳社会保险以及不全额缴纳社会保险的现象，许多劳资事件也是由此产生。税务部门统一征收社会保险后，权责更加统一，依靠税务部门长期形成的经验丰富、强有力的征收队伍和系统，社会保险征收将更加规范，也将极大支撑社保体系的健康运行，将保护包括广大职工在内的参保人权益。然而，这也不可避免地使中小企业成本提高，并在经济下行的压力下，最终传导到职工方，从而带来对职工工资和就业权益的重要影响。

最后，工会改革要进一步深化。在过去的五年中，无论是中华全国总工会作为中央群团机关改革的试点，还是上海、重庆市工会作为地方群团改革的试点，都取得了阶段性改革成效，创造了一批可复制、可推广的经验。然而，工会的改革如何从机关层面向基层组织层面进一步延伸，如何增强改革的系统性、整体性、协同性，如何实现上级工会对下级工会的有力指导服务，做到改革顶层设计和基层探索良性互动和有机结合，将是工会下一步改革的重心。工会十七大报告中指出，“各级工会要聚焦增强政治性、先进性、群众性工作，进一步优化工会的组织体制、运行机制、管理模式和工作方式，将工会改革进行到底”。

二　工会组织在构建和谐劳动关系机制中存在的突出问题

2015 年党的群团工作会议上，中央指出包括工会在内的群团组织存在“四化”问题（机关化、行政化、贵族化、娱乐化），“四化”问题实质上是工会等群团组织不同程度脱离群众的表现，这使工会不仅不能适应新形势的变化，也无法完成团结引领职工群众的政治使命。工会十七大报告将工会自身存在的问题结合新时期劳动关系出现的新情况和新变化，以更加具体、更加集中、更加全面的语言进行了表述，大体分为四个方面：第一，体制机制问题，工会体制机制与劳动关系、职工队伍的新变化还不适应，还滞后于形势发展的需要；第二，方法手段问题，工会工作载体和手段还不够丰富，与职工需求存在一定差距，运用互联网开展工作的方式方法不够多；第三，能力意识问题，一些工会干部的改革意识和担当精神不够强，深入基层、服务职工的作风不够扎实，处理复杂问题的能力还有不足，做职工群众工作的本领有待增强；第四，基层组织问题，上级工会对基层指导服务不够到位，工会基层基础薄弱的短板需要进一步补齐。

其中，基层组织建设是工会改革中的“痛点”，工会组织面临如何“打通最后一公里”的难题。虽然只是“一公里”，但“一公里”背后的体制机制问题却是工会改革最核心、最困难、最紧要的问题。中国工会的结构是典型的“上大下小，头重脚轻”的结构，越往基层延伸、越是需要工人的地方，工会的组织基础越薄弱。一方面，街道等基层工会组织很难找到专职工会干部，缺乏专门的工会工作力量，缺少足够的资源支持；另一方面，不少企业工会形式化问题突出，工会工作缺乏职工参与，很难真正发挥作用。事实上，受体制机制等因素的制约，工会与职工群众之间的联系还没有做到紧密畅通，这不仅导致了党的政策方针不能很好地向职工群众进行传达和教育，而且使上级政府缺少了解职工群众的诉求和思想动态的有效渠道，劳动关系中各种不稳定风险和情绪也因此不断累积，对社会稳定和政府治理带来了严峻挑战。为此，中华全国总工会专门下发《中华全国总工会关于新形势下加强基层工会建设的意见》，为加强基层组织建设提供指导，并指出了基层组织建设与劳动关系协调机制存在的六个“不相适应”，即工会组建工作与企业快速发展、组织形式多样化的特点不相适应；工会会员发展和管理与职工队伍迅速壮大、内部结构深刻变化不相适应；工会组织体制、运行机制与基层工会工作创新发展的迫切需要不相适应；工会活动的内容方式与职工群众多样化的需求不相适应；工会干部队伍建设与基层工会所承担的工作职责不相适应；为基层工会提供的指导服务保障与基层工会面临的繁重任务不相适应。[①]

① 中华全国总工会：《关于新形势下加强基层工会建设的意见》，中华全国总工会官网，http：//www. acftu. org/template/10041/file. jsp？ aid = 89884。

三　工会十七大精神与构建和谐劳动关系新机制

中国工会十七大的召开是新时期指导工会建设的重要会议，明确了指导和谐劳动关系构建的基本路线。中国特色社会主义工会发展道路与中国特色和谐劳动关系相辅相成。工会在推动构建和谐劳动关系过程中，应坚持在党的领导下、在政府主导下，调动各方积极性，坚持规范有序、公正合理、互利共赢、和谐稳定的目标，把劳动关系的建立、运行、监督、调处等环节都纳入制度轨道，兼顾劳动关系双方利益，把企业与职工建成利益共同体、事业共同体、命运共同体。

（一）一个方向：政治性、先进性、群众性

工会十七大报告中强调，“坚持增强政治性、先进性、群众性的工会改革方向”。时代在发展，事业在创新，工会工作也要发展、也要创新。而加强和改进新形势下工会工作，最重要的是要保持和增强工会的政治性、先进性、群众性。此次工会十七大报告中对这“三性”之间的关系用了全新的表述，“政治性是工会组织的灵魂，先进性是工会工作的重要着力点，群众性是工会组织的根本特点”。在政治性方面，中国工会是党联系职工群众的桥梁和纽带，是国家政权的重要社会支柱，工会组织必须始终坚持党的领导，在思想上、政治上、行动上始终同党中央保持高度一致，坚决贯彻党的意志和主张，严守政治纪律和政治规矩，承担起引导职工群众听党话、跟党走的政治任务，把职工群众最广泛最紧密地团结在党的周围。在先进性方面，工会作为工人阶级先锋队组织的群团助手，需要把思想引领贯穿工会各项工作和活动，突出政治性、思想性和教育性，同时大力弘扬劳模精神、劳动精神、工匠精神，创新职工建功立业载体和方式，推动建设知识型、技术型、创新型产业工人队伍。在群众性方面，工会需要明确作为职工利益代表者的角色，以服务职工群众为天职，以维护和发展职工群众利益为己任，努力构建和谐劳动关系，切实增强工会组织的吸引力、凝聚力和感召力。习近平同中华全国总工会新一届领导班

子成员集体谈话时指出，“工会要坚持以职工为中心的工作导向，抓住职工群众最关心、最直接、最现实的利益问题，认真履行维护职工合法权益、竭诚服务职工群众的基本职责，把群众观念牢牢根植于心中，哪里的职工合法权益受到侵害，哪里的工会就要站出来说话”。[①] 这是对工会群众性最好的诠释。

（二）两个重点：基层工会建设和网上工会建设

各地工会改革基本完成了机关层面的改革，下一步重中之重就是基层组织建设方面的改革。创新基层工会组织方式，下沉工作重心、充实工作力量，夯实组织基础，打通工会联系职工的“最后一公里”，是改革的关键步骤。工会十七大报告中指出，“强调必须以职工为中心、让职工当主角，眼睛向下、面向基层，力量配备、服务资源向基层倾斜，着力扩大覆盖面、增强代表性，着力强化服务意识、提高维权能力，着力加强队伍建设、提升保障水平，切实增强工会组织的凝聚力。最大限度把农民工吸收到工会组织中来，使他们成为工人阶级坚定可靠的新生力量”。

在基层组织具体建设内容方面，工会十七大报告强调了六个方面的内容。其一，健全乡镇（街道）—村（社区）—企业“小三级”工会组织体系。其二，加强城市行业工会建设以及“两新”组织的工会组织建设。其三，加强“一带一路”建设中海外企业工会工作。其四，探索职工网上申请入会等方式，推动工会组织向新兴领域、新兴群体延伸。其五，推进基层工会组织和工会会员实名制管理。其六，规范集团公司工会组织领导关系和管理体制。基层组织建设的目的是最大限度把职工吸收到工会组织中来，而关键手段是服务资源向基层倾斜。上海工会在改革探索中形成的“减少补下”以及“顾村经验”是工会基层组织建设的现实样板。一方面，减少机关编制，人员编制向基层倾斜，增强和扩充基层组织人手力量；另一方面，改变传统工会经费分配比例，加大对基层组织的经费倾斜，做到人、财、物

① 《习近平同中华全国总工会新一届领导班子成员集体谈话并发表重要讲话》，新华社，http：//www. gov. cn/xinwen/2018 - 10/29/content_ 5335515. htm。

都向基层流动。

在工会改革探索中，上海的“顾村经验”为工会基层组织建设提供了重要实践经验。2017 年，全国工会推广上海“顾村经验”观摩交流会在宝山区召开。顾村镇总工会以“网格责任区”为抓手，“横向到边、纵向到底、上下贯通”，基本实现工会组织全覆盖，同时采取“抓大、圈中、盖小、归类”等立体化基层组建方式，获得了基层组建的良好效果。“顾村经验”得到了时任中华全国总工会主席李建国的肯定，并要求总结推广。中华全国总工会为“顾村经验”概括了“四个依法”的改革举措（依法建会、依法维权、依法履职、依法管会）、四个方面的改革成效（工会组织覆盖面进一步扩大、职工主动入会积极性不断提高、服务职工水平显著提高、非公有制企业工会活力持续激发）以及四个“必须”的启示（必须坚持党的领导、必须秉持法治精神、必须坚持服务为先、必须强化保障机制）。[①]“顾村经验”成为新时期全国基层工会建设，特别是推进非公有制企业工会组建的重要标杆。

网上工会建设是基层组织建设从物理空间向网络空间延伸的重点领域。网络已经成为职工日益依赖的工作和生活的空间，同时网络也是一个巨大的舆论场，甚至已经成为意识形态斗争的主战场。因此，网上工会建设需要借助互联网思维，运用大数据、云计算、物联网、人工智能等手段，构建网上工作平台，打造工会工作升级版，让职工群众在网上找到自己的组织，参加组织的活动，感受组织的温暖。同时，网上工会建设也是舆论阵地建设，充分利用移动客户端、微博、微信，结合“12351”职工服务热线，建立健全工会新媒体矩阵，开展网络斗争、加强网络管理、弘扬主旋律同样也是网上工会工作的重要内容。

在网上工会建设探索中，湖北省宜昌市总工会建立了基础信息系统和快速服务系统，构建“互联网 +”普惠服务职工体系，得到中华全国总工会的认可和推广。宜昌总工会运用“互联网 +”大平台，构建多元化服务工

① 《全国工会推广上海顾村经验观摩交流会在宝山区召开》，《解放日报》2017 年 5 月 28 日。

作载体，提高了工作效率。职工（农民工）网上提交的诉求和服务需求信息在10秒钟内即可同步到服务平台系统，由网络平台统一调度，由专人进行办理，按照分配权限进行操作。真正实现了“信息多跑路，职工少跑腿”的改革目标。宜昌总工会同时开创线上线下入会新方式，实现职工入会全覆盖。职工（农民工）在输入姓名和身份证号的基础上，只需输入企业名称，即可自动在全市法人数据库中检索企业信息，提交后，入会申请被即时同步到服务平台系统进行分派处理。中华全国总工会认为，宜昌市总工会充分运用现代信息技术和新兴媒体，构建起普惠性服务职工工作体系，实现了困难职工帮扶、就业培训服务、劳动争议调解等服务职工工作的有机整合，推动了互联网时代工会服务职工工作的转型升级，促进了基层工会建设。①

（三）三个机制：竞赛、维权、服务

劳动竞赛是社会主义体制下国家弘扬劳动精神、动员广大职工建功立业的重要法宝。随着时代发展，劳动竞赛的方式和内涵也在发生变化。工会十七大报告指出，“完善以企业岗位练兵和技术比武为基础、以国家和行业竞赛为主体、国内竞赛与国际竞赛相衔接的劳动和技能竞赛体系，丰富竞赛的领域、内涵、方式、机制，突出竞赛的时代特征、区域特色、行业特性和单位特点，积极探索在新产业、新业态、新组织中开展竞赛，提升职工参与率和受益度”。一方面，工会十七大报告关于劳动竞赛的表述变为“劳动和技能竞赛”，反映当下的劳动形态从过去“脏苦累”的体力劳动向“高精尖”的创造性劳动的转变，以顺应国家产业转型升级、建设现代化制造业、打造“大国工匠”的要求；另一方面，劳动和技能竞赛开始突出国际性特征。2011年，我国首次派出代表团参加第41届世界技能大赛；2017年，第44届世界技能大赛上，中国获得了15枚金牌，并首次荣登金牌榜榜首；2021年，中国将举办第46届世界技能大赛，以进一步提升国家技术技能的发展

---

① 《全国“互联网+”工会普惠性服务现场推进会在宜昌召开》，宜昌总工会官网，http://www.yczgh.com/xinwen/view.aspx?id=16047。

水平。①

作为职工的代表性组织，维护职工权益是工会作为群团组织最根本，也是最不可替代的职能。工会十七大报告指出，“强调保障职工权益是我国社会主义制度的根本要求，是党和国家的神圣职责，也是发挥广大职工群众积极性、主动性、创造性最重要、最基础的工作”。在具体的机制内容方面，工会应围绕职工“五项基本权益”，强化以下几个方面内容：其一，加强源头参与，工会代表职工主动参与涉及职工利益的法律法规政策的制定修改；其二，推动落实就业优先战略和更加积极的就业政策，推动实现更高质量和更充分的就业；其三，以提质增效为重点，深化集体协商工作，促进职工工资随经济效益和劳动生产率同步增长提高；其四，促进构建多层次社会保障体系，扩大社会保障覆盖面，提高保障水平；其五，完善工会劳动保护监督机制，深入开展安全生产、职业病防治工作；其六，推动完善协调劳动关系制度机制，包括进一步完善三方协调机制、企业民主管理机制以及工会劳动法律监督机制，其中，工会十七大报告中特别强调了对于新业态下的平台就业人群的维护机制，将推动建立适应新业态的用工和社保制度，建立健全互联网平台用工等新就业形态劳动标准体系，维护规模日益扩大的该类灵活就业人群的基本权益。

2018 年，在新的中国工会章程中，中国工会的基本职责被修改为“维护职工合法权益、竭诚服务职工群众”，服务职工群众首次成为工会基本职责。该项之所以成为工会基本职责有以下几点考虑，其一，工会服务一直具有厚重的历史和传统，是工会工作的重要内容，并在多年实践中，形成了诸多服务品牌，如“春送岗位、夏送清凉、秋送助学、冬送温暖”等制度化服务活动。其二，突出工会服务也是贯彻中央群团改革精神，强化工会群众性的改革手段，是工会走出机关大楼、眼睛向下、重心下沉，力量配置和服务资源向基层倾斜的必然要求。其三，服务与维权具有内在统一性。按照习

---

① 邱玥：《2017 中国国际技能大赛：走向世界技能领域的巅峰》，《光明日报》2017 年 6 月 5 日。

近平总书记关于维稳和维权关系的论述，“维权是维稳基础，维稳的实质是维权”，对应工会维权和服务的关系上，维权是服务的基础，服务的实质也是维权。在工会十七大报告中规划的具体服务机制中，还包括健全服务职工体系，拓宽服务职工领域，加强困难职工帮扶和脱贫攻坚工作。

值得注意的是，工会采取购买社会组织服务成为工会更好服务职工的新渠道和新方式。为有效解决一些基层工会基础薄弱、专业化程度不高、有效覆盖面不足等问题，各地工会以购买服务为切入点，引领聚合社会组织和社会资源服务职工群众，在推进工会工作社会化、提升工会工作专业化的同时，延伸了工作手臂、扩大了组织覆盖，在打通服务职工“最后一公里”过程中收获成效。北京市总工会从2012年开始探索购买社会组织服务项目，强调了“工会组织自己没有能力和精力去做、而职工又很有需求的服务项目，工会通过购买社会组织服务的方式来实现”的思想。市总机关专门成立社会工作部，该部门的一项重要职能就是统筹指导北京市职工服务类社会组织的培育、建设、服务和管理工作。经过5年多的实践探索，北京市总工会逐步理清了购买社会组织服务的基本流程，即调研职工需求、制订工作方案、发布招标公告、审核资质资格、开展立项评审、完善实施方案、签订购买合同、开展过程监管、组织中期评估和开展绩效考核共10个环节，涵盖了项目管理和财务管理的基本要求，并形成了《北京市总工会购买社会组织服务管理办法》等一系列制度规范，达到了一系列服务职工群众的目的，成为全国工会在劳动关系领域建设社会组织政治引领、示范带动和联系服务的先进榜样。①

（四）四个重点人群：产业工人、农民工、困难职工、工会干部

产业工人是工人阶级中发挥支撑作用的主体力量、创造社会财富的中坚力量、创新驱动发展的骨干力量、更是实施制造强国战略的有生力量。中央深改组第32次会议审议通过的《新时期产业工人队伍建设改革方案》中，

① 潘建新：《切实发挥工会枢纽型社会组织作用扎实做好工会联系引导职工服务类社会组织工作》，全国工会社会组织工作信息平台，2016年12月13日。

明确提出，要把产业工人队伍建设作为实施科教兴国战略、人才强国战略、创新驱动发展战略的重要支撑和基础保障，纳入国家和地方经济社会发展规划，造就一支有理想守信念、懂技术会创新、敢担当讲奉献的宏大产业工人队伍，并提出政治上保证、制度上落实、素质上提高、权益上维护的总体要求。工会十七大报告对产业工人队伍建设高度关注，围绕产业工人队伍建设中存在的突出问题，提出具体对策路径：其一，完善产业工人技能形成体系，改进技能评价方式，畅通产业工人发展通道；其二，推动实施符合技术工人特点的分配制度和长效激励机制，使多劳者多得、技高者多得；其三，大规模开展职业技能培训，提升培训的针对性有效性，其中，大幅提升产业工人政治待遇，建立产业工人发展通道，实现产业工人精神激励和物质激励相结合，是产业工人队伍建设的主要导向。

农民工群体一直以来是工会组织建设和服务工作的重点。目前，全国工会会员总数达 3 亿人，其中农民工会员有 1.4 亿人。工会十七大报告中指出，“最大限度把农民工吸收到工会组织中来，使他们成为工人阶级坚定可靠的新生力量”。一方面，工会基层组建以非公有制经济组织、社会组织、新产业新业态、开发区（工业园区）为重点领域，以农民工、货车司机等群体为重点对象，开展“强基层、补短板、增活力”工作和入会集中行动。2018 年 3 月，中华全国总工会印发了《中华全国总工会办公厅关于印发〈推进货车司机等群体入会工作方案〉的通知》，明确要求以开展“货车司机入会集中行动”为牵引，大力推进货车司机、快递员、护工护理员、家政服务员、商场信息员、网约送餐员、房产中介员、保安员等群体入会工作；[①] 另一方面，健全完善工会农民工维权服务体系，推动落实农民工欠薪报告制度，推动解决拖欠农民工劳动报酬和社保转移接续等问题，逐步实现农民工平等享受城镇基本公共服务。

困难职工群体一直以来都是城市工会帮扶工作的重点人群。在新形势下，困难职工群体已经发生了深刻变化，过去困难职工的贫困是因为其自身生活

① 王晶：《全总将推动货车司机等八大群体入会以利维权》，央广网，2018 年 4 月 11 日。

陷入困顿，身体机能不能得到满足的绝对贫困，而如今大部分贫困是因为贫困者自身的能力素质不能适应社会发展的需要，或者由于社会排斥等因素导致其没有技能施展的新型贫困，这是一种经济社会高速发展下形成的相对贫困。因此，在工会十七大报告中，困难职工群体的帮扶工作有了新变化。其一，困难职工群体帮扶工作需要围绕国家推行的去产能政策展开，重点做好供给侧结构性改革中职工转岗安置等工作，帮助就业困难人员尽快实现稳定就业。其二，困难职工群体帮扶工作从以往生存型社会救助方式向发展型社会救助方式转变，把提高解困脱困工作质量放在首位，坚持扶贫同扶志、扶智相结合，让困难职工同步迈入小康社会。其三，帮扶救助从单一性救助向多元化救助转变，推进困难职工帮扶与政府救助、公益慈善力量有机结合，推动建立低保与扶贫有序衔接机制，实现帮扶送温暖常态化、经常化、日常化。

工会干部队伍是党的干部队伍的重要组成部分，是做好工会工作的重要组织保证。工会干部有着不同于党政干部的特点，工会干部队伍的结构和管理方式要符合群团组织特点。在工会干部使用上应该不拘一格，由知职工、懂职工、爱职工的人来担任。工会十七大报告在工会干部队伍建设方面，也提出多元化的人才培养路径。其一，探索符合群团组织特点的干部管理方式，注重在基层一线和职工群众中培养工会干部，优化干部成长路径，打造专职为主、兼职挂职相结合的干部队伍。在中华全国总工会的改革试点工作中，通过“总量不变、调整结构”的方式，探索建立了一支以专职干部为骨干力量、以挂职兼职干部为重要支撑的机关干部队伍。其二，加强工会积极分子队伍建设，扩大社会化工会工作者队伍，推动工会干部纳入国家社会工作专业人才队伍体系。尤其是通过社会化工会工作者队伍的系统建设，工会将有效解决基层组织人手不足、能力不够的突出问题，发挥工会工作者推动民主建会、引导集体协商、化解劳资矛盾、兴办社区服务活动的骨干作用，将工会工作者培育成基层组织网络的基础力量，将工会工作者打造成上级工会与基层工会、企业、工人之间的重要纽带。其三，通过各层次的教育培训体系，工会应培养一大批劳动经济、劳动法律、劳动关系、信息技术等方面专门人才，打造一支高素质专业化的工会干部队伍。

参考文献

李玉赋：《第八次中国职工状况调查》，中国工人出版社，2017。

李培林：《社会蓝皮书：2015 年中国社会形势分析与预测》，社会科学文献出版社，2015。

中华全国总工会研究室：《把握时代主题　服务职工群众——深入学习贯彻习近平总书记关于工人阶级和工会工作的重要论述》，中国工人出版社，2017。

《王东明在中国工会第十七次全国代表大会上的报告》，《工人日报》2018 年 10 月 27 日。

中央文献研究室：《习近平关于社会主义政治建设论述摘编》，中央文献出版社，2017。

第三章　数字经济、组织变革与人力资源管理的新发展趋势

孙　波*

摘　要： 随着数字化时代的到来，人工智能技术的不断突破和广泛应用、社会需求基准不断提高共同推动了组织形态的演进，进而推动人与组织关系的重构。人与组织关系从雇佣制变为合作制，传统的组织模式和人力资源管理体系不适应时代发展的问题越发突出，如何应对外界的迅速变化，如何提高企业在数字化时代的生存能力成为企业必须直面的现实问题。本文从思考人力资源管理问题的一般逻辑展开，分析了组织与人力资源管理发生的变化，并结合企业实践总结了数字化时代组织变革的主要方向和人力资源管理发展的趋势。

关键词： 组织变革　人与组织关系重构　人力资源管理发展

当前全球经济已经进入数字化时代，这个时代是互联网、物联网、云计算、大数据、人工智能技术综合应用的新时代；是实体经济与虚拟经济高度融合的新时代；是人的需求与技术共同进化与融合的新时代。对企业而言，如何实现数字化转型、如何提升自身数字化生存能力成为当前必须面对的现实问题，传统的组织和管理模式已经无法适应和应对数字化时代带来的变

* 孙波，副教授，中国劳动关系学院劳动关系与人力资源学院人力资源管理系主任。

化，这就要求企业必须用数字化生存的思维进行组织变革与人力资源管理体系的创新，其核心在于人与组织关系的重构。本文将从人力资源管理的变迁，人与组织关系的演变，以及数字化时代组织变革和人力资源管理发展的角度进行阐述。

一　思考人力资源管理问题的一般逻辑

当我们在思考组织人力资源管理问题的时候，必须回答清楚三个问题，第一，组织发生了什么样的变化，或者说在不同时代之中发生了什么样的变化？第二，人发生了什么样的变化？第三，组织与人的关系发生了什么样的变化？这三个问题构成了一个基本的逻辑框架。

（一）组织和工作的变化

随着数字化时代的到来，平台型、网络型等组织形态不断出现，这些新型组织形态与传统组织形态相比具有不同的工作组合方式和不同的特点，主要表现在以下四个方面。

第一，组织设计的基点发生了变化。传统型组织设计是基于目标和功能的，新型组织设计则是基于战略业务发展的需求和客户发展导向。传统型组织设计的基点是假设在一个相对稳定的环境之下，基于组织的能力和资源，预定一个战略目标，组织和职位的设计以支撑战略目标实现为前提，是基于能力资源假设支撑战略目标实现而设计的。新型组织处在动态变化的环境之下，基于能力资源预设的目标变化越来越快，越来越难以实现，或者说目标的动态性增强，组织设计更加强调基于客户导向，而不是基于战略目标。组织设计的基点变成了如何迅速捕捉到客户的需求，进而满足客户的需求。

第二，在传统的组织中，员工的职位是稳定的，工作内容是确定的，职责是清楚的。在新型组织中，由于工作内容越来越不确定，员工的职责也变得不清楚。因为组织不断在变，流程不断在变，原有的职位可能会消失。工作内容的重复性、可复制性逐渐呈现出更多的创新性、难以复制性特点，大量例外工作成为常态。

第三，传统组织内部门之间以及各岗位之间的边界是清晰的，分工是明确的。而在新型组织中，岗位之间的边界并不清楚，职责划分并不明确，尤其是在网络型组织和矩阵型组织中，由于组织一切以市场和客户为核心，因此岗位之间的边界是模糊的，甚至是重叠在一起的。员工在任务中的角色往往替代了传统岗位的概念，成为组织运转的最小单元。

第四，传统组织中处理组织与人之间的矛盾，协同各个部门之间的关系，最基本的准则是权力法则，即来自更高层级的协调。但新型组织中处理组织和人的矛盾则是基于顾客和市场的需求，更多地强调责任和能力，各部门之间也是基于市场与客户需求同级自动协调。

（二）人的变化

随着就业人群年龄的代际更迭，原有的管理理论和管理方法越来越不适应新的变化，而且随着新知识、新技术被不断引入和应用在工作场景中，员工的行为方式和工作方式也在发生着变化，这种变化在对传统人力资源管理模式提出挑战的同时，也构成了我们思考人力资源管理发展的另一个重要支点。

首先，员工更具有工作自主性，有自我尊重的需求，个性更加自我张扬。新生代员工对职业的参与感越来越强烈，对于沟通、理解和信任有着越来越多的需求。工作的自主性、自我实现，以及对个性的诉求和个人潜能的发挥逐渐成为员工对工作的追求，员工对于机会和发展空间的需求比以往任何时候都更为强烈。

其次，新生代员工的需求变得更加丰富和复杂，具有复合性的特点。他们对工作既有低层次的物质需求，又有高层次的精神需求，各层次需求交织在一起，需求层次结构要素是重叠的、混合的。这种复合性的需求对于经典管理理论中激励方式和激励效果的实现提出了挑战。

再次，新生代员工的技能要求发生变化。传统组织中强调员工须具备单一技术，新型组织则更强调员工具备多种综合的技能。传统组织实行的是按照直线职能制进行专业化分工的个人工作模式，强调个人技能的专业化。新型组织中，工作开展模式更多是围绕一项目标或任务进行人才组合，采用项目型和跨团队、跨职能的团队工作模式，追求人才组合的协同性，对于新生代员工的技能要求也从职能专业化转向对更高协同能力和更强的学习能力的要求。

最后，新生代员工对于工作伙伴和工作场景有更高的要求。在新生代员工的诉求中，工作和生活逐步出现融合化趋势，他们追求实现工作生活交融化、工作娱乐化、娱乐工作化。在交融场景下，人与人之间的关系处理起来会更加复杂，组织对人的个性、价值观等深层次的素质要求越来越高，人的素质的内涵也变得更加丰富且复杂。

（三）人与组织关系的变化

组织的变化和人的变化构成了思考人力资源管理问题的两个基本支点，最后是通过人与组织关系的不断变化来推动人力资源管理的发展，这种变化大致可以划分为以下四个阶段。

第一阶段，人是“工具”阶段。在农业社会和工业社会早期，生产的第一要素显然不是人力资源，而是土地和资本。只要拥有了土地和资本，工人是可以像生产原料、机器设备一样被采购。这个时期组织所追求的是简单的机械效率，这是人与组织关系发展相对初级的阶段。

第二阶段，“人”“岗”匹配阶段。随着大工业生产的发展，行为科学的研究人员发现人作为“工具”，是可提供力量的个体，不同的人在同样的生产条件下会带来不同的产出。人力资源管理的概念逐渐产生和发展，作为个体的人和人身上蕴含的不同要素逐渐被关注，这一时期组织开始研究人与岗位的有效配置，人与组织的关系进入第二个阶段。

第三阶段，“人”“事”互动阶段。随着对人力资源认识的不断深入，人力资源作为重要的生产要素，在工作完成过程中的价值越来越大，人与工作的价值逐渐呈现出相互促进、相互作用的特点，组织从单一研究人岗匹配转向研究通过人力资源开发实现组织和人的共同发展，这一阶段可以简称为

“人”“事”互动阶段。

第四阶段，人是“目的”阶段。随着数字时代的到来，人力资本成为组织的第一生产要素，哲学家康德“人是目的”的理念逐渐成为一部分企业经营的基本理念，企业通过支撑个体满足客户价值来实现发展，进而作为平台与个体分享价值，平台型组织正在成为主流组织形态，人与组织的关系进入崭新的阶段。

人是“目的”和人是“工具”的观点代表了人们对人力资源截然不同的认识，同时反映出人与组织关系的剧烈变化。在人是“工具”阶段，人被简单抽象为“力”的输出者，且人是作为实现组织目标的手段被认为是被动工作的，组织对人力资源的管理是基于职能和功能的管理，企业经营主要关注组织利润回报和股东满意度。在人是“目的”阶段，人力资源本身的发展成为组织的主要目标，这种观点认为人在组织中是主动工作的，强调个体的作用和价值，组织对人力资源的管理是基于价值观和共同愿景，企业经营主要关注客户价值和员工价值的实现。

在这种人力资源理念的主导下，人与组织的关系呈现出以下五种新面貌。

第一，组织不再有传统的员工概念，只有在组织平台创造价值的人。比如海尔提出的以“人单合一”为核心的组织新型运作模式，客户的需求或者创业意向都构成“单”，而承接客户需求的“人”则通过海尔内、外部人才的竞争机制与“单”进行匹配，海尔则作为平台支撑客户价值的实现过程，从这个概念上来看，组织不再有传统的员工概念，在组织平台上创造价值变得更重要。

第二，组织边界打开，不再有严格意义上的企业和部门的概念，只有支持价值创造者创造价值的相互协作网。数字化时代，客户的需求越来越个性化，客户的自主意识越来越强，为了应对这种变化，企业内部的运营不再是垂直的“金字塔”式的职能结构，而是真正以客户为中心构建的一个个前端小团队来实现快速响应和实时交互，小团队和组织之间就是基于数字的平台化连接关系，即“大平台 + 小前端”的相互协作“赋能”

体系。

第三，组织内部不再有层级之分，只有面向用户价值所创造的不同角色和功能。“大平台 + 小前端”这种组织结构决定了“平台”和“前端”之间的关系不再是领导与被领导的上下级关系，而是基于各自的职责和价值定位共同服务于客户价值的实现过程，“前端”完成客户交互和任务交付，“平台”扮演向“前端”赋能的角色，所以组织内部不再有层级之分。

第四，员工不再有组织内外身份之分，取而代之的是社会化的人力资源生态和创造价值的协同生态圈。平台化组织以支撑客户价值实现作为自身的价值定位，必然需要构建开放的生态体系来最大限度地对接客户需求和实现客户价值，在“破界”思维下，组织一定是跨界、开放、与外部人才实现融合，构建出相互交融、开放的社会化的人力资源生态和创造价值的协同生态圈。

第五，组织成为价值创造者的承载体，组织内不再有无效劳动，因为无价值劳动不存在，找不到价值创造的方式不存在，没有价值创造的持续增值也不存在。

人与组织的关系逐渐从单纯的雇佣关系变为合作关系，北京大学国家发展研究院陈春花教授在《激活个体：互联时代的组织管理新范式》中进一步将人与组织的合作关系定义为共生关系，“共生”是一个生物学的概念，至少包括了六种关系。这六种关系在组织和人的关系中都能够找到。

第一，寄生关系。一种生物寄附于另一种生物身体内部或表面，利用被寄附的生物的养分生存。

第二，互利共生关系。共生的生物体成员彼此都得到好处。

第三，竞争共生关系。竞争双方都受损，无论对组织的可持续发展，还是对个人的可持续发展，这种形式都没有意义，显然人与组织的发展不应该成为竞争共生关系。

第四，偏利共生关系。对共生体其中一方生物体有意义，对另一方没有任何意义。在有些组织里面，这种关系体现为个人获得巨大，组织没有获得。

第五，偏害共生关系。对共生体其中一方生物体有害，对其他共生的成员则没有影响。

第六，无关共生关系。就是无益无损的关系。

显然，符合我们期望的绝大多数人和组织之间的共生关系是互利共生的关系。互利共生关系的一个核心词是“互利”。没有互利，持续共生是无法实现的。人与组织实现互利共生，则必须重新定义各自的价值，必须研究各自的价值发生了什么样的变化。互利共生关系的形成也主导了数字化时代组织变革和人力资源管理发展的基本方向。

二　数字化时代的组织变革

组织设计是由经营假设决定的，工业经济时代企业的基本经营假设是组织基于资源与能力预设目标，组织设计合理架构承接目标。组织通过致力于人岗的有效匹配，保证每个节点的高效运转，从而提高组织整体运行系统的高效率，进而保证组织基于能力和资源假设的目标能够被实现。数字经济时代企业是基于另外一种截然不同的经营假设，技术的更新、技术的应用、人工智能的处理速度提高，使企业不再需要基于能力资源假设去选择最优目标，企业可以同时支撑多条创新线，然后通过支撑个体创新、捕捉和快速响应外界的变化，进而满足客户的需求，带动组织的发展。

经营假设的变化改变了企业的组织运行规则，包括企业的决策机制、评价机制、激励机制等，传统的组织体系已经无法适应这些新的诉求，企业必须进行组织变革，才能持续激活组织价值创造要素。中国人民大学劳动人事学院彭剑锋教授提出了数字化时代的组织变革要有“四个围绕”。

第一，组织要围绕战略变。一个企业要构建什么样的组织，首先要围绕战略来确定，当战略目标是动态目标的时候，组织也必须是动态的。

第二，组织要围绕客户变。未来的组织一定是随着客户的价值与市场的反应变化而变化。打造客户化的组织，核心就是围绕客户价值，根据市场的反应速度，调整整个组织真正去贴近客户、贴近市场，提高市场的反应速度。

第三，组织要围绕人才变。当管理对象变了，围绕人才的组织变革最核心的命题一是人才激活，二是提高人才效能。组织要激发人才价值创造的活力，始终保持组织的活力，组织要围绕人才进行变革，实现协同价值的最大化。

第四，组织要围绕技术变。技术革命推动组织变革，尤其在数字化、大连接、人工智能时代，技术完全颠覆了过去的组织连接方式、沟通方式、劳动协同方式。所以，新的技术实质上是为组织模式创新提供了技术平台。

互联网时代，传统的家电企业遭遇新型电商的巨大冲击，或多或少遇到了经营的困难，在这一大背景下，海尔集团自2011年以来创新地提出打造“共创共赢生态圈”模式，也称为“人单合一双赢”模式，这一模式首先从组织变革和人力资源变革开始，随着变革的不断深入，海尔逐渐形成了变革的“三化”原则，即企业平台化、用户个性化和员工创客化。“企业平台化”使企业由原来的封闭组织转变为开放的创业生态圈，现在的海尔内部只有两种组织形态，“平台”组织和“小微”组织。将原有的各职能部门改造为承担资源聚散功能的平台，“小微”即创新创业的单元，成为满足用户需求的主体。企业将决策权、分配权、用人权彻底让渡给“小微”单元，企业转型为共享平台和驱动平台，让员工从岗位的执行者转变为拥有权力的创业者。

以海尔集团的人力资源部组织变革为例，海尔整体人力资源管理大致划分为四个阶段：第一阶段，海尔的人力资源管理还处于人事行政管理阶段，组织形式单一，由隶属于各事业部的人事行政部承担劳资、人事、保卫等基本职能。第二阶段，人力资源功能逐渐发育，海尔成立了集团人力资源中心，建立了相对完善和专业的人力资源管理职能条线，通过矩阵式的方式实现对各事业部的人力资源管理进行专业指导和管控。第三阶段，海尔集团人力资源中心向“人力资源三支柱”管理模式转型，海尔成立了专家中心（COE）、人力资源共享服务中心（SSC）和人力资源业务伙伴队伍（HRBP），将整个集团的人力资源统一集中管理。自2011年海尔提出“人单合一双赢”模式之后，海尔集团探索并提出了具有中国原创性的人力资源管理模式，将“三支柱”模型优化为“海尔灵敏”（S－H－A－R－P）模型，更加强调价值创造流程的连接而不是某项业务职能的完成。目前海尔集团没有人力资源部，而是将人力资源功能转化为支撑价值创造的五个子平台，即“资源创新平台”、“领域业务平台”、“人才吸引平台”、“创客孵化平台”和“共享平台”。在海尔灵敏（S－H－A－R－P）模型中，每一个子平台，都独立开放、独立运行，同时又相互连接、相互作用，构成一个交互的网状体系。各个子平台既独立创造价值，为集团整个人力资源大平台提供数据和知识，同时又通过协作和交互，为整个企业大平台提供流程化、系统化知识。

在企业的实践中，我们发现了包括海尔以“组织平台化、用户个性化、员工创客化”为导向的组织设计、华为的后方专业支持平台和前方“铁三角”（华为聚焦客户需求的一线共同作战单元，核心组成员由客户经理 AR、解决方案经理 SR、交付专家 FR 三个角色构成）的赋能型组织模式、美的的“789”事业部改造（将原来的集团职能体系改造为 7 个共享平台、8 个职能中心和 9 个事业部）等组织变革实践。总结起来可以发现，所有这些企业的组织变革与创新都具有以下五个特征。

第一，去中介化。缩减中间层，降低组织决策重心与减少管理层级，由垂直科层、单一结构转向扁平网状结构，打造扁平化、平台化、赋能型组织。

第二，去边界化。打破组织内外边界、构建生态圈，使整个组织内外跨界、开放融合，通过拆除部门墙、打破职能筒仓结构，组织构建以客户为中心的平行自动协同机制，形成生态化系统，为客户提供一体化价值体验。

第三，去戒律化。打破固有秩序与规则，开放包容，鼓励员工创新创业，充分尊重人的自主创新精神，通过事业合伙机制，真正让员工有更多机会参与管理与共治，使员工从被动工作转向自我担责、自我驱动。

第四，去威权化。淡化威权领导，倡导赋能领导，打破官本位思想，开放职业发展通道，尊重专业权威与业务权威，按角色与任务责任建立汇报沟通关系。

第五，去中心化。打破一切以行政领导为中心的垂直指挥命令系统，一切以客户为中心构建多中心平行运行机制。去中心化不是组织不要核心，不要集中配置资源，而是要以客户为中心来实现资源的动态配置，中心不是来自预先设计，而是来自市场与客户动态选择。

“平台化 + 分布式小前端 + 生态化”的模式已经成为数字化时代组织变革的主要发展趋势，中国人民大学劳动人事学院彭剑锋教授将“平台 + 分布式前端（项目、自主经营体） + 生态”的组织模式归结为以下管理方针。

“生态布局，网状结构”。企业必须要有生态的战略思维、生态的业务布局，对平台化与生态化有长远的战略意识、足够的战略耐心与战略定力。同时，企业应通过变革打破科层制组织的垂直结构，代之以扁平化的网状组织结构。组织不再是封闭系统，而是通过开放合作同客户、外部生态之间融合形成生态优势，整个组织的结构体系不再是一种垂直结构（指挥命令系统一统到底），而是一种串联和并联交织在一起的网状结构，是多头的、多中心并行的、交织的网状型结构。

“数据驱动，平台管理”。在生态布局和网状结构的组织中，组织的有效运行必须有两个基础条件：第一个基础条件是数据驱动。没有数据驱动就谈不上生态布局以及网状结构的运行，所以企业必须要实现数据驱动。数据驱动不仅仅是信息数字化、业务数字化，更需要企业在经营管理模式上进行数字化转型。整个企业内部的运行不再是根据上级指令，而是依据消费者需求端所产生的任务市场和任务所转化的业务数据实现数据驱动。第二个基础条件是管理的平台化。有了数据上移和数字驱动，组织就可以构建管控与赋能平台向一线前端配置资源并赋能，提高一线业务单元的综合能力。

“责任下沉，权力下放”。有了数据和平台做保障，企业的经营责任就可以往下沉，而不是往上推，组织中各端口都在承担经营责任。组织通过建立责任共担体系，在责任共担体系下沉的同时实现权力的下放。没有责任下沉和权力下放，就谈不上自主经营体，也就谈不上分布式经营与管理。

“领导赋能，任务市场”。在数字化时代，领导不再是威权化的领导，一定是“愿景 + 赋能式”的领导。愿景使全员对应目标，用规范化、体系化取代领导化，领导的角色转变为对整个组织所建立的标准、规范、体系、机制负责，确保整个体系的运转和优化，这就需要组织在实现扁平化改造，削减中间层以后，真正产生赋能式、愿景型领导，将市场化机制引入组织内部任务分配，企业内部的任务基于数据进行资源（包括资金资源、人才资源）配置并实现市场化交易。一线经营单元与职能平台之间的关系主要是市场化交易关系，一是内部任务可以市场化交易，二是内部任务也可以外包化。前提条件是必须建立内部的任务市场交易体系。

“独立核算，自主经营”。企业如果没有独立核算体系，就谈不上分布或自主经营。企业内部必须建立独立核算体系，重构财务核算系统。只有这样，才能做到内部任务市场依据标准、依据模块，真正实现任务市场的交易。依据任务市场的市场化交易来组合人才、整合资源，所有的职能部门都具备动态化、模块化、标准化、插件化的特点，依据任务市场来形成新的机构和新的人才组合。

“共识共担，共创共享”，“平台化 + 分布式小前端”的机制顺畅运行更加强调理念的一致和统一，必须在共享价值观的基础上构建起“共识共担、共创共享”的利益分配机制。所谓共识就是共享愿景与目标，所谓共担就是共担风险与共治责任，共创就是发挥个体优势，团队协同共创价值并依据价值贡献共同分享收益。

三　数字化时代的人力资源管理发展

人与组织的关系从单纯雇佣关系变为互利共生关系，组织价值、个体价值、用户价值、社会价值等都必须进行重新定义和匹配。个体可以通过与多个平台组织建立合作关系实现个体价值的最大化，这种自我雇佣但又不同于创业的灵活就业方式有逐渐成为新生代知识劳动群体主流就业形态的趋势，据阿里研究院 2017 年预测，“未来 20 年，八小时工作制将被打破，中国多达 4 亿的劳动力将通过网络自我雇佣和自由就业，这些人约占中国总劳动力的 50%”。与此同时，组织通过平台化来支撑社会价值、个体价值、用户价值的实现并分享这些价值，进而实现自身的价值。

组织价值和个体价值的重新定义与匹配，促使人力资源管理机制的内涵发生巨大的变化，职能型人力资源管理模式显然无法适应数字化时代组织变革的要求，人力资源管理体系的演变方向很清楚，就是必须围绕价值创造、价值评价来重构管理模式，重构人力资源管理体系，重构整个组织的经营管理体系。当面对一个崭新的平台经济体时，原来所有的管理模式可能都会失效，至少会面临很多挑战。因此，人力资源管理机制建设必然从基于职位的人力资源管理走向基于能力的人力资源管理，最终走向基于价值创造与价值评价的人力资本管理。接下来，本文试图从“选、用、育、留”四个方面阐述数字化时代人力资源管理机制内涵的变化。

第一，“选”的变化。在基于职位的人力资源管理体系中，选人主要体现在人力资源部门的招聘职能和配置职能，其目的是招聘者通过对潜在人力资源的识别和测评，将人力资源纳入组织内部，是以保障人力资源与职位任职条件的匹配为标准，组织的最小单元是职位。

如前文所述，在数字化时代，组织转型为平台经济体，致力于打造开放的人力资源生态来保证组织对外界变化的快速响应，因此选人的目的不是将潜在人力资源纳入组织内部，也不是追求人力资源与职位任职条件的匹配，而是追求人力资源与客户需求的快速匹配，人力资源管理的范围延伸到组织外部，招聘职能和配置职能转变为人才供应链管理和建设。通过人才供应链建设紧密连接企业战略、客户需求和内外部人才市场，人才供应链管理的衡量标准是无时差地实现人力资源和迅速变化的客户需求的无缝对接，譬如海尔以“世界就是我的人力资源部”为基本理念打造的社会化人力资本生态，其表现就是连接、交互和开放，连接是基础，交互是方式，开放既是过程也是目的。各类价值创造主体的个体知识和隐性知识，通过在组织平台上的交互、应用转换、创新，既构成知识创新的循环链，又保证了对客户需求的最大化响应。在这样的人才供应链平台上，人力资源不再有组织内外部的身份区别，任何组织和个人都可以在平台上创业。为了实现最优价值的创造，人才供应链平台的管理范围不受组织边界的制约，以保证平台能够接入最优资源方进行合作。

第二，“用”的变化。传统的人力资源管理用人主要表现在工作任务分配、评价和激励环节，组织以职位作为最小管理单元，任务分配以职位职责为基础，以职位职责为边界对应组织目标的分解和流程任务的承接，考核评价和激励都是以职位履职状况为基本标准和依据。

在数字化时代，“平台化 + 小前端”的组织运行模式下，自主经营体成为直接面对客户的前端，自主经营体内部分工依据实现客户价值过程中的角色分工进行分配，人员身份和工作开展方式的变化都使基于职位履职状况的绩效评价失去基础，如果评价是以价值创造为唯一标准，人员则会追求自主经营和自主管理。

京东集团 2017 年提出了“无界零售”的趋势预判，这种新的战略转型对京东的组织能力提出了新的要求。因此，京东创新性地提出了组织能力的“积木理论”，为应对未来客户的复杂需求提供解决方案。积木理论要求组织打开内部业务环节的强耦合关系，将已有能力打散，使之成为一个个可拆分、可配置、可组装的模块，像积木一样，再通过个性化组合，满足客户不同偏好的需求。目前，京东正在自上至下地推进整个组织的“积木化”嬗变。与此同时，京东在公司内部建立了任务市场，业务部门可以把工作或需求分解成一个个任务，通过内部任务平台在全公司范围内发布。任务市场面向组织里的所有人，在京东，只要员工有意愿、有时间并且有能力完成这些任务，就可以跨越部门界限，在全公司范围内发起小组，号召有相同意愿、不同能力的人自由组队，组成任务小组来领取、竞标并完成任务，从而获得评价和奖励。

在企业实践中，越来越多的企业从以 KPI（关键绩效指标）为核心的绩效管理模式转向 OKR（目标与关键结果法）管理模式，OKR 被定义为一种批判性思维框架和持续性练习，它可以使员工相互协作、集中精力，推动企业不断前进。OKR 的核心是帮助企业找到对其发展最关键的方向，并且保持专注，通过集中优势资源，在最重要的地方取得突破，其基本假设就是建立在人员自我管理和自我驱动基础上的。

人员需求的多样化也迫使组织由相对单一的以薪酬激励为主的激励模式

转为全面认可激励的模式，认可激励范围包括对工作任务认可、服务认可、合作认可、标杆行为认可、公民行为认可、成长认可等，通过全面认可激励模式，企业可实现良好的组织氛围、更高的绩效产出、更有效的人才利用和人力资源自我潜能的挖掘以及更加丰富的工作场景。

第三，“育”的变化。基于职位的人力资源管理体系是通过人力资源与职位的匹配保证组织高效率运行，所以人力资源的专业化成为组织运行效率提高的关键，对人力资源的培育也主要体现在对员工专业知识和专业能力的提升，方式相对单一。

数字化时代，人与组织关系变为互利共生模式，人力资源不是依附于组织，而是通过主动响应和实现客户需求，实现个体发展和组织发展，所以对人才能力的要求也越来越综合化。传统的培训职能转变为组织能力规划和人员赋能管理，组织既要通过组织能力规划，设计开发人力资源能力发展通道，牵引人员能力提升，同时又要通过组织变革，转型为赋能型组织，如前文所述的“平台化 + 小前端”的组织模式就是典型的赋能型组织，平台集合资源并向处在前端的自主经营体或个体赋能，以提高对客户需求的转换能力。赋能型组织的建设将组织由职能界面导向客户化组织模式，通过内外部客户化，实现从垂直威权指挥命令到平行自动协同，实现从专业划分到赋能服务思维的转变。

第四，“留”的变化。传统人力资源管理倡导“待遇留人、感情留人、事业留人”的理念，在具体职能上表现为薪酬激励、企业文化建设和职业生涯管理等。但是，在人与组织关系变化的大前提下，人员的需求层次变得更加复杂，“留人”的问题变成人员与企业持续互利共生的问题，而不是从内部视角来看待人员的去留问题。人员与企业能否持续互利共生的关键在于双方能否真正形成互赢生态系统，“事业合伙人机制”“人力资本合伙人机制”“透明的利益分享机制”等都是在回答和解决这个问题的有效机制，同时共享的价值观管理也显得越发重要。

四 总结

数字化时代的到来，加快了企业外部环境的变化速度，企业必须以生态化思维来思考组织的变革和人力资源管理问题，必须充分认识到人与组织关系由雇佣关系转变为互利共生关系，数字化不仅是技术变革，更是认知重构，底层管理逻辑的变化驱动了组织的变革和人力资源管理体系的重构，“平台化＋小前端＋生态化”成为未来组织变革的方向，人力资源管理由基于职位的人力资源管理走向基于能力的人力资源管理，最终走向基于价值创造与价值评价的人力资本管理。

参考文献

陈春花：《激活个体：互联网时代的组织管理新范式》，机械工业出版社，2016。

彭剑锋：《数字化、智能化带来企业认知革命》，《洞察》2018 年 9 月。

彭剑锋：《这 8 个案例，代表了组织变革的趋势与人力资源变革方向》，搜狐新闻，https：//www. sohu. com/a/221394287_ 460374，访问时间：2018 年 11 月 8 日。

第四章　分享经济背景下网约车劳动关系认定研究

肖　竹*

摘　要： 分享经济的快速发展，特别是平台用工模式的多样化发展对劳动法规制劳动关系提出了巨大挑战，其中尤以网约车平台所带来的挑战最为典型。对网约车行业司机与平台企业之间的劳动关系认定，研究者需要以了解和尊重行业实际用工现状为基础，并考虑网约车新政对市场发展走向的影响。我国目前网约车的用工模式并非典型的分享经济业态，其用工模式分为司机以自有车辆加盟的C2C模式和平台公司提供车辆的B2C模式，两种模式下又存在司机兼职与全职加盟的模式，以及“四方协议”与“公司自营”等模式，而不同的用工形态会直接影响劳动关系的认定和未来劳动法规制劳动关系的思路和方向。

关键词： 分享经济　网约车行业　劳动关系　网约车新政　用工模式

党的十九大报告提出，“在中高端消费、创新引领、绿色低碳、共享经济、现代供应链、人力资本服务等领域培育新增长点、形成新动能”。共享经济出现在党的十九大报告中并不让人感到意外。此前，共享经济连续两年被

* 肖竹，副教授，中国劳动关系学院法学院副院长。

写进政府工作报告，发展共享经济也是“十三五”规划确定的目标。共享经济从一个新鲜事物已变成我们生活的一部分。当前我国分享（共享）经济发展迅猛，2017 年国家发展改革委等部门发布的《关于促进分享经济发展的指导性意见》指出，“分享经济在现阶段主要表现为利用网络信息技术，通过互联网平台将分散资源进行优化配置，提高利用效率的新型经济形态”。[①] 据统计，2017 年我国共享经济市场交易额约为 49205 亿元，比上年增长 47.2%。2017 年我国共享经济平台企业员工数约为 716 万人，比上年增加 131 万人。2017 年我国参与共享经济活动的人数超过 7 亿人，比上年增加 1 亿人左右。参与提供服务者人数约为 7000 万人，比上年增加 1000 万人。[②]

中国工会十七大报告指出，随着新一轮科技革命和产业变革不断深入，数字经济、共享经济等新业态蓬勃兴起，企业组织形式、管理模式、生产经营方式及用工方式等发生深刻变化，劳动关系的确立与运行、职工权益的维护和保障面临许多新情况、新问题。作为分享经济典型代表的网约车行业，其参与提供服务者人数庞大且快速增长，行业对就业的促进作用显著。由中国新就业形态研究中心、首都经济贸易大学劳动经济学院发布的《新就业 高质量——中国新就业形态就业质量研究报告》指出，网约车行业的诞生创造了 8066 万个灵活就业机会，据统计，2017 年 6 月至 2018 年 6 月，共有 8066 万人通过网约车获得收入，比上年同期增加 1958 万人。报告还指出，有 484 万人在加入网约车行业前处于失业状态。网约车平台的出现，既为短期内寻找工作的失业者提供了过渡性的就业机会，又为产业升级等形成的转移职工提供了长期稳定的就业机会，有效降低了城镇失业率。[③] 2019 年 1 月中国劳动和社会保障科学研究院发布的《中国网约车新就业形态发展报告》显示，网约车司机以 70 后和 80 后的中青年男性为主，全国网约车司机

---

① 国家发展改革委等：《关于促进分享经济发展的指导性意见》，2017，第 1 页。

② 国家信息中心分享经济研究中心、中国互联网协会分享经济工作委员会：《中国共享经济发展年度报告》，2018，第 1 页。

③《首经贸大学报告显示：新就业形态就业质量高》，央广网，https：//baijiahao.baidu.com/s？id = 1605680482649117246&wfr = spider&for = pc，访问时间：2019 年 2 月 28 日。

平均月收入为 2522 元。网约车这种新就业形态为建档立卡贫困人员、退役军人等群体提供了实现就业和获取收入的渠道。报告数据显示，滴滴平台的网约车司机中有 6.7% 是建档立卡贫困人员，12% 是退役军人。[①]

分享经济用工模式对传统劳动关系及其规制的挑战与应对，是全球热议但尚未形成共识的重点话题。分享经济时代的 P2P 用工模式呈现出与传统工业用工模式截然不同的特点，劳动者和工作岗位的匹配关系不再像传统产业模式下那样紧密，劳动报酬、工作时间和工作地点等内容的限定变得灵活，越来越多的工作开始呈现出工作与休闲一体化、工作时间碎片化、工作空间任意化的特点。[②] 有学者认为，依托互联网平台大量涌现的兼职、非全时工作以及各类临时用工，催生了“零工经济”（gig economy）一词，以致有机构将适应零工经济发展列为人力资本发展十大趋势之一。从劳动关系角度观察，所谓“零工经济”实质上就是劳动关系的碎片化和去劳动关系化。它在充分利用闲置资源、扩大就业乃至促进经济发展方面发挥积极作用的同时，也剥夺了部分灵活就业人员的劳动权利和职业安全感。“零工经济”会不会发展成为主流趋势，尚需要进一步观察和实证分析。[③]

2016 年 7 月 28 日，《关于深化改革推进出租汽车行业健康发展的指导意见》和《网络预约出租汽车经营服务管理暂行办法》（以下简称《暂行办法》）的出台，意味着网约车经济模式在中国市场终于走出了制度缺失的“灰色地带”。而对网约车行业的用工及劳动关系的探讨，也一直与分享经济这一概念密切相连。一种代表性的意见认为，网约车是典型的分享经济用工形式，平台上 70% 的网约车司机属于兼职工作者，如果对其进行劳动关系的认定，直接后果就是平台企业将为司机支付社会保险费用，并且负担工

---

① 《网约车研究报告显示：新就业形态成为稳就业重要渠道》，中国就业网，http//mini. eastday. com/a/190128165812160. html，访问时间：2019 年 2 月 28 日。

② 唐鑛、李彦君、徐景昀：《共享经济企业用工管理与〈劳动合同法〉制度创新》，《中国工人》2016 年第 7 期，第 49 页。

③ 王文珍、李文静：《平台经济发展对我国劳动关系的影响》，《中国劳动》2017 年第 1 期，第 7 页。

作中的一些必要支出，如此巨额的成本负担，可能会直接摧毁刚刚起步的创新型企业。[①] 实践中，以网约车为代表的平台用工中的劳动关系认定问题，也是在现实中劳动争议的焦点问题。例如，2015 年至 2018 年第一季度，北京市朝阳区人民法院共受理互联网平台用工劳动争议案件 188 件，其中 61.2% 的案件，从业者要求与企业确认劳动关系；在审结的 171 件案件中，超过 84% 的案件双方对是否建立劳动关系存在争议。[②]

对网约车这一新业态的用工规制，研究者必须要了解和尊重网约车市场的实际用工现状。需要探讨和弄清的是：被树立为分享经济典型代表的网约车是否符合分享经济的用工特性，以及能否以此作为思考劳动关系认定问题时的基本论调；网约车司机工作方式及与平台关系的真实状况；对于该新业态，《劳动合同法》是否有必要做出相应调整等。本文在对我国目前网约车实际用工情况调研的基础上，争取对上述问题做出有根据的回应。

一　我国目前劳动关系认定的法律依据及平台与网约车相关判例的简要梳理

对于网约车的用工问题，核心在于对用工双方劳动关系的认定，以及是否应当将网约车司机与平台公司纳入《劳动法》《劳动合同法》的调整范围。因此，研究者需要对目前实定法关于劳动关系认定的相关依据和已有的网约车相关判例做基本梳理，为之后针对网约车具体用工形态的劳动关系认定提供依据。

（一）我国实定法关于劳动关系认定的依据

劳动法理论一般认为，劳动契约的本质属性在于雇员对雇主的从属性，

① 纪雯雯、赖德胜：《从创业到就业：新业态对劳动关系的重塑与挑战——以网络预约出租车为例》，《中国劳动关系学院学报》2016 年第 2 期，第 27 页。

② 《朝阳法院发布互联网平台用工劳动争议审判白皮书》，北京法院网，http：//bjgy.chinacourt.org/article/detail/2018/04/id/3261190.shtml，访问时间：2019 年 2 月 28 日。

从属性是劳动法所调整的劳动关系以及保护对象——劳动者的基本特征。从属性作为劳动者和劳动关系的基本属性在理论上几乎没有争议，但在实务中对从属性本身的判断则非常复杂，从不同国家和地区的理论和实践情况来看，从属性主要包含“人格从属性”、“经济从属性”和“组织从属性”三项内容，但均未有明确标准且在概念界定上有较大弹性。从实务的角度而言，从属性的认定往往需要综合考虑多方面因素。

我国《劳动法》《劳动合同法》等法律法规均没有对劳动关系做出明确的规定。目前司法实践中多以原劳动和社会保障部2005年颁布的《关于确立劳动关系有关事项的通知》为依据，其第1条规定，“用人单位招用劳动者未订立书面劳动合同的，但同时具备下列情形的，劳动关系成立：①用人单位和劳动者符合法律、法规规定的主体资格；②用人单位依法制定的各项劳动规章制度适用于劳动者，劳动者受用人单位的劳动管理，从事用人单位安排的有报酬的劳动；③劳动者提供的劳动是用人单位业务的组成部分”。其中，第②项将“从属性”判断的主要标准集中于规章制度的适用、劳动管理和有酬劳动上，这也构成实务上司法区分劳动关系和劳务关系的主要标准。

（二）司法实务中对平台及网约车用工劳动关系的认定及处理

1. e代驾案

在司法实务中，对于平台经济用工界定比较典型的案例是“e代驾案”。在北京市一中院审理的三起“e代驾”认定劳动纠纷的案件中①，法院根据《关于确立劳动关系有关事项的通知》指出，司机没有固定的工作场所和工作时间，亦非按月从公司获得劳动报酬，仅依据司机提交的工牌、工作服等证据不足以确认双方具有劳动关系，故判决双方系非劳动关系。

但在“e代驾案”所涉交通事故案件中，各地法院却有不同的认识。北

① 〔案号（2014）京一中民终字第6355号〕,〔案号（2015）京一中民终字第176号〕,〔案号（2015）京一中民终字第01359〕。

京法院的一种观点认为“e 代驾”司机受公司指派，在代驾期间发生事故，应属职务行为，故相关赔偿责任应由公司承担。[①] 另一种观点认为“e 代驾”公司与司机双方之间不存在劳动关系，存在一定的管理与被管理的属性，司机的代驾行为不属于劳动关系，赔偿责任应当由公司与司机连带共同承担。[②] 上海法院认为“e 代驾”司机与平台公司之间符合雇佣关系的一般特征，应认定双方为雇佣关系。确认事发时司机正在执行职务，属于职务行为。[③]

2. Uber 天津和平区案

该案是具有典型分享经济属性的网约车平台 Uber 与司机劳动关系认定的一个案例。郭某于 2015 年 9 月 10 日通过 Uber 客户端程序（该客户端程序由吾步公司运营）注册成为 Uber 司机，从事司机工作至 2016 年 6 月 22 日。郭某认为其在工作期间接受吾步公司的管理，双方形成了事实劳动关系，吾步公司对此不予认可。郭某提起仲裁，劳动人事争议仲裁委员会不予受理，郭某诉至法院，请求确认其与吾步公司在 2015 年 9 月 10 日至 2016 年 6 月 22 日之间存在劳动关系。

天津市和平区人民法院经审理认为，被告吾步公司为原告提供乘客乘车信息，并且从乘客支付的乘车费中扣除信息服务费用，原告可自行掌握工作时间，其劳动报酬亦非从被告吾步公司领取，故双方之间的关系不符合劳动关系的特征，不属于劳动关系，故判决驳回了原告的诉讼请求。[④]

3. 滴滴交通事故案

该案是由北京市海淀区人民法院宣判的首起网约车交通事故案件。该案系一辆登记注册为滴滴平台网约车的私家车在运营过程中，因乘客开车门与他人发生交通事故，造成人员受伤、车辆损坏，从而引发的损

---

① 〔案号（2014）二中民终字第 07157 号〕。

② 〔案号（2015）三中民终字第 04810 号〕。

③ 〔案号（2014）浦民一（民）初字第 37776 号〕,〔案号（2015）沪一中民一（民）终字第 1778 号〕。

④ 天津市和平区人民法院：《一网约车司机起诉“优步”要求确认劳动关系》，http：//tjhpfy. china court. org/article/detail/2017/03/id/2631950. shtml。

害赔偿案件。北京海淀区人民法院一审判决认定，由于乘客未在安全停靠地点开车门下车导致事故，乘客颜某和司机廖某应对各自的过错承担相应的责任。考虑到廖某系接受滴滴出行平台指派，履行滴滴出行平台与乘客的客运合同，廖某属于提供劳务一方，滴滴出行平台作为接受廖某劳务的一方应承担相应的侵权责任。因此，在保险公司对交强险承担先行赔付责任之后，乘客颜某与滴滴出行公司对超出交强险部分的路人损失，各承担50%的赔偿责任。

4. 其他平台用工劳动关系认定典型案例

除上述案件外，新近法院对其他形式的平台用工劳动关系认定的相关判决，也事实上发展了劳动关系认定的司法实践，并会对网约车行业的劳动关系认定产生影响。

在沈阳某科技有限公司与李某确认劳动关系纠纷案件中，法院则认为快递员和平台公司成立劳动关系。主要理由是：公司如自认对配送的物品有损坏，应照原价赔偿；快递员使用公司提供的运输工具；快递员配送业务是公司主营业务的组成部分；快递员在工作中必须遵守公司制定的配送规则；公司向其支付劳动报酬。因此，认定双方存在劳动关系。[①]

在2017年“好厨师”系列案件中，法院认为本案中乐快公司提供了与张琦、管晓民签订的合作协议，合作协议中规定双方合同关系性质系商务合作，并规定双方之间的法律关系不直接或间接构成劳动关系。乐快公司以此主张双方不构成劳动关系。对此法院认为，劳动关系的建立固然要尊重双方当事人的意思自治，但不同于一般的民商事法律关系，劳动法律关系中当事人的意思自治要受到《劳动法》《劳动合同法》等法律法规及劳动行政部门颁布的规范性文件的严格限制，劳动关系认定是由强制性规范予以认定的范畴，不能仅凭当事人的书面约定就排除劳动关系，仍要结合双方的“合作”模式和劳动者的具体工作内容予以确定。乐快公司对张琦、管晓民进行指

---

① 辽宁省沈阳市中级人民法院：《沈阳众业科技有限公司与李辉确认劳动关系纠纷二审民事判决书》〔案号（2017）辽01民终7210号〕。

派、调度及奖惩等，按月发放张琦、管晓民较为固定的报酬，张琦、管晓民受乐快公司的劳动管理，在乐快公司安排的工作地点，代表乐快公司从事该公司安排的有报酬的劳动；双方符合有关法律法规规定的用人单位和劳动者的主体资格；乐快公司仅经营厨师类业务平台，张琦主要提供厨师技能，综合以上因素考虑，应当认定双方具有较强的从属关系，而从属关系正是认定劳动关系的本质特征。另外，从举证能力和举证责任的角度考虑，法院认为乐快公司作为网络公司，在以移动互联网为背景的经营模式下，有能力也有义务对其公司参与的具体“合作”细节进行举证，以证明双方的“合作”过程完全符合其合作协议中规定的各项条款。本案中，乐快公司的 App 曾多次升级，功能一再发生变化，双方对公司派单还是从业者主动抢单、从业者是否需要在工作站坐班等问题都说法不一，法院难以从乐快公司的举证中看出，双方的“合作”完全符合合作协议规定的模式。且考虑到乐快公司曾招聘全职厨师，并对外宣传“全职厨师”为该 App 区别于其他类似 App 的因素，综合考虑在案证据并结合案件具体事实，法院认为在本案情况下双方建立的关系符合劳动关系的特点。[①]

在 2018 年李某诉“闪送”平台案件中，李先生下载“闪送”App 并注册成为快递员，自行购买配送车辆，在平台上抢单后从事快递配送服务。李先生在担任快递员期间无底薪，每单配送收益的 80% 归其所有，计入 App 账户内，剩余 20% 归属“闪送”平台。“闪送”平台对李先生无工作量、在线时长、服务区域方面的限制和要求，但对每单配送时间有具体规定，若快递员配送时有超时、货物损毁情况，“闪送”平台将对其进行罚款。快递员不得同时为其他平台提供服务。“闪送”平台为快递员投保商业保险。法院经审理后认为，法律关系的性质，应根据事实审查认定，当事人不可以协议约定的方式排除劳动法之适用。“闪送”平台的经营模式为通过大量提供货物运输服务来获取利润，故“闪送”平台的运营公司同城必应科技公司

① 北京市第三中级人民法院：《张琦与上海乐快信息技术有限公司劳动争议二审民事判决书》〔案号（2017）京 03 民终 11768 号〕；《管晓民与上海乐快信息技术有限公司劳动争议二审民事判决书》〔案号（2017）京 03，民终 11769 号〕。

并不是一家信息服务公司，而是一家从事货物运输业务经营的公司，而闪送快递员的作用在于提供货物运输服务，使同城必应科技公司得以履行货物运输合同中运输货物的合同义务。本案中，同城必应科技公司在招聘闪送快递员时，对担任闪送快递员的条件做出了要求，李先生在进行闪送服务时须佩戴工牌，按照服务流程的具体要求提供服务，在任“闪送”平台快递员期间李先生并未从事其他工作，从事闪送快递员工作获取的报酬是李先生的主要劳动收入，故同城必应科技公司与李先生间具有从属性，双方属于劳动关系。法院认为，同城必应科技公司从李某提供的劳动中获益，则应当承担相应的法律责任及企业的社会责任。若允许其低成本地用工，则其必然缺乏防范用工风险之主动性，对采取劳动安全保护措施的积极性必然不高，因此带来的社会问题必然增多；互联网企业不能因采用了新的技术手段与新的经营方式而不承担本应由其承担的法律责任与社会责任。作为运用新技术手段进行经营的公司，完全可以运用信息技术优势实现合法的经营、管理。法院不能因为相关配套制度尚不完善而拒绝向劳动者提供基本权利之救济。最后，法院判决确认李先生与同城必应科技公司间存在劳动关系。[①]

从上述判例可以看出，目前在我国司法实务实践中，网约车平台和司机之间不构成劳动关系属于主流观点，而认定依据与法理逻辑则是《关于确立劳动关系有关事项的通知》以及劳动关系认定的“从属性”理论。而从上述案例中，可以总结出我国网络平台用工劳动纠纷的司法实践具有以下三个特点：第一，法院在大部分案件中都不认可网络平台用工劳动关系的存在，只有少部分案件明确认定劳动关系，还有个别案件认定双方存在雇佣关系，一些案件法院直接否定劳动关系或雇佣关系的存在，此外，很多案件法院回避了平台公司和平台工人之间法律关系的性质。第二，在处理结果上，类似案件可能存在不同的判决，例如，原告同是平台司机，被告经营模式也基本相同，但二者的法律关系在不同案件中认定不同。第三，当司机等平台

---

① 北京市海淀区人民法院：《称闪送途中发生事故，闪送员起诉平台经营者要求确认劳动关系获支持》，中国法院网，http：//bjhdfy. chinacourt. org/public/detail. php？ id =5470。

服务提供者造成第三人损害时，法院往往倾向于判决平台公司承担责任。从我国法院对网络平台案件的处理可以看出，法院在网络平台用工劳动关系的认定上也面临巨大挑战。①

二　网约车新政对网约车平台公司用工产生的影响

（一）新政对于网约车平台公司与司机之间法律关系的规范

交通运输部于2015年10月10日发布的《网络预约出租汽车经营服务管理暂行办法（征求意见稿）》第18条规定，“网络预约出租汽车经营者应当保证接入平台的驾驶员具有合法从业资格，与接入的驾驶员签订劳动合同”。但在向各方征求意见后，正式颁布实施的《网络预约出租汽车经营服务管理暂行办法》（以下简称《暂行办法》）第18条规定：“网约车平台公司应当保证提供服务的驾驶员具有合法从业资格，按照有关法律法规规定，根据工作时长、服务频次等特点，与驾驶员签订多种形式的劳动合同或者协议，明确双方的权利和义务”。该《暂行办法》为网约车司机和平台公司法律关系提供可以选择的合同达成方式，既可以为劳动合同关系，又可以为其他合同关系，这里其他合同关系应当为一种民事法律关系。其实在《暂行办法》出台前，网约车平台基本上都不愿意选择与司机签订劳动合同，而是签订劳务合同或其他协议，《暂行办法》的出台更是为平台公司不与司机建立劳动关系提供了法律依据。但是这样的规定却并未解决实践中的困惑与问题。一方面，网约车平台公司与司机的关系缺失很难一律按照现行标准劳动关系进行规制和管理；另一方面，基于提高服务质量、保证乘客安全和提高平台竞争力的考虑，平台公司事实上加强了对驾驶员的管理，制定了涉及多方面的管理制度，这种外观上与“劳动规章制度”雷同的管理制度的实施，又成为认定劳动关系成立的重要因素。

---

① 谢增毅：《互联网平台用工劳动关系认定》，《中外法学》2018年第6期，第1556页。

（二）新政对于网约车市场的影响

网约车新政对网约车平台公司、网约车车辆和驾驶员的准入条件、网约车经营行为、监督检查、法律责任等进行明确规范，这极大改变了《暂行办法》颁布实施前的网约车市场，也因此会对网约车平台的整体用工产生重要影响。《暂行办法》规定，“各地可根据本办法结合本地实际制定具体实施细则”，各地纷纷在《暂行办法》的基础上根据实际情况制定了更为具体的规范，特别是对网约车车辆和驾驶员的准入条件提出了更细致和更高的要求，比较典型的是北京和上海出台的政策，两地对网约车驾驶员均有本地户籍要求。在这一严格的规制背景下，符合京人京车、沪人沪车的合格人员和车辆将只占现有网约车市场的较小比例。有媒体报道，如果“沪籍沪牌”的新政最终实施，滴滴出行公司在上海的41万名司机，将立刻锐减97%。[①] 我们有理由预期如果该规定能够被严格执行[②]，合格的网约车及网约车司机数量将大量缩减，这必将对网约车市场产生巨大的冲击，也会直接影响网约车平台公司的运营模式及用工方式。

三　目前法律、判例和新政规制下的网约车市场业态、用工情况及劳动关系判断

目前网约车市场中主要存在滴滴、神州、易道、首汽约车等几家主要的网约车平台公司，这些公司有着相似或不同的用工模式。下文将以不同的用工模式作为划分标准，通过对网约车平台公司的调研，以及与网约车司机的

---

① 《新政之下，首汽网约车是如何抄滴滴后路的?》，腾讯财经，http://finance.qq.com/a/20161013/009044.htm，访问时间：2019年2月28日。

② 从笔者对网约车司机的访谈来看，以北京为例，除首汽约车完全符合“京人京车”要求外，对于其他网约车平台公司来说，一方面该新政还未得到有效、彻底的贯彻，特别是“京人”的要求还无法得到严格监管；另一方面，网约车平台公司对于交管部门对合规性的随机抽查式检查而做出的行政处罚，主要是罚款，也会欣然替司机代缴，即已经将违法成本纳入公司整体运营成本中，以保证运力和各自市场份额。

访谈，尽可能理清网约车市场用工的真实状况，并在现有法律、判例及新政规制下，对各用工模式中司机与平台的法律关系做具体分析与判断。

（一）司机以自有车辆加盟的 C2C 模式

自有车辆加盟模式是指网约车司机以自有车辆加入平台，在新政之下，符合《暂行办法》的司机均可通过平台注册成为网约车司机，通过平台接收乘客订单，利用自己的车辆为乘客提供服务。同美国的 Uber 公司一样，自有车辆加盟网约车是典型的分享经济范式，因为分享经济的理念侧重于“共同使用而不占有”。在该种模式中，司机将自己的私有车辆和时间有偿地分享出来，通过互联网平台分享给需要这些资源并愿意为其使用权支付报酬的用户。根据滴滴公司发布的数据报告，研究者在对北京滴滴专车、快车的活跃司机（2015 年 6 月 1 ~7 日有接单行为的司机）的调研中发现，“顺路接单或闲暇接单，赚外快”的司机比例占受访司机总人数的 35. 3% ，“专职做司机更轻松”的司机占受访司机总人数的 25. 2% ，“听说有奖励，赚钱更多”的司机占受访司机总人数的 22. 1% ，“社交活动，多认识朋友”的司机占受访司机总人数的 9% ，“周围人都在用，朋友推荐”的司机占受访司机总人数的 8. 4% 。而对司机过往职业背景的调查显示，专车、快车司机中自由职业者占 56% ，其次为普通公司员工，占 26. 6% ，而代驾司机以物流司机、公司司机、小生意经营者为主。[①] 基于上述数据，滴滴出行公司也一直认为自己的经营模式具有典型的分享经济特征，平台就业具有“就业方式灵活，弹性更大”、“就业人数呈现出反周期性”以及“就业门槛及成本较低”的显著的特点。而自有车辆加盟的 C2C 模式不仅存在于滴滴出行平台，而且在神州、易道平台上同样存在。

司机通过自有车辆加盟平台，利用闲暇时间或顺路接单的方式提供服务并赚取外快，的确具有分享经济下就业的典型特征，而不少学者正是以此来概括

① 《移动出行就业促进报告：滴滴已为超 1330 万司机提供就业》，凤凰财经网，http：// finance. ifeng. com/a/20160623/14518993_ 0. shtml。

和界定整个网约车行业的劳动关系判定问题。有学者认为，从我国网约车运营的实际情况看，“私家车+私家车主”模式占据了网约车用工形式的绝大多数。[①]但这一判断需要准确的数据支持，可能还会有明显的地域差异。其中最关键的问题是以私家车加盟平台，并且利用闲暇时间赚外快的司机比例究竟是多少，是否是网约车司机的主流。从上文滴滴出行公司公布的数据中可以看出，选“顺路接单或闲暇接单，赚外快”的司机虽然在受访司机中占比最高但也绝非居于主导地位，而且该数据调查时间为2015年6月，当时新政尚未出台，各网约车平台补贴大战如火如荼，吸引了相当一部分私家车主兼职投入网约车服务中。而新政实施后滴滴出行公司发布的《2016年移动出行与司机就业报告》中，上述数据没有任何改变。根据笔者对北京市网约车司机的访谈，司机们几乎一致认为，受新政影响，开私家车利用闲暇时间赚取外快的这部分司机，在失去了对这一新的兼职方式的新鲜感，以及缺少高额补贴刺激的情况下，在市场上所剩无几。而市场上剩下的以自有车辆加盟的司机，基本上都以此为业并将其作为收入的主要甚至唯一来源。因此，对自有车辆加盟模式，我们应对其进行必要的区分，以司机是否以提供网约车服务作为收入主要来源、以及司机从事网约车服务的工作时间投入不同，将司机们分为兼职司机和全职司机，以此作为分析各自用工及法律调整的基本前提。

1. 自有车辆加盟模式一：兼职司机

自有车辆加盟模式下兼职司机与全职司机的最大区别是兼职司机通常利用闲暇时间提供服务，总体工作时间较短，且不以网约车运营为收入的主要来源。以我国现行劳动关系认定标准而言，在主体方面，平台和司机之间不再像过去用人单位和员工一样还经过招聘、简历筛选、面试、合同签订等环节确立劳动关系，而是通过互联网完成相关资质的审核后，司机就可以加入网约车平台的司机名录，在平台公司的安排下提供运输服务；在从属性方面，司机也有较大的独立性和自主性，并不依附于平台；虽然平台对司机在

① 侯登华：《“四方协议”下网约车的运营模式及其监管路径》，《法学杂志》2016年第12期，第70页。

服务质量与服务规范上有要求并有相应投诉处理、奖惩措施的配套规范，但由于兼职司机对待这份兼职工作有很强的自主性。总体而言，平台和司机之间并未形成管理与被管理的关系，因而不构成劳动关系。而网约车新政对从事网约车服务的驾驶员与车辆均设定了准入资格要求，驾驶员需取得《网络预约出租汽车运输证》和《网络预约出租汽车驾驶员证》才属于合法运营，这在客观上有引导网约车司机职业化的倾向和效果，因此以自有车辆加盟的兼职司机会被逐渐挤出市场，而笔者的访谈也印证了这一点。

2. 自有车辆加盟模式二：全职司机

目前学者对自有车辆加盟模式下司机与平台之间法律关系的研究，基本都未区分兼职和全职司机两种不同情形。有学者认为，自有车辆加盟模式下，依靠平台提供信息、实现利润分成的互联网平台企业并不依靠对劳动力商品的交换获取利润，这使得劳动者越来越像独立的市场主体。这种介于劳动关系与非劳动关系之间的中间形态也必然会伴随着共享经济的壮大而逐渐清晰。[①] 亦有学者认为，该模式下专车软件运营商和一些私家车的专车司机之间没有工资、社会保险、工作时间、工作地点的约定，专车软件运营商也不对私家车的专车司机们进行日常管理、绩效考核；从事运营的车辆是由专车司机自备，汽油费、维修费、保养费以及车辆的保险费也都是由专车司机自行负责，因此，这种关系更符合《合同法》中承揽关系的基本特征。[②] 而需要注意的是，同样持“承揽关系”观点的学者做出此判断，是基于该种模式下的专车司机对于“专车兼职”并不具备长期、持续、稳定性意愿。闲置的专车司机可以在自己的闲暇时刻接受订单，也可以无条件地与平台解除绑定关系。因此，专车司机和网络服务平台建立的是平等主体关系，并不存在劳动合同中的隶属关系。[③]

① 韩文：《互联网平台企业与劳动者之间的良性互动：基于美国优步案的新思考》，《中国人力资源开发》2016 年第 10 期，第 88 页。

② 张素凤：《“专车”运营中的非典型用工问题及其规范》，《华东政法大学学报》2016 年第 6 期，第 81 页。

③ 冯雨：《网络专车交通事故的责任承担探究——以“北京 Uber 案”为例》，《武汉交通职业学院学报》2016 年第 2 期，第 24 页。

对以自有车辆加盟平台的司机与平台之间法律关系的判断，需要尊重该类模式用工及司机提供劳动的实际情况，笔者通过访谈和相关资料数据的收集，认为有以下五点是需要高度关注的。

（1）司机群体构成

以北京为例，笔者在与专车司机的访谈中得知，新政之前平台由于对车辆及司机并无标准和资格限制，以自有车辆加盟网约车平台的全职司机主要来源于北京的郊县，河北省，河南省，东北地区的三线城市或县城及乡村。初期平台对司机和乘客的巨额补贴让这部分司机拿到了非常不错的收益，这些司机迅速以各自地域为半径聚拢了大批同乡司机入行。随着补贴幅度的大幅下降和司机收入的减少，司机的数量也逐渐减少，而在市场上留下的全职司机，都具有依附于平台并以此为业，开网约车成为其主要甚至唯一收入来源的明显特征。

（2）司机实际工作时间

以网约车为业的全职司机，以尽可能地获得更高的收入为其主要追求的目标。有调查者通过对几个网约车司机聊天群长达半年的观察，发现为了更多的收入，每天出车 14 个小时以上的司机是主流，他们每天的经营流水四五百元。有部分司机双班倒，甚至有司机夜里就睡在车里，白天夜里都出车。[①] 网约车司机的超长工作时间也引起了媒体的关注，据报道，根据某论坛贴出的一张滴滴自营车司机的业绩图，业绩最高的一名司机一天的经营流水金额达 1258.1 元，在线工作时长为 1140 分钟，即 19 个小时，在线工作时长最短为 630 分钟，即 10.5 小时。因此，司机疲劳驾驶导致的交通事故也绝非罕见。[②]

司机超长工作时间的背后，是司机自身主动对运营利润的追求，但也受平台整体考核和驱动机制的约束。例如，滴滴司机端 App 中发布的《车辆

① 《干掉快的，吃掉优步的滴滴，却始终没有找到真正的敌人》，华观点，https://baijiahao.baidu.com/s?id=1565128243362118&wfr=spider&for=pc。

② 《网约车司机“白加黑”网友质疑：滴滴鼓励长时间驾驶?》，台海网，http://www.taihainet.com/news/fujian/szjj/2016-11-18/1903526.html。

升降级条款》，对快车与专车之间的升降级有着明确的规则设置，全职司机从利益出发，在车辆满足必要条件（事实上也是满足新政的要求）时必然会力争升级为和保持在专车等级。对此平台对司机，无论从接单数、特别是完成指派单成交率，还是服务时间和服务质量，都有严格的规定，这就使全职司机不仅需要投入大量时间接单，还要保证在工作时间内提供以乘客评价为考核标准的服务质量。

（3）平台公司对司机的管理

对于以自有车加盟的司机与平台关系，学者们几乎认为由于司机工作具有较强的灵活性，从劳动关系认定的角度而言他们对平台公司的从属性较弱。但笔者认为这一判断值得怀疑，以滴滴出行为例，自有车辆司机要加盟滴滴网约车平台，在下载 App 客户端并投入使用之前，需同意《专快车平台服务协议》，协议文首明确规定一旦司机登录滴滴出行应用程序，并通过该应用程序接单或服务乘客，则被视为已经充分阅读并接受该协议的所有条款，司机同意本协议对司机和公司具有法律约束力。该服务协议包括服务合作期间、服务合作费用、服务保障、车辆升降级、司机违约责任、取消及取消率违约责任、作弊违约责任、承诺与保证及特别约定条款。并以《专车、快车、人民优步、优步优选安全保障执行细则》《车辆升降级条款》《网约车司机违约责任条款》《取消/取消率违约责任条款》《作弊违约责任条款》等文件为附件。

根据《网约车司机违约责任条款》第 2 条，司机存在下列行为的，均被视为违反《服务合作协议》而应承担相应的违约责任，包括当与乘客存在肢体冲突和违法行为、司机或车辆信息虚假情形时，司机应向滴滴平台支付违约金 1000 元或 500 元，同时平台有权终止与司机的协议，将其账号永久封禁；出现服务中违约、飞单及切单、服务中辱骂或服务结束后骚扰乘客、私换司机或车辆、扰乱平台等行为的情形时，司机需向滴滴平台支付违约金 1000 元或 500 元，同时司机还应承担暂停 30 天不得接单的违约责任；当发生司机失物找回索要费用、收取现金、违规收费、私自拼车、预约单爽约等情形时，司机应按向乘客索要费用总额的 4 倍金额向滴滴平台支付违约金；当发生故意绕路、订单取消或服务开始前辱骂或骚扰乘客的情形，司机应向滴滴平台支付违约金 100 元；当发生订单取消、司机迟到、道路不熟、危险驾驶、车况脏乱差、乘客对服务不满意等情形时，司机应承担暂停 1 天不得接单的违约责任。

（4）平台公司对司机的抽成

除平台公司对司机的严格管理外，研究者在分析二者之间法律关系时，还不能忽略另一个非常重要的因素，就是平台对自有车辆加盟司机营运收入的抽成。笔者对比过北京出租车司机与自有车辆加盟司机的工作时间与收入情况，在相同工作时间里，出租车司机与网约车司机所收获的纯收入基本相当，类似的，出租车司机需要给出租车公司缴纳份子钱，网约车司机营运收入的一定比例也为平台所有；而不同的是，出租车公司需要负担出租车司机的五险一金、车辆保险以及需向国家缴纳的出租车营运相关税款，而网约车平台公司除了给司机提供乘客信息外，并未对司机提供与劳动关系相关的任何社会保障。

（5）新政之下司机需承担的规制成本

前文已经提及，网约车新政对市场中以自有车辆加盟，并利用闲暇时间提供服务赚取外快的兼职司机而言，是将其挤出市场的重要因素之一。而对于以自有车辆加盟并以此为业的全职司机而言，如果他们有留在市场的长远打算，新政的规制要求在未来也必将成为其职业选择和劳动方式的重要约束条件。以北京为例，《北京市网络预约出租汽车经营服务管理实施细则》第 8 条，对申请网络预约出租汽车驾驶员证的驾驶员提出了相应条件，其中第 1 项“本市户籍”的要求就足以将北京目前绝大多数网约车司机挤出市场；而要通过考试获得网约车驾驶员资格也并非易事。而在网约车资格方面，该细则第 9 条规定了在北京市申请办理网络预约出租汽车运输证的车辆应当符合的条件，以车辆价值计算，符合该条规定的车辆价格一般应在 15 万元以上，这意味着目前实际运营的快车也有相当一部分不符合要求，而第 9 条第 5 项还要求车辆所有人将车辆使用性质登记为“预约出租客运”，以及第 16 条规定“网约车车辆经营许可期限自车辆注册之日起不超过 8 年。网约车行驶里程达到60万千米时强制报废。行驶里程未达到60万千米但使用年限达到8年时，退出网约车运营”，这些条款意味着以自有车辆加盟的网约车司机需承担固定的车辆折旧费用，因而新政引导网约车市场走向“专车专职”的意图十分明显。

综上，以自有车辆加盟的全职司机显然有着与兼职司机全然不同的工作目的、利益诉求和工作投入，而基于上述原因，以此为业的全职司机的实际工作状态，已经在客观上表现出受平台公司的严格管控，并对平台具有依附性与从属性，因此学者对这类司机与平台公司之间做出“承揽”抑或“劳务”关系的判定所依据的事实基础并不准确，但对二者做出“劳动关系”的判定还是会有一些法律及现实的障碍，因此对此类司机与平台公司的关系界定是未来用工规制及法律应对的重点考量部分。

（二）平台提供车辆的B2C模式

在已有文献中，有观点认为，滴滴平台上的驾驶员可以灵活地选择工作时间、工作地点，自愿选择是否承接某一订单任务，平台和司机之间只有经济关系，而没有从属关系，作为生产资料的汽车也由司机提供，这些事实都满足了劳务关系的认定标准。[①] 持这一观点的学者不在少数。如前所述，这些学者得出该结论的分析对象是以自有车辆加盟、以闲暇时间接单赚取外快的兼职司机群体，此结论对以自有车辆加盟的全职司机是否适用尚存疑问，更是忽略了网约车运营中公司提供车辆的B2C模式以及提供服务的司机群体的存在，还可能忽视了他们与平台的关系及双方权益保障问题。而B2C模式又分为“四方协议”模式，以及“公司自营”模式两种不同的情况。

1.“四方协议”模式

“四方协议”模式，是指网络平台公司、汽车租赁公司、劳务公司以及驾驶员四方主体签署规范彼此权利义务的协议，由该四方协议确定相关方的

① 彭倩文、曹大友：《是劳动关系还是劳务关系？——以滴滴出行为例解析中国情境下互联网约租车平台》，《中国人力资源开发》2016年第2期，第96~97页。

权利义务的模式。有学者认为，该种模式是在我国实行城市客运市场的特许经营制度的背景下，协议签订方为规避网约车被交通管理部门认定为“黑车”而进行的法律创新。① 从逻辑上说，在网约车新政赋予网约车合法地位后，为规避网约车“黑车”地位的“四方协议”模式应当退出历史舞台，但根据笔者的调研和访谈，该模式并未随新政的颁布实施而结束，也即网约车平台公司未根据《暂行办法》第 18 条的规定，直接与驾驶员签订多种形式的劳动合同或者协议，而依然迂回地通过汽车租赁公司、劳务公司与驾驶员产生法律关联。

该模式中，汽车租赁公司拥有网约车辆的所有权，劳务公司对驾驶员拥有管理权，平台公司向汽车租赁公司支付车辆租赁费用，或者平台撮合司机与汽车租赁公司直接签订租赁合同。有学者认为，该种模式下网络平台的控制力最弱，不利于网络平台对驾驶员和车辆的管理与使用，因此，网络平台出于管控的需要，并不愿意选择该种模式，导致该模式事实上鲜有应用。② 也有学者认为，在专车软件加“汽车租赁公司 + 劳务派遣公司”的“四方协议”运营模式中，专车司机的用人单位是劳务派遣公司，用工单位是专车软件运营商，汽车租赁公司和专车司机之间没有法律关系。③

目前实践中采用“四方协议”模式的平台公司以滴滴出行公司为典型代表。滴滴出行公司并未对外公布过平台上以自有车辆加盟的司机，以及以“四方协议”模式存在的司机的具体比例数据，但可以合理推断的是，以自有车辆加盟的司机和车辆并不能保证平台竞争和覆盖市场所需求的充足运力，因此“四方协议”模式下的司机在平台上绝非少数，而这一用工模式有如下特征。

（1）法律文件

“四方协议”模式中，司机通常与劳务公司签订劳动合同或劳务合同；

---

① 侯登华：《“四方协议”下网约车的运营模式及其监管路径》，《法学杂志》2016 年第 12 期，第 70 页。

② 侯登华：《“四方协议”下网约车的运营模式及其监管路径》，《法学杂志》2016 年第 12 期，第 71 页。

③ 张素凤：《“专车”运营中的非典型用工问题及其规范》，《华东政法大学学报》2016 年第 6 期，第 79 页。

劳务公司与平台之间签订商务合作协议，平台委托劳务公司招聘司机；平台与租赁公司之间签订车辆租赁协议，向租赁公司支付车辆租金，或者由平台从中撮合司机与租赁公司直接签订租车协议。因此从法律文件上看，平台与司机之间不存在任何直接的法律关系，二者发生关联主要是司机下载并进入App 司机端时，需点击同意 App 司机客户端发布的相关协议，否则不能登录应用程序、接单或服务乘客。例如，根据滴滴平台司机客户端《专快车平台服务协议》第 9 条，“本协议正文及其附件受《合同法》等民事法律约束。我司与所有提供网约车服务的司机仅存在挂靠合作关系，不存在任何直接或间接的劳动关系，不适用《劳动法》《劳动合同法》《社会保险法》《住房公积金管理条例》等法律法规”。

（2）平台公司对司机的管理

虽然与司机签订劳动或劳务合同的主体是劳务公司，但是实际上对司机提供的服务产生约束的文件都由平台直接制定，包括司机管理规定、薪酬及绩效考核以及违规及处罚规定等。例如，滴滴平台《网约车司机违约责任条款》第 2 条和第 3 条区分了对“司机”和“对公专车、快车及租赁公司专车、快车司机”的违约行为和责任，从内容上看二者大体相同，具体内容已如前述，说明滴滴平台对“对公及租赁公司专车、快车”司机提供服务的整个过程实际上有着非常全面、严格的管控并辅之以严厉的处罚措施。二者不同之处在于，对多发、轻微的违约行为，滴滴平台对后者只采取了违约金处罚的方式，而对前者则还要施行暂停 1 天不得接单的处罚，其考虑在于尽可能不对对公和租赁公司车辆的违约行为采用封禁措施，而主要以罚金方式处理，从而避免产生车辆停运损失，保证公司运力。

除对司机服务过程进行严格管控外，根据笔者的访谈和了解，滴滴平台对司机的管理实际上还涉及其他方面。例如，司机的招聘、培训均由滴滴指定的第三方完成，司机与哪家劳务公司签订合同由滴滴平台从中撮合，司机租赁车辆的租车公司名录由滴滴 App 客户端提供。而在薪酬结算及发放上，该模式下司机薪酬的计算方式不同于滴滴平台对以自有车辆加盟的司机薪酬抽成的计算方式，司机收入由基本工资、流水提成与其他（奖励）等构成，因此，滴滴平台自然对司机的工作量（例如要求司机指派订单完成率平均达80%及以上）和工作时间（每天工作时长不少于8小时，每周工作6天）存在要求，特别是与以自有车辆加盟的司机自主选择接单不同，这类司机服务订单由滴滴平台指派，并且若司机未按工作指派完成工作任务，或者不服从公司业务安排及调派者，司机会受到被解除劳动（劳务）关系，或者不予发放服务奖励的处罚。而在对司机薪酬的发放上，滴滴平台却并不直接同司机进行结算，而是由滴滴出行公司根据其指定的薪酬及绩效考核标准计算出司机的具体薪酬后，转给劳务公司由其发放给司机。

因此，单从法律文件内容和实际操作来说，滴滴平台、劳务公司以及司机之间的关系类似于劳务派遣，即劳务公司类似于派遣单位，而平台则为实际用工单位。而从我国目前劳动关系认定的主要法律依据和司法认定标准来分析，劳动关系的本质在于用人单位对劳动者的指挥监督，“规章制度适用于劳动者”以及“劳动者从事用人单位安排的有报酬的劳动”是用人单位“指挥管理”的核心表现。而上述“四方协议”模式下的司机在工作时间、工作地点、工作内容上受到限制，对工作安排几乎没有拒绝权，并且应当由本人亲自给付劳动而不得由他人替代；同时，平台对司机的劳动过程保持较强的干预，对司机工作的全过程进行控制，通过对司机工作的安排以实现平台经营目标，司机依指示给付劳务，并获得该劳务的对价报酬。因此，我们认为“四方协议”模式之下，平台与司机之间应当构成劳动关系。

2. “公司自营”模式

在B2C模式中，除“四方协议”模式外，还存在“公司自营”模式，以神州优车和首汽约车为该类模式的运用代表。不同于“四方协议”模式，“公司自营”模式的特点是车辆及驾驶员配备的自营性。该种模式也被学者称为“重资产”模式，并认为该模式下两个主体间的关系是比较清晰的劳动力租赁关系。[①] 笔者认为这种判断也是存在问题的。

① 彭倩文、曹大友：《是劳动关系还是劳务关系？——以滴滴出行为例解析中国情境下互联网约租车平台》，《中国人力资源开发》2016年第2期，第95页。

（1）神州优车

2016 年 7 月 22 日，神州优车股份有限公司在全国中小企业股份转让系统挂牌（代码 838006），作为上市公司，通过其履行法定的信息披露义务，我们可以清晰地理清神州优车用工的具体情况。

在网约车新政实施之前，为了规避涉及汽车租赁管理相关的地方法规中，有关汽车租赁经营者不得同时提供驾驶服务的规定，神州优车采取了“提供车辆服务的主体与提供驾驶员服务的主体为各自独立的不同法律主体”的方式。① 随着新政落地，神州优车股份有限公司发布的 2016 年年度报告提出，“公司成为中国网约车行业首家全面符合新政监管标准、盈利模式最清晰的网约车服务提供商。公司 B2C 自营模式采用 100% ‘专业车辆、专业司机’，车辆均为来自租赁公司的正规租赁车辆，司机均经过严格筛选和专业培训并与公司签署劳动合同”。②

根据神州优车披露的信息，神州优车的“专车业务”模式，是提供非巡游的预约互联网专车服务，即通过专车运营平台整合相关服务信息并提供租车服务，同时由驾驶员服务提供商提供驾驶服务。在具体用工模式上，专车运营平台整合相关服务信息并提供租车服务，同时由驾驶员服务提供商（包括天津安驾、上海亿君、福建优驾及福建优科等驾驶员子公司）提供驾驶服务，提供车辆服务的主体与提供驾驶员服务的主体为各自独立的不同法律主体，驾驶员子公司主要从事驾驶员的招聘和管理。在驾驶员子公司聘用驾驶员的劳动用工模式中：首先，驾驶员子公司和驾驶员均符合法律、法规规定的主体资格；其次，驾驶员子公司的各项规章制度适用于驾驶员，驾驶员子公司为驾驶员发放工资、缴纳社会保险与公积金，并对驾驶员进行统一的招聘和管理；再次，驾驶员所提供的服务是驾驶员子公司工作的重要组成

---

① 《中国国际金融股份有限公司推荐神州优车股份有限公司股份进入全国中小企业股份转让系统挂牌的推荐报告子公司与母公司》，全国中小企业股份转让系统，http://www.neeq.com.cn/disclosure/2016/2016-07-13/1468395562_891093.pdf。

② 《神州优车股份有限公司 2016 年年度报告》，全国中小企业股份转让系统，http://www.neeq.com.cn/disclosure/2017/2017-03-14/1489487686_088157.pdf。

部分；第四，驾驶员子公司与驾驶员均签署有书面的劳动合同；最后，雇佣驾驶员的驾驶员子公司与神州优车下属其他子公司之间，并不存在约定以劳务派遣形式提供用工的劳务派遣协议，也不存在任何关于劳务派遣的安排，神州优车及其下属子公司并未接受任何其他主体提供的劳务派遣服务。因此，驾驶员子公司（其中包括天津安驾）与驾驶员之间符合劳动关系的各项基本特征，参与神州专车业务运营的驾驶员已与驾驶员子公司签署了劳动合同，符合《劳动合同法》的规定，驾驶员与驾驶员子公司构成劳动合同关系。①

（2）首汽约车

“首汽约车”是首约科技（北京）有限公司携手首汽集团联合打造的约租车平台，公司专车全部使用大型租赁公司正规租赁车辆，并和专业驾驶员服务公司进行合作。在网约车新政出台后，首汽约车在以北京为代表的“严管制”地区，在合规性上具有一定优势。首汽约车在北京首批投入的500 辆约租车，全部来自首汽集团，并且这些车辆是由原来的普通出租车牌照置换升级而来，均持“京 B”牌照，即出租车牌照。运营车型也完全符合新政中对车辆轴距和排量的要求标准。而在驾驶员方面，首汽约车的司机，之前皆为首汽集团的出租车司机，全部都是本地户籍人口。② 而在具体用工方式上，首汽约车与神州优车基本相同，司机与驾驶员服务公司之间签订劳动合同，建立规范的劳动关系。

四　网约车市场用工的法律应对——未来趋势及规制走向

（一）未来趋势判断

随着城镇人口的不断增长，城市交通压力与日俱增；而人民生活水平的

① 《北京市汉坤律师事务所关于神州优车股份有限公司股票申请进入全国中小企业股份转让系统挂牌并公开转让的补充法律意见书（二）》，全国中小企业股份转让系统，http：//www. neeq. com. cn/disclosure/2016/2016 - 07 - 13/1468395555_ 271774. pdf。

② 《新政之下，首汽网约车是如何抄滴滴后路的?》，腾讯财经，http：//finance. qq. com/a/20161013/009044. htm。

持续提高使人民对于优质出行体验的需求也随之快速增长。网约车充分调动了公共交通体系外的车辆资源，满足了消费者对乘车环境和服务的升级需求。我国网约车行业尚处于发展阶段，随着供应量提升、网约车服务覆盖更多城市以及人民消费习惯的逐步养成，网约车丰富的使用场景将逐渐实现对其他出行方式的替代。2018 年 4 月 3 日，全球领先的新经济行业数据挖掘和分析机构 iiMedia Research（艾媒咨询）权威发布《2017～2018 中国网约专车行业市场研究报告》。报告显示，自 2015 年以来网约专车/快车用户规模迅速增长，其中 2016 年整体用户量呈爆发式增长，增长率高达 71.4%，而 2016 年之后整个行业用户水平增长逐步减缓，呈稳定增长发展态势，到 2017 年用户规模达到 2.36 亿人，2018 年有望达到 2.82 亿人。艾媒咨询分析师认为，随着生活品质的不断提高，人们出行结构也在不断改变，而传统城市交通已逐渐不能满足用户需求，网约专车作为便捷灵活的出行新选择将会获得更大的发展。①

巨大的市场容量需受到政府对网约车规制措施的约束和调整，并直接影响市场走势和平台运营模式。《暂行办法》以及各地陆续颁布实施的管理细则，一方面标志着网约车行业终于有法可依；另一方面由于新政对网约车平台、车辆、司机分别提出了较高要求。北京、上海等核心城市还要求司机本地户口、车辆本地牌照，这些行业规则必然会推动网约车行业在数量和价格双管控基础上，出现车辆高端化、营运化，以及司机专业化的趋势，也将极大影响 C2C 模式下自有车辆司机的选择和市场留存率，未来 B2C 模式将成为网约车运营的主流模式，行业将向规范化、高品质和差异化的汽车共享格局发展。

（二）用工规制思路及法律应对

网约车从一开始就顶着“分享经济”的光环进入人们的视野，而大众

① 艾媒咨询：《2017～2018 中国网约专车行业市场研究报告》，艾媒网，http：//www.iimedia.cn/61042.html，访问时间：2019 年 2 月 28 日。

包括学者也纷纷在这一舆论语境下分析与提出网约车行业的就业、用工、法律关系判断及规制思路。有不少学者从培育和保护分享经济发展的角度，提出对网约车行业的用工要采取包容、观察和松管制的态度，不建议将其纳入劳动关系管理范畴，对网约车司机与平台之间的法律关系提出了“劳务关系说”“承揽关系说”等，但亦有学者旗帜鲜明地提出，互联网经济并未改变劳动和资本的关系，雇佣关系和合作关系在互联网经济中都存在，但雇佣关系仍是基本的用工形式。[①] 也有学者认为应当跳出现有规范调整的桎梏，对以网约车为代表的平台用工谋划新的调整思路。例如，有些学者认为原劳动和保障部《关于确立劳动关系有关事项的通知》第 1 条作为典型劳动关系的认定标准，本不应当适用于诸如“网约工”之类的劳动争议案件。对非典型劳动关系应当参照典型劳动关系另行探索其认定标准，将非典型劳动关系、准从属性独立劳动分别纳入劳动法、民法范围，其中对准从属性独立劳动，民法遵循私法社会化的路径给予一定的倾斜保护，同时，劳动法中的就业法规范和劳动基准也可选择性适用。[②]

笔者认为，对网约车市场用工的规制与法律应对，应以深入和尽可能真实的用工情况调研为基础，通过前文对以自有车辆加盟的 C2C 模式和平台提供车辆的 B2C 模式，以及各模式下不同具体情况的分析，本文提出以下基本观点和建议。

1. 自有车辆加盟模式下兼职司机与平台公司不宜认定为劳动关系

自有车辆加盟模式下的兼职司机在各大网约车平台上均存在，与全职司机一样，在进入和使用平台 App 前，均需同意平台制定的服务协议，接受平台对其提供网约车服务时的管理规范。因此，该类司机在提供服务的过程中的确受平台公司的管理约束，工作过程并非具有独立性和自主性。但该类司机由于并非以此为业，因此对于何时登录 App 提供服务，是否持续性的

① 常凯：《雇佣还是合作，共享经济依赖何种用工关系》，《人力资源》2016 年第 11 期，第 38 页。

② 王全兴、王茜：《我国“网约工”的劳动关系认定及权益保护》，《法学》2018 年第 4 期，第 58 ~ 68 页。

提供服务、何时结束服务甚至卸载 App 具有较大的自主性，从而对平台公司不具有从属性，因此，不宜将该类司机与平台公司的关系认定为劳动关系。而文首梳理的若干案例中，法院的判决实质上主要针对该类司机群体，而将其认定为劳务或者雇佣关系。

以闲暇时间、利用自有车辆提供网约车服务，是分享经济的真正代表，也是国外网约车服务的主流形式，而从美国 Uber 案中我们也可以看出，国外对该类司机群体与平台公司之间的法律关系认定尚存在较大争论。我们认为，作为分享经济的典型用工方式，网约车平台应对其用工规制需要从制度环境上为其生存和发展预留必要的空间。只是我国目前的网约车新政推动了该类具有分享经济典型特征的用工形式，产生了不同于国外网约车普遍用工形态的发展走向，加之平台公司取消高额补贴的经营策略变化，使该类司机群体的数量正在逐渐减少，已不是我国网约车市场的主流从业者，对此类司机群体的用工规制也并非网约车行业的重点，现有制度规范和司法适用尚可为其提供必要的调整依据。

2. 自有车辆加盟模式下全职司机与平台公司应谨慎认定为劳动关系

相比以自有车辆加盟模式下的兼职司机，以及 B2C 模式下公司提供车辆的司机与平台之间比较清晰的法律关系界定，自有车辆加盟模式下的全职司机与平台公司之间的法律关系判断更加复杂，也更需谨慎。以自有车辆加盟、依赖平台接单提供服务并以此为业的全职司机的实际工作状态，已经客观地表现出受平台公司的严格管控，并对平台具有依附性与从属性。

2006 年，国际劳工大会第 95 届会议通过了《关于雇佣关系的建议书》（第 198 号建议书，以下简称《建议书》），《建议书》提出要“与隐蔽的雇佣关系（disguised employment relationships）做斗争”，隐蔽的雇佣关系是指用掩盖真实法律地位的其他形式的合同安排的其他关系。即在雇主以一种掩盖着某人作为雇员的真实法律地位的方式不把他或她当作一个雇员对待时，就产生了隐蔽的雇佣关系。《建议书》建议，成员国应考虑是否可在本国法律和法规中或者通过其他途径，界定雇佣关系存在的具体指标。这些指标可包括：（a）该工作是根据另一方的指令并在其控制下进行的；该工作涉及将该劳动者纳入企业的组织之中；该工作完全或主要是为另一人的利益履行的；该工作必须由该劳动者亲自完成；该工作是在下达工作的一方指定或同意的特定工作时间内或工作场所完成的；该工作有一定的持续时间并有某种连续性；该工作要求劳动者随叫随到；该工作要求下达工作的一方提供工具、物料和机器等事实。（b）定期向劳动者支付报酬；这种报酬构成劳动者唯一或主要收入来源这一事实；以食物、住房或交通便利等实物形式付酬；对每周休息和每年的节假日等权利的承认；下达工作的一方支付劳动者为履行工作所产生的差旅费用。① 参考国际劳工大会对隐蔽性雇佣关系的指导性意见，我们会发现以自有车辆加盟的全职司机与平台公司的关系符合上述意见的大部分内容，亦即具有很强的雇佣关系（employment relationship）特征。

但这部分全职司机也存在于公司提供车辆的 B2C 模式下，司机与平台公司紧密关系的不同之处，这些不同之处又成为实践中将二者关系认定为劳动关系的一些困扰。首先，最大的不同在于这部分全职司机没有合约约束。在 B2C 模式下，该合约或者是神州和首汽模式中的劳动合同，或者是滴滴平台“四方协议”模式中司机与劳务公司的劳动或劳务合同，总归能保证司机在合约期限内的职业稳定性和组织归属性。而缺乏合约约束的全职司机，虽然从职业群体构成、工作时间以及劳动过程中平台对其的管理等方面分析，其在全职依赖平台提供服务并以此为业时，的确具有非常明显的受平台指挥监督、依赖平台提供服务并获取收入的经济从属性，但是这部分全职司机又具有随时从平台抽身，从 A 平台转向 B 平台，或者重新跑“黑车”，甚至直接转行的绝对自由，组织从属性和人格从属性较弱。其次，不同平台对 C2C 模式下司机的用工管理，特别是利润分配存在差异，例如滴滴平台从司机服务收费中抽成一定比例，而神州则承诺神州优驾为开放平台，对

---

① ILO：《关于雇佣关系的建议书》（第 198 号建议书），国际劳工组织官网，http：//www.ilo.org/wcmsp5/groups/public/－－－ed_ norm/－－－normes/documents/normativeinstrument/wcms_ r198_ zh.pdf。

“全部加盟车辆承诺“永不抽成”。[1] 平台与司机之间不同的利益分配方案也会直接影响对二者关系的判定，统一判断该类模式下的用工性质、无视平台间的现实差异，必然会得出错误的结论。再次，从现实背景而言，以滴滴出行为代表的移动出行平台符合供给侧结构性改革的要求，在当前经济下行压力增大的情况下，创造了一个就业机会蓄水池。平台上的部分司机是在等待好的就业机会，待经济好转后继续从事本职工作，这种特点鲜明地体现在钢铁、煤炭等去产能的行业，而且有相当数量的司机并未和之前的用人单位解除劳动关系，而将开网约车作为经济下行期提高收入的一种手段，司机本身也没有将此作为长期职业的打算。因此，一刀切地将其界定为劳动关系可能也未必符合司机本身的意愿，而如何理顺与司机尚存在劳动关系的单位之间的关系也是个不小的难题。另外，这部分司机群体从事网约车服务是兼职还是全职本身就难以界定，这也给用工关系的判定带来不确定性。最后，C2C模式的发展还处在不断变化之中，市场搅局者和游戏规则制定者不断出现，2017 年 5 月首汽宣布成立“首汽约车品质出行学院”，以严苛条件面向社会招募符合新政要求的个人加盟司机，其用工模式、利润分配方案和对市场的冲击力尚未显现。因此，对处于动态变化之中的这类用工模式，研究者应当采取继续观察、待其发展、成熟与稳定之后，再择机提出适合的用工规制方案。

3. 公司提供车辆的 B2C 模式下司机与平台公司之间应认定为劳动关系

公司提供车辆的 B2C 模式中，神州优车和首汽约车均采用以专车运营平台整合相关服务信息并提供租车服务，同时由驾驶员服务提供商提供驾驶服务，并与驾驶员签订劳动合同建立劳动关系的模式。我们认为此模式已不具有分享经济的典型特点，而是传统交通运输服务企业在互联网信息技术发展下，以运营平台整合车辆和驾驶员资源，而向市场提供不同于传统出租车的高品质差异化服务。从劳动用工本身而言，驾驶员服务提供商与驾驶员之

---

① 《神州优车股份有限公司 2016 年年度报告》，全国中小企业股份转让系统，http：//www.neeq.com.cn/disclosure/2017/2017－03－14/1489487686_088157.pdf。

间建立劳动关系，受我国目前《劳动法》和《社会保障法》调整。

不同于神州优车和首汽约车模式，滴滴平台提供车辆的 B2C 模式中，滴滴平台与对公及租赁公司专车、快车司机之间的法律关系则不如神州优车和首汽约车一样清晰与直接，“四方协议”模式中，平台以与司机之间是“挂靠合作关系”为由回避与司机之间产生直接的用工关系，并认为该法律关系为一种受《合同法》调整的民事关系。事实上，滴滴平台对该类模式下的司机群体所占的比例，为滴滴平台的运力保证发挥的重要作用一直讳莫如深，我们也无法从公开渠道获得准确数据。但根据前文的分析，笔者认为“四方协议”模式下，滴滴平台虽然以汽车租赁公司以及劳务公司隔离平台与司机的用工关系，但实际上平台对司机的用工进行全程控制和管理。依据我国法律规范和司法实践中劳动关系的认定标准，平台与驾驶员之间应被确认为劳动关系并被纳入现行《劳动法》和《社会保障法》的调整范围，以此才能对该模式之下的广大司机群体的相关劳动权益提供必要之保障。

参考文献

国家发展改革委等：《关于促进分享经济发展的指导性意见》，2017。

国家信息中心分享经济研究中心、中国互联网协会分享经济工作委员会：《中国共享经济发展年度报告》，2018。

唐鑛、李彦君、徐景昀：《共享经济企业用工管理与〈劳动合同法〉制度创新》，《中国工人》2016 年第 7 期。

王文珍、李文静：《平台经济发展对我国劳动关系的影响》，《中国劳动》2017 年第 1 期。

纪雯雯、赖德胜：《从创业到就业：新业态对劳动关系的重塑与挑战——以网络预约出租车为例》，《中国劳动关系学院学报》2016 年第 2 期。

谢增毅：《互联网平台用工劳动关系认定》，《中外法学》2018 年第 6 期。

韩文：《互联网平台企业与劳动者之间的良性互动：基于美国优步案的新思考》，《中国人力资源开发》2016 年第 10 期。

张素凤：《“专车”运营中的非典型用工问题及其规范》，《华东政法大学学报》2016 年第 6 期。

冯雨：《网络专车交通事故的责任承担探究——以“北京 Uber 案”为例》，《武汉交通职业学院学报》2016 年第 18 卷第 2 期。

彭倩文、曹大友：《是劳动关系还是劳务关系？——以滴滴出行为例解析中国情境下互联网约租车平台》，《中国人力资源开发》2016 年第 2 期。

侯登华：《“四方协议”下网约车的运营模式及其监管路径》，《法学杂志》2016 年第 12 期。

常凯：《雇佣还是合作，共享经济依赖何种用工关系》，《人力资源》2016 年第 11 期。

王全兴、王茜：《我国“网约工”的劳动关系认定及权益保护》，《法学》2018 年第 4 期。

《首经贸大学报告显示：新就业形态就业质量高》，央广网，https：//baijiahao. baidu. com/s？ id = 1605680482649117246&wfr = spider&for = pc，访问时间：2019 年 2 月 28 日。

《网约车研究报告显示新就业形态成为稳就业重要渠道》，中国就业网，http：//www. chinajob. gov. cn/h5/c/2019 - 02 - 03/91180. shtml，访问时间：2019 年 2 月 28 日。

《朝阳法院发布互联网平台用工劳动争议审判白皮书》，北京法院网，http：//bjgy. chinacourt. org/article/detail/2018/04/id/3261190. shtml，访问时间：2019 年 2 月 28 日。

《新政之下，首汽网约车是如何抄滴滴后路的?》，腾讯财经，http：//finance. qq. com/a/20161013/009044. htm，访问时间：2019 年 2 月 28 日。

艾媒咨询：《2017 ~ 2018 中国网约专车行业市场研究报告》，艾媒网，http：//www. iimedia. cn/61042. html，访问时间：2019 年 2 月 28 日。

第五章　资源衰退型城市职工权益保障现状、成因和建议*

中华全国总工会权益保障部课题组**

摘　要：　通过对部分资源衰退型城市的调研，课题组发现该类城市部分职工的权益保障状况仍然不容乐观，职工就业稳定性差，劳动报酬、技能培训、社会保险、劳动安全卫生等方面权益保障不到位，部分职工因生活困难产生了悲观情绪。随着社会矛盾积累，政府维稳压力加大，这些问题与相关城市经济增速放缓、历史遗留问题较多、改革和产业调整带来的阵痛、针对性扶持政策有待完善等方面因素有关。因此建议政府要直面困难职工群体，开展城镇困难职工脱困工作；应以职工分流安置为突出重点，分类施策；多渠道保障促进困难职工的就业；推动稳岗补贴、就业专项资金和特殊工种提前退休等现有政策适当改革。

关键词：　资源衰退型城市　职工权益　权益保障

---

* 本报告是中华全国总工会2017年重点委托课题“资源衰退型城市转型过程中就业和职工权益保障问题研究”的阶段性成果。

** 本课题是在中华全国总工会权益保障部粟斌部长、栾越巡视员和张素华副巡视员的指导和帮助下开展的。课题负责人为李洪坚（中国劳动关系学院讲师、博士），课题组成员有：林燕玲（中国劳动关系学院教授）、丁大建（中国人民大学中国就业研究所研究员）、刘小昶（中华全国总工会权益保障部就业服务处处长）、王作（中华全国总工会权益保障部就业服务处副处长）、罗峰（中华全国总工会权益保障部就业服务处主任科员）、元林君（中国人民大学博士研究生）、赵甜甜（中国劳动关系学院硕士研究生）、刘丽慧（河北大学硕士研究生）。本报告执笔人为李洪坚。

我国资源型城市数量多、分布广，历史贡献巨大，为建立我国独立完整的工业体系、促进国民经济发展做出了重要的贡献。2013 年，国务院推出《全国资源型城市可持续发展规划（2013～2020）》，首次界定了 262 个资源型城市，其中资源衰退型城市 67 个。资源衰退型城市，是指矿产资源开发进入衰退或枯竭过程的城市。随着经济发展进入新常态，“去产能”政策深入实施，环境保护和生产安全标准提高，资源衰退型城市转型成本加大，当地企业经营发展面临困难和挑战，职工权益保障问题凸显。为进一步落实国家关于加快推进资源城市发展转型、推动化解过剩产能相关工作要求，积极维护资源衰退型城市职工劳动经济权益，中华全国总工会权益保障部与中国劳动关系学院共同成立课题组，对资源衰退型城市转型过程中的就业和职工权益保障等问题展开研究。

2018 年上半年，课题组先后赴东北、西北和中部的三省（辽宁、甘肃和江西）四市（盘锦市、白银市、新余市和萍乡市），通过召开座谈会、实地调研、个案访谈和问卷调查等形式，广泛接触当地人力资源和社会保障部门、发展和改革委员会等政府部门，充分听取当地工会组织参与推动职工分流安置工作情况，深入了解重点行业、企业职工群体劳动经济权益状况，共计召开专题座谈会 18 次，个别访谈职工超过 40 人，发放和回收调查问卷 802 份。在对调研资料深入分析的基础上，形成了《资源衰退型城市转型过程中职工劳动经济权益状况》课题系列研究报告。本文是课题成果之一，重点分析了资源衰退型城市当前的职工权益保障状况及其成因，并提出加强职工权益保障的政策建议。

本文研究的职工权益，是指资源衰退型城市转型中受影响职工的权益，主要包括职工的职业安定权、劳动报酬权、职业培训权、社会保险及福利权、劳动安全卫生权等。资源衰退型城市众多，转型进程不一，不同企业之间的差别也较大，本报告主要反映的是资源衰退型城市中转型存在困难、受“去产能”政策冲击较大的企业，特别是历史遗留问题较多的国有企业的职工权益状况。

一　资源衰退型城市职工权益保障现状

针对资源衰退型城市的困境，国家出台了相关的扶持政策，资源衰退型城市地方党委政府、企业和工会采取了一系列措施，在职工权益保障方面取得了一定的成效。然而，课题组在调研中也发现部分资源衰退型城市职工的权益保障状况仍然不容乐观。

（一）职业安定权和职业发展权受到挑战

工作是劳动者安身立命之本，一份稳定的工作对劳动者及其家庭至关重要。职业安定权是指劳动者就业后所享有的，获得职业安定的权利。在资源衰退型城市去产能转型背景下，劳动者的职业安定权受到前所未有的挑战，正式员工继续工作变得非常不确定，有的职工不得已从事其他工作；外协工、劳务派遣工等其他用工形式较为常见，许多职工面临失业风险。

在资源衰退型城市转型中，受经济下行，以及国内外市场需求不振的影响，煤炭、钢铁、电解铝和水泥等行业企业陷入行业性的持续亏损困境，开工不足或关闭成为这些企业的常态。以某矿业集团为例，2016 年以来，该企业将资源枯竭、包袱沉重、巨额亏损的 6 个煤矿（该集团共有 8 个煤矿，关闭 6 个）彻底关闭，涉及分流安置职工 5000 余人。随着工矿关闭，职工安置以及职工权益保障成为难题。目前虽有多种分流安置职工的渠道，但从维护社会稳定等角度考虑，多数企业选择在企业内部安置这些职工，而非直接裁员或采取其他外部安置的办法，这也是这类企业化解过剩产能中没有出现重点区域和重点产业职工规模性失业的根本原因。但这种做法大幅增加了企业的运行成本，降低了企业生产效率，导致在岗职工工资水平低下，职工隐性失业问题日益严重。

同样，多数职工也不会选择与企业解除劳动关系。如某大型资源型企业由于开展去产能改革，很多职工失去了工作岗位，为此，虽然企业制定了

11 条分流安置渠道，然而在执行的过程中，9 万名职工中仅有 200 多人与企业解除劳动关系。离开企业的职工主要是有较强市场适应能力的技术人员和管理人员。这说明，99% 以上的职工更加看重职业或工作的稳定性。

企业安排被分流安置的正式员工从事原来外协工的工作。这种分流安置做法，一方面使外协员工失去了就业岗位；另一方面，被安置职工的职业发展也受到了制约，或是其岗位层级有所下降，或是其岗位晋升通道被冻结，被安置的正式职工往往也是因为缺乏再就业能力，不得已接受原属于外协工和临时工的工作。

（二）劳动报酬权：收入偏低并存在拖欠

劳动报酬权是指劳动者依照劳动法律关系，履行劳动义务，由用人单位根据劳动力价值支付报酬的权利。劳动报酬权是劳动权利的核心，它不仅是劳动者及其家属有力的生活保障，也是社会对其劳动的承认和评价。受当地劳动力市场供求关系及企业效益等多重因素影响，资源衰退型城市部分职工工资收入总体偏低，部分企业存在拖欠工资现象。

一方面，职工工资收入较低。据某资源衰退型城市总工会干部介绍，本地区就业机会少，工资水平低。该市 2017 年的最低工资标准是 1570 元，很多企业就按最低工资标准向劳动者支付工资，政府部门聘用人员也是同样收入。虽然第三产业从业者的工资收入相对高一些，但一个月也只有 2000 元左右，且工作不稳定，也没有社会保险。课题组在其他地区的调研也发现，很多资源性大型国有企业，因生产环节多、历史包袱重、生产成本高、企业经营困难，导致职工收入普遍不高。

另一方面，企业存在工资拖欠现象。部分经营存在困难的资源型企业，无论是在岗、待岗、轮岗的职工，还是管理干部以及一般人员，工资很难足额发放。从调研情况来看，该类企业职工平均工资仅有正常生产时月平均工资的 50% ~90%，人均年收入仅 2.5 万元。部分企业工资拖欠问题较为严重，特别是资金链断裂的企业拖欠职工工资长达一两年，严重影响职工经济利益，部分困难职工生活难以为继，特困职工家庭明显增多。

（三）社会保险权：存在不缴纳或拖欠现象

社会保险权是指劳动者由于年老、疾病、伤残、失业、生育、死亡等风险事故，暂时或永久地失去劳动能力和劳动机会，从而在没有正常的劳动收入来源时，仍能从国家和社会获得物质帮助，维持基本生活的社会保障。《劳动法》规定，用人单位和劳动者必须依法参加社会保险，缴纳社会保险费。社会保险以劳动者为保障对象，降低劳动者未来的和不确定的风险，成为工业社会最重要的社会安全机制。对于资源衰退型城市受去产能影响的职工，社会保险更是一项至关重要的权利，也是一张安全网。社会保险权强调权利义务对等，受益人先要履行义务，才可享受权利。履行义务就是用人单位和劳动者按时足额缴纳社会保险费。

课题组在调研中发现，资源衰退型城市的一些企业严重亏损，难以按时足额缴纳社会保险费，这种情况在煤炭、钢铁企业中最为普遍。一些职工表示，所在企业存在欠缴社会保险费或未参保某些险种的情况。在具体欠缴社会保险费的类别中，以欠缴养老保险和医疗保险的情况最为突出；在一些生产效益极差的企业中，存在五险全部欠缴的情况，导致职工不能正常及时享受相关社会保险待遇，职工权益受到侵害。比如，医疗保险欠费达半年的企业，职工的就医费用便无法正常报销，并且一旦与企业解除劳动关系，跨区域参与就业，其社会保险转移接续也存在较大问题。此外，课题组在调查中发现，许多受影响的民营企业未参保失业保险，导致企业职工无法享受可从失业保险基金列支用于生活补助、缴纳社会保险费、转岗培训、技能提升培训等的稳岗补贴。此外，非公企业、小微企业职工社会保险权益状况也不尽如人意。一方面是员工对参保社会保险的认识不到位；另一方面，也与企业社会保障负担过重有关。以某市为例，若每个人每月社会保险费按最低标准缴费，所缴费用大概在 1100 元左右，其中企业承担大约 700 元，个人承担大约 400 元。社会保险费在企业人工成本总额中占比较高。

（四）劳动安全卫生保护和休息权保障不足

劳动安全卫生保护权，是指用人单位必须为劳动者提供符合国家规定的劳动安全卫生条件和必要的劳动防护用品，对从事有职业危害作业的劳动者应当定期进行健康检查。资源衰退型城市中资源开采、加工等相关行业所存在的大量粉尘、噪声、高温、有毒有害物质等，是引发尘肺病、化学物质中毒等职业病的致病因素。随着资源衰退，企业效益下降，部分企业在职工安全卫生保护和工作环境改善方面的投入也有所减少，提高了职工患病的风险。

课题组在调研中发现，资源型企业职工患癌症等重病的比例较高，企业工亡和病亡家属比较多。部分企业在劳动保护方面只是要求职工象征性地戴个口罩，没有完全按照劳动卫生要求去执行。部分职工离职时没有做职业病检查，一方面这与员工个人意识不足有关；另一方面是企业故意回避劳动保护的责任。

资源型企业职工在分流安置时不愿意离开企业，在一定程度上是与他们担心患上职业病的心理有关。特别是从事矿山井下作业的工人，很容易患上尘肺、硅肺等职业病。但是这种病潜伏期长，若职工离开企业时还没有发病，等查出来后原来的企业一般不会负责，职工也不能享受工伤保险等待遇。

资源型企业职工加班情况普遍，职工休息权没有得到充分保障。课题问卷调查显示，参与问卷调查的职工中，周工作 40 小时及以下的有 183 人，占受访总人数的 22.8%；周工作 40 小时的职工有 136 人，占受访总人数的 17.0%；周工作 41 ~48 小时的有 336 人，占受访总人数的 41.9%；周工作 49 ~56 小时的有 177 人，占受访总人数的 22.1%；周工作 56 小时以上的有 106 人，占受访总人数的 13.2%。也就是说，77.2% 的调查对象都存在加班情况（见图 5 -1）。

（五）困难职工群体生活状况需要引起重视

据课题组不完全统计，2016 年资源衰退型城市城镇常住居民人均可支配收入为 26818.96 元，低于全国城镇居民人均可支配收入 33616 元。资源

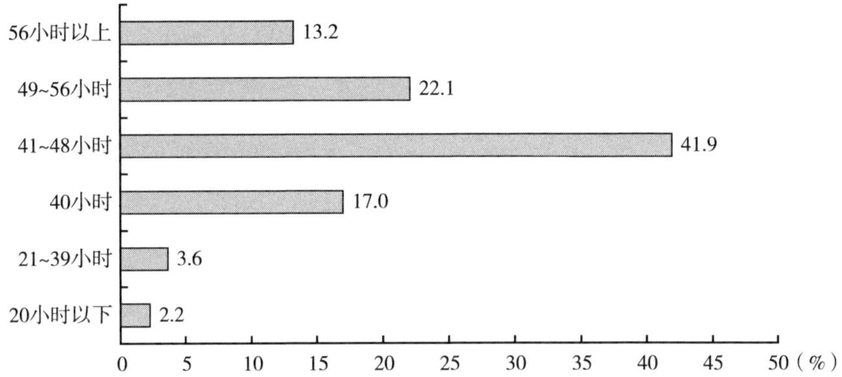

图5－1　职工工作时间分布情况

资料来源：本课题调查问卷。

衰退型城市是20世纪90年代后期国有企业改革，职工下岗较为集中的地区，也是受资源衰退和“去产能”政策影响而职工分流安置较为突出的地区。这些为国家建设付出过艰辛努力的产业工人，在国家经济快速增长时期，并没有很好地享受到发展的成果。不少历史较久厂矿的职工，由于集中生活于矿区，世代务工，处境并不如家乡有地耕种的农民工好。部分普通职工认为，经济发展和社会进步与自己无关；一些患大病的工人陷入绝对贫困，甚至失去生活的希望。

1. 困难职工群体主要构成

资源衰退型城市中有各种类型的贫困职工。萍乡市安源区江矿社区，是一个典型的资源衰退型城市社区，社区共有常住户1904户，有下岗工人629人，低保户就有350户，低保户占总户数的18.4%。

第一类困难职工群体是由资源衰退型城市中20世纪90年代后期国企改制时买断工龄的下岗失业职工构成的。这些职工当年买断工龄的经济补偿金标准非常低，在过去十多年中，他们中的多数人生活来源就是低保，有些人可外出打零工作为生活补贴，但由于年龄偏大，缺乏技能和身体健康状况不佳等原因，他们工作极不稳定，收入很低。调研中，课题组发现某市的低保标准是每月513元，如果这些职工靠打零工有一定收入，就只能享受差额低保，即享受低保标准的一部分。由于低保户中也有小孩需要上学，老人需要赡养，有些老人还要看病，这类困难职工的收入难以支付这些开支，处境维艰。他们还得自己缴纳社会保险（包括用人单位应缴的部分），而当前灵活就业人员缴纳社保费用较高，因此断保现象较为常见。部分职工虽然达到了退休年龄，但因种种原因，社保缴费未达到规定年限，又没有稳定收入来源，出现有病不敢治，老无所依的情况。目前，国家把女性灵活就业人员退休年龄提高到了55岁。很多五十多岁的女性体力劳动者只有去找清洁工等工作，而有些用人单位担心这些职工年龄大，健康状况不佳而产生用工风险，因此拒绝聘用这类职工。

第二类困难职工群体是选择内部退养的职工。这类职工的情况相对第一类较好。在资源衰退型城市去产能企业，由于看到十余年前国企改制买断工龄下岗失业职工的生活状况，被分流安置的职工选择与企业解除劳动关系的人较少。但是，企业对放长假待岗以及内部退养等人员，一般只发放基本生活费，退养生活费发放至法定退休年龄为止，在此期间这些职工还要缴纳社会保险费，由企业从生活费中代扣代缴。很多时候，职工可以拿到手的钱每月只有700～800元，而很多职工面临住房还贷、子女上学、赡养老人等家庭压力，基本生活费远远不足。不少待岗、退养职工还需要打工补贴家用。

第三类困难职工群体是患大病、重病的职工。调研中发现，多数企业都有患大病、重病或者绝症、工伤及职业病的职工，而且占比较高，他们及其家庭成员的生存状况更加让人担忧。某矿工会主席介绍，近几年企业的困难职工数量呈现上升趋势。致困原因除了企业工人年龄偏大，技能单一，难以再就业外，最主要就是职业病、工伤群体不好找工作，因病致困人群多，他所在企业仅癌症患者就有400多人，还有工亡家属和病亡家属数量也比较大。应该说，多数人的病因与之前从事的工作有关，如今企业关闭了，没有人管他们。另一个企业指出，因病退职的职工现在能够拿到最低生活保障480元，但他们是完全丧失劳动能力和有病的人群，这点钱治病吃饭都不够，更别提买药了。工会的困难补助500元、1000元，并不能解决什么问题。

2. 困难职工群体主要政策诉求

企业和职工对政府的支持性政策有较高期望。受访的国有企业（含转制后的民企）职工和管理人员，都表达出对国家和地方出台相关的优惠政策，以及在职工安置资金方面的较高期望。归纳起来有以下四个方面：一是希望国家和省政府对去产能企业提供一定的奖补资金，尤其是钢铁、煤炭等行业，盼望国家用于钢铁、煤炭行业职工的安置资金能惠及本省；二是希望政府能提供资金帮助企业对富余职工进行管理，为其缴纳社会保险，为他们解决生活困难；三是希望国家出台政策允许去产能行业企业符合条件的职工提前退休；四是希望地方政府在分流富余职工的职业技能培训上给予更多优惠，让职工享受到真正的实惠。然而，现行的国家和地方优惠政策与企业和职工的期盼差距很大，职工在工作和生活的重压下，有一种深深的无助感。

（六）社会矛盾积累，维稳压力增加

资源衰退型城市在转型过程中，历史和现实问题交织，既有其他地区的共性问题，又有很多自身独有的问题。受经济下行、资源枯竭、国有企业改革、职工安置分流等各类因素的影响，一些职工群众的利益受到损害，容易引发社会矛盾，有可能给局部地区社会稳定带来影响。

例如，调研中某地区煤炭资源已进入枯竭期，地下煤炭资源开采日趋困难，煤炭企业生产形势每况愈下，给这个以煤炭业为主的矿区带来了前所未有的严峻考验。同时，该市承担的去产能任务较重，企业环保和安全改造压力大，进入了工业发展煎熬期、转型发展阵痛期、社会矛盾凸显期、安全风险加剧期的四期交融时期。调研组在调研期间，就遇到从事井下作业、受分流安置影响的职工，因不具有全民所有制职工身份而不能享受特殊工种提前退休待遇政策的案例。

二　影响资源衰退型城市职工权益落实的原因分析

（一）经济增速放缓与产业调整问题交织

我国资源衰退型城市主要分布在东北地区、中部和西部等经济欠发达的

地区，产业集中于重、化工业，资源依赖程度较高。随着资源枯竭，部分资源城市原有产业开始没落，但由于受政策机制、人才、资金和营商环境等方面条件的制约，新兴产业并没有很好地在当地发展起来，产业转型缓慢。由于需求不振，产能过剩等原因，近年部分资源型行业陷入全行业亏损的状态，对相关城市经济和就业造成重大冲击。据课题组不完全统计，2016 年资源衰退型城市地区生产总值平均增速为 5.94%，低于 6.9% 的全国平均增速；全年人均地区生产总值为 47264.7 元，也低于全年人均国内生产总值 53980 元。在经济下行的背景下，地方财政收入减少，用于民生或各类公共服务方面的支出有所下降，也难以配套足够的资金用于支持企业转型、组织开展技能培训等。

资源衰退型城市是去产能任务较为集中的地区，职工分流安置压力较大。2016 年以来，国家在经济领域启动供给侧改革，实施“去产能”政策，其中煤炭和钢铁行业是重点改革领域。在 67 个资源衰退型城市中，以煤炭资源为主的城市有 37 个，以铁矿为主的城市有 5 个。除了煤炭钢铁两个产业外，资源衰退型城市产业较为集中的其他行业，如建材、水泥、玻璃、电解铝等传统行业也同样面临产能过剩，产品需求下降，经营困难带来的职工分流安置问题。参与调研的四个地区，基本上都涉及“去产能”带来的职工分流安置问题。在去产能政策实施过程中，由于时间紧和任务重，大规模职工分流对当地的就业承载能力带来严峻挑战。

部分企业经营陷入困难，在保障职工权益方面也面临较大困难。企业安置富余职工无论是采取转岗、内退还是解聘的方式，都需要一定量的资金支持，特别是对于钢铁、煤炭等行业企业，一旦停产，需要安置的人员数量比较大，带来了资金上的压力。目前国家拿出了 1000 亿元专项奖补资金支持化解产能过剩带来的职工安置工作，但在实际调研中发现，企业普遍反映目前支持的资金标准偏低，与企业自身承担的损失相比杯水车薪，不能满足企业安置职工和转型发展的需要。

（二）历史遗留问题较多，改革带来阵痛

大部分资源衰退型城市都是在计划经济时期发展起来的，产业结构不合

理，国有企业比重较高。调研发现，在资源衰退型城市转型去产能过程中，国企用工制度改革不到位、用人自主权没有真正落实、国企职工对企业高度依赖等问题比较突出；政企不分、历史包袱重等现象普遍存在。这些现象造成企业冗员情况严重、国企职工不愿转变国有身份、企业内部转岗矛盾突出等问题，使职工分流安置工作更加困难。

国家从全局和长远发展出发，推动全面深化改革，清理“僵尸企业”、加大环境保护力度和重视安全生产工作，加快国企剥离“三供一业”等方面的改革工作，给资源衰退型城市带来机遇的同时，也带来了挑战和阵痛。

首先，“僵尸企业”清理工作涉及部分资源型国有企业下属大集体、三产企业。2015 年 12 月 9 日，国务院常务会议确定，对不符合国家能耗、环保、质量、安全等标准和长期亏损的产能过剩行业企业实行关停、并转或剥离重组，清理处置“僵尸企业”，到 2017 年末经营性亏损企业亏损额显著下降。据最高人民法院数据，2016 年全国新受理的破产案件数量比 2015 年上升 53.8%，国有企业已经清理退出“僵尸企业”4977 家。本次调研的辽河油田的多种经营事业部，下属有部分企业就属于此类企业。相关工作的推进，无疑会使部分隐性问题显性化，也会带来职工分流安置方面的问题。

其次，资源衰退型城市企业的生态环境保护和生产安全压力较大。由于资源型企业大部分是高能耗、高污染行业，近年国家紧抓环境保护和生产安全工作，出台了一系列严格的新规，要求相关企业加大投入，对相关设备进行升级改造。调研中有企业反映，虽然企业本身符合标准，但因当地空气指数不达标，或出现生产安全事故，政府要求区内相关企业全面停产停工。这些情况在一定程度上增加了企业成本，使部分企业经营更加困难。部分生态环保和生产安全不达标的企业被要求停业整改或关停，也带来了一定的职工安置分流问题。

最后，资源型国有企业“三供一业”分离移交也对当地国有企业产生一定影响。2016 年，国务院办公厅转发国务院国资委、财政部印发的《关于国有企业职工家属区“三供一业”分离移交工作的指导意见》（以下简称《意见》），计划剥离国企“办社会”职能工作要在 2018 年年底前基本完成，

2019 年起国企不再以任何方式为职工家属区的“三供一业”承担相关费用。在人员安置方面，《意见》指出，移交“三供一业”工作涉及的从业人员，原则上按照地市级以上地方人民政府制定的政策标准接收安置，按照有关政策无法接收的人员由移交企业妥善安置。本次课题调研发现，目前辽宁、甘肃等地国有企业都存在“三供一业”业务，正在按相关要求向地方进行移交。课题组调研期间，受访企业管理者普遍表达了对“三供一业”分离移交工作的忧虑：现实的状况是地方把设备和业务接收了，但把大部分人留下了。从职工权益保障的视角看，分离移交不仅意味着这些职工要放弃国企职工的身份，而且意味着未来工作、工资、社会保险等全部市场化。因此，“三供一业”岗位的职工忐忑不安，职工利益不仅未得到充分保护，而且还要平添更大的分流安置工作量。

应该说，这些改革和政策的实施，从长远来看对当地经济发展和职工权益是有利的。例如，煤炭、钢铁去产能政策以及环保专项治理等措施的严格落实，使钢材、煤炭市场明显回暖，给相关企业提升经营业绩营造了良好环境。清理“僵尸企业”和“三供一业”的剥离，都有助于资源型国有企业集中精力发展主营业务，减轻企业负担，轻装上阵。但是相关改革是个系统工程，牵一发而动全身，关系大量职工的切身利益。每一吨产能的背后都牵涉具体的企业、职工，以及每位职工背后的每一个家庭。

（三）部分政策调整滞后，针对性扶持政策有待完善

关于国企职工可以享受特殊工种提前五年退休政策，是一个课题组在多地调研中都遇到的问题。某省能源集团原全民所有制职工从事井下、高空、高温、特别繁重体力劳动或者其他有害身体健康工作的，男年满 55 周岁、女年满 45 周岁到达法定退休年龄；而企业自主招聘员工的法定退休年龄一律为男年满 60 周岁，女年满 50 周岁。没能享受提前退休政策的职工认为，他们和国有企业职工身份的煤矿工人同岗同薪同劳动，但在去产能职工安置时，因为他们是企业自主招工，没有在劳动部门进行备案和审批，所以他们不能同等地享受特殊工种提前退休的政策，必须达到法定退休年龄才可以退

休。此外，国企改制中没有置换身份的人，还可以享受更多的退休待遇，如工龄满30年，可以在提前退休的基础上再提前5年退休；工龄在25～30年的，距法定退休年龄不到5年的职工也可以办理退休。而对于已经置换了身份的职工，年龄必须要达到距离法定退休年龄5年的条件，才可退休。特殊工种提前退休作为适应计划经济而建立的制度，在保护职工合法权益、推进国有企业改革上曾经发挥着重要的作用。然而，随着经济社会的发展、科学技术的日益进步，我国特殊工种提前退休制度处于发展停滞状态，相关政策没有进行更新调整，政策适用范围依旧沿用40年前的文件规定，行业之间的政策标准难以互相参照，企业违规办理提前退休的行为大量出现。在去产能、供给侧改革的大背景下，特殊工种提前退休制度调整滞后导致的职工利益失衡和政策不公平的问题日益严重。

失业保险援企稳岗和就业专项资金等政策有待完善。调研中发现，大部分关停企业很难享受失业保险援企稳岗政策。一方面，这些企业多年来生产经营困难，处于连续亏损状态，无力缴纳失业保险费，不能满足“上年正常缴纳失业保险费”的享受援企稳岗专项资金政策的条件。即便有的企业在以往效益好时按时足额缴纳社保，但因近年效益下滑，发生社保欠缴和断缴情形，也导致职工无法享受失业保险补贴。另一方面，课题组在座谈中了解到，由于失业保险补贴力度小，期限短，补贴金额与企业的巨额亏损相比杯水车薪，因此基层和企业申请补贴的积极性都不高。每个县市申请补贴的企业都很少，政策红利难惠及众多举步维艰的企业。此外，大量受影响的企业职工，即使在企业中已经没有工作岗位和任务，但仍与企业保持劳动关系，也阻碍了扶持性政策的落地。例如，许多企业的待分流职工由于尚未与企业解除劳动关系，因此无法享受技能培训、创业培训、创业贷款等政策性服务。

三　对职工权益保障问题的对策建议

习近平总书记在党的十九届中央政治局常委同中外记者见面时的讲话中

指出，“我们要牢记人民对美好生活的向往就是我们的奋斗目标，坚持以人民为中心的发展思想，努力抓好保障和改善民生各项工作，不断增强人民的获得感、幸福感、安全感，不断推进全体人民共同富裕”。但资源衰退型城市职工的权益状况与美好生活的目标之间还有一定差距。改革开放的红利，应当惠及各方，特别是那些为中国跃升为世界第二大经济体默默付出与奉献的广大劳动者。因此，应针对资源衰退型转型城市的职工状况进行全面精准的调研，加大对困难职工等群体的社会救助和帮扶力度，解决妥善安置职工的资金问题；强调职工分流安置工作应突出重点，分类施策，解决妥善安置职工的政策问题；通过政府搭建平台，市场力量参与，拓展分流渠道，解决妥善安置职工的机制问题；同时，对现有政策适当改革和创新，从而更好地保障资源衰退型城市的职工权益。

（一）加大对城镇困难职工的解困脱困工作力度

2020 年我国将要全面建成小康社会，不仅要完成农村贫困人口的脱贫攻坚任务，还要确保去产能职工的安置问题得以解决，确保城市困难职工群众“在小康路上一个都不掉队”。在化解过剩产能的进程中，企业可以关闭，但必须对企业职工给予妥善安置。那些多年来职工的生产生活已联为一体的钢铁、煤炭、矿山、制造等行业的职工安置工作尤为重要，这些职工与家属动辄数万或数十万人，许多问题盘根错节，既不是企业自身可以解决的，也不是市场调节能够化解的，需要靠政府给予必要的帮扶政策，保障职工群众生活底线。

建议设立“去产能企业职工生活保障基金”。虽然现行的失业保险制度和城镇最低生活保障体系发挥了一定的作用，2016 年中央政府设立 1000 亿元工业企业结构调整专项奖补资金也发挥了积极作用，但对众多因企业需要关闭退出、兼并重组的分流安置职工来说还远远不够。建议从盈利国企上缴税费和红利中划拨一部分资金设立“去产能企业职工生活保障基金”，取之于国有企业，用之于国企职工，名正言顺。

借鉴农村精准扶贫经验，由政府牵头、工会等群团组织积极参与，在资源衰退型城市开展城镇困难职工解困脱困专项行动。鉴于资源衰退型城市职工贫困发生率较高，生活消费支出刚性，致贫原因复杂多样，已有的社会保障和社会帮扶体系难以满足需要。因此，应对包括但不限于困难职工家庭的致困原因进行摸底和识别，整合资助资源，将由于名额和财政经费限制无法纳入城市低保的，以及接近但不符合低保条件的"夹心层"职工纳入扶贫对象和社会救助体系，做到应保尽保，防止出现新的城市贫困群体。

（二）职工分流安置应突出重点，分类施策

首先，优惠政策应向资源枯竭型城市倾斜。去产能企业所处的地区大体可分为东、中、西三个地区，东部地区经济实力强，市场化程度高，就业岗位较多，且公共服务能力较强。而由东到西，上述经济社会条件则逐渐减弱。特别是资源型城市，在去产能职工就业安置中，所面临的困难和问题最为突出。因此，国家、省、市去产能安置职工的优惠政策，都应向相对欠发达的资源型城市，特别是资源枯竭型城市倾斜，增强政策的针对性和精准度。

其次，根据行业情况分类施策。钢铁、煤炭等行业在去产能职工就业安置中面临的困难和问题有许多明显差别。钢铁行业的突出特点是产业链长，去产能对上下游产业就业岗位的影响更加广泛。煤炭行业的突出特点是绝大多数煤炭企业分布在中西部地区，许多矿区远离城市，就业机会较少，职工对企业的依赖程度更高，同时煤炭行业职工的文化程度相对较低，工伤和职业病职工较多。鉴于上述情况，应针对钢铁，煤炭以及其他不同行业的特点，以及所面临的突出问题，分别制定和实施更加精准的促进就业和安置帮扶政策。

最后，针对企业特点精准施策。国企与民企在去产能，职工就业安置中所遇到的困难和问题具有明显差别。市场对民营企业劳资双方的供求关系，发挥了决定性作用。企业用工能够随市场需求增减变化，而国企员工普遍对企业具有很强的制度期待，往往不愿意与企业解除劳动关系。因此，对于民企及其员工，工作重点是依法依规，切实保障劳动者在经济补偿、工资收

入、社会保险等方面的合法权益；而对国企职工既要以多形式多渠道来解决当前职工就业安置问题，又要着力深化国企改革，为从体制机制上根本解决问题探索道路。

（三）多渠道保障促进就业困难职工就业

一是鼓励企业发展“非煤”“非钢”等新产业，尽可能妥善地在企业内部安置职工，并给予奖励性稳岗补贴；鼓励社会上各类企业吸纳受影响职工，并给予一定的吸纳就业补贴；鼓励各类人力资源服务机构帮助再就业职工介绍工作机会，并对这些机构给予一定的职业介绍补贴，提高受影响职工再就业成功率。

二是安排专项培训资金，对受影响职工进行有市场需求的、针对性的、可选择的职业技能培训，提高其再就业的能力。

三是切实开发适合受影响职工创业的项目，从创业培训、资金场地、税费减免、实地指导、持续跟踪等方面进行全过程帮扶，提高创业成功率，从而带动更多就业。

四是各级政府要充分开发公益岗位并向社会公开，为去产能过程中提前退出劳动力市场再就业的职工群体提供托底保障。为零就业家庭提供公益性岗位，将特别困难职工纳入社会救助体系，防止出现新的城市贫困群体。

五是加大转变职工就业观念的宣传力度，特别是逐渐转变职工对国有身份附加值的非理性判断与依赖，运用正面案例鼓励员工走出去。

（四）推动对现有政策适当突破

一是适当放宽企业享受稳岗补贴政策的条件和提高稳岗补贴标准，更好地发挥失业保险促进就业的作用。建议适当放宽企业缴纳社会保险费的时间限制，提高稳岗补贴的标准，在经济调整特别是去产能过程中让更多企业获得资金补贴。

二是进一步拓宽就业专项资金的使用范围，使更多受影响职工可享受就业帮扶。目前，就业专项资金仅能对已解除劳动关系并处于失业状态的受去产能影响的职工提供免费的技能和创业培训。建议将未解除劳动关系的受去产能影响职工纳入政策性帮扶范围，提升职工转岗能力，提高职工安置效率。

三是尽快解决由历史原因造成的职工退休年龄差异问题。特殊工种提前退休政策只适用于国有企业，阻碍了职工向非公企业转移分流。建议以我国经济社会发展的实际为出发点，考虑不同地区、不同人群、不同工种的特殊性，不断完善相关配套政策，推进特殊工种提前退休制度改革，解决特殊工种退休等久拖未决的政策问题。

参考文献

蔡昉：《中国人口与劳动问题报告 NO. 6》，社会科学文献出版社，2005。

黄湘闽：《去产能中职工安置的重点难点及对策》，《中国劳动保障报》2016 年 9 月 13 日。

齐秀华：《国企下岗职工劳动关系和社会保险关系相协调的难点分析》，《工业技术经济》2009 年第 6 期。

汤杰、王志宇、付娉娉：《财政政策对资源枯竭型城市就业的影响研究》，《经济研究导刊》2012 年第 8 期。

吴要武：《资源枯竭的“神话”：资源枯竭型城市产业转型与社会稳定》，社会科学文献出版社，2013。

杨悦欣、辛鑫、李迪：《资源型城市去产能与就业情况的调查与思考 - 以吉林省白山市为例》，《吉林金融研究》2016 年第 11 期。

第六章　2018年我国劳动争议的现状、特点与发展趋势

张冬梅*

摘　要： 劳动争议与市场化的劳动关系相伴而生。我国的劳动争议处理制度恢复于1987年，经过30多年的发展，形成了以《劳动争议调解仲裁法》为主要依据的“一调一裁两审”的劳动争议处理体制。劳动争议案件的数量和特点与当时的经济社会环境、法制环境、国家政策等息息相关。2018年我国的劳动争议案件数量仍呈高位运行状态，而且各地劳动争议案件数量差异较大；劳动争议案件的成因与经济政策呈现高度关联性，经济政策的变化极易引发群体性劳动争议案件；民营企业、小微企业劳动争议案件较多；劳动争议案件纠纷类型多元化、复杂化和复合化；高层劳动者涉案数量快速增长，所涉案件类型新颖；以互联网平台企业为中心的新类型案件增多，案件处理难度增大。未来劳动争议案件数量将继续保持较大幅度增长，群体性劳动争议可能会进一步增多、劳动争议类型会更加多元和复杂。

关键词： 劳动争议　劳动争议特点　劳动争议发展趋势

---

* 张冬梅，副教授，中国劳动关系学院法学院教师，主要从事劳动法、工会法的研究。

一　我国劳动争议处理制度的历史与发展

劳动争议（Labor dispute）与市场化的劳动关系相伴而生。有真正意义的劳动关系就必然会产生劳动争议。正如有学者所言，无论任何社会，每个社会主体都会基于自身需要有着不同的权益诉求。不同的主体根据自己的意愿当然会产生各自不同的社会行为。这样，不同的利益主体之间不可避免地会产生各种冲突。[①] 劳动关系的双方当事人作为独立的利益主体，在劳动关系的建立和运行过程中不可避免地会发生矛盾和冲突。

我国的劳动争议处理制度建立于新中国成立后，劳动争议处理的程序为：发生争议后，先由当事人相互协商解决，协商不成申请劳动行政部门调解，调解不成可申请仲裁委员会仲裁，对仲裁不服的一方可向人民法院提起诉讼。随着我国资本主义工商业完成社会主义改造，企业的所有制结构和劳动关系趋于单一化，中央人民政府劳动部于 1955 年 7 月以后陆续撤销了劳动争议处理机构。劳动争议处理工作交由信访部门进行处理。我国的劳动争议处理制度恢复于 1987 年，以国务院颁布的《国营企业劳动争议处理暂行规定》作为标志，确立了“一调一裁两审”的劳动争议处理机制。由于 1987 年的《国营企业劳动争议处理暂行规定》所适用的范围有限，1993 年出台的《企业劳动争议处理条例》扩大了劳动争议的企业适用范围。1994 年 7 月颁布的《中华人民共和国劳动法》以法律的形式确认了我国“一调一裁两审”的劳动争议处理机制。应该说，劳动争议处理制度在恢复之初对我国劳动争议的处理起到了积极的作用，对于维护企业劳动关系的稳定功不可没。但随着我国经济体制改革的进行，社会主义市场经济体制的建立和逐步完善，我国劳动关系领域的矛盾逐渐突出，具体表现为我国劳动争议案件数量急剧飙升。从 1994 年的 1.9 万件，飙升到 2007 年的 50 万件。[②] 集体

① 杨荣新主编《仲裁法理论与适用》，中国经济出版社，1998，第 1 页。

② 数据来源于人力资源和社会保障部 1994～2007 年统计公报。

劳动争议案件数量也逐渐呈现上升趋势，涉及的劳动者人数不断增多。集体劳动争议案件数量有所上升，其数量从2000年的8247件上升到2007年的12784件。集体劳动争议案件数占整个劳动争议案件数的比例在1%～7%之间波动，涉及的劳动者人数占劳动争议涉案人数的22%～64%。[①] 由此可知，虽然集体劳动争议案件数在劳动争议总案件数中所占比例在7%以下，但所涉及的人数却占总涉案人数的一半左右。这些数据表明了劳动关系领域的矛盾较为突出，劳动争议处理难度加剧，所造成的社会影响不断扩大。

面对劳动关系领域的重重矛盾，我国的劳动争议处理制度也发挥了很大作用。《中华人民共和国劳动争议调解仲裁法》（以下简称《劳动争议调解仲裁法》）于2008年实施，该法针对原有劳动争议处理周期过长、受案范围不统一、仲裁时效期间过短等突出问题，在基本维持“一调一裁两审”处理机制的前提下，在有限的范围内修正了我国的劳动争议处理制度，具体表现在以下几方面：部分劳动争议案件实行有条件的“一裁终局”，统一并延长了仲裁时效期间为1年，缩短了仲裁审理期限，仲裁不收费，从程序规范上整合了劳动和人事争议仲裁等。应该说，《劳动争议调解仲裁法》作为劳动争议处理的专门法律，在劳动争议的调解和仲裁制度探索方面具有重要意义。但该法的处理重心是个别劳动争议，并没有将集体劳动争议作为其主要调整对象。我国的集体劳动争议被人为分为了两类：一类是10人以上的争议；另一类是因为签订集体合同和履行集体合同所产生的争议。对劳动者一方达到10人以上，且有共同理由，并集体申请仲裁的争议，通过劳动仲裁诉讼程序解决，是个别劳动争议的叠加，完全可以适用《劳动争议调解仲裁法》进行处理。而因为签订和履行集体合同所产生的争议，则按照《劳动法》第84条的规定进行处理。因履行集体合同而发生的争议可以向劳动争议仲裁委员会提起申诉，对仲裁裁决不服的一方，可以向法院提起诉

① 数据来源于人力资源和社会保障部2000～2007年统计公报，其中集体劳动争议案件占劳动争议案件数的百分比和集体劳动争议劳动者占劳动争议劳动者总数的百分比是根据统计年鉴数据自行计算得出。

讼，这也是按照《劳动争议调解仲裁法》的相关规定进行处理。对于因为签订集体合同而发生的争议，法律规定由劳动保障行政部门会同同级工会代表、企业代表共同进行协调。也就是说，对集体协商过程中的争议，涉事双方由政府主导、依托劳动关系三方协调机制协调处理。但是，劳动行政部门组织哪些方面进行协调，协调的主要原则有哪些，如果协调不能达成共识可否罢工等问题目前法律上都没有明确规定。

如今，《劳动争议调解仲裁法》颁布实施已经 11 年，客观上，其在协调劳动关系过程中发挥了巨大的作用。同时，11 年来，我国的社会和经济环境、法制环境都发生了很大的改变，我国的劳动关系情况也发生了深刻的变化。纵观我国劳动争议发展变化的过程，我们可以得出一个基本的结论：劳动争议案件的数量和特点与当时的经济社会环境、法制环境以及国际环境等息息相关。比如，2008 年《劳动合同法》《劳动争议调解仲裁法》颁布实施，再加之席卷全球的金融危机爆发，2008 年的劳动争议案件数量飙升到了 96.8 万件，与 2007 年的 50 万件相比增加了近一倍。因此，研究者分析当下劳动争议的特点，一定要结合当下的社会经济环境、法制环境等诸多因素。

二　2018年我国劳动争议的特点

2018 年召开的中央经济工作会议中指出，我国的经济运行稳中有变、变中有忧，外部环境复杂严峻，经济面临下行压力。其中，国际环境变化的主要表现之一是中美贸易摩擦；国内环境也在变化，我国经济长期积累的结构性矛盾仍然是矛盾的主要方面。同时，我国经济正处于转型升级期，有转型之痛，也有变化。同时也存在着矛盾、挑战和困难。尤其是随着新一轮科技革命和产业变革不断深入，数字经济、共享经济等新业态蓬勃兴起，企业组织形式、管理模式、生产经营方式及用工方式等发生深刻变化，劳动关系的确立与运行、职工权益的维护和保障面临许多新情况、新问题。在此背景下，2018 年我国劳动争议呈现出如下特点。

（一）劳动争议案件数量仍呈高位运行态势，各地劳动争议案件数差异较大

自2008年我国劳动争议数量出现“井喷式”增长以来，我国的劳动争议案件数量逐年增多，虽然在个别年份稍有回落，但总量在不断增加。据中华人民共和国人力资源和社会保障部公布的人力资源和社会保障事业发展统计公报，2008年全年全国各级劳动人事争议仲裁机构共办理劳动人事争议案件96.4万件。2009年稍有回落，全年全国各级劳动人事争议仲裁机构共处理劳动人事争议案件87.5万件。从2010年开始，全年各级劳动人事争议调解组织和仲裁机构受理的劳动人事争议案件数突破百万件大关，且呈继续上升趋势。从2010年的128.7万件达到2016年的177.1万件。2017年，全年全国各地劳动人事争议调解仲裁机构共处理争议案件166.5万件，同比下降6.0%。2018年，全年全国劳动人事争议调解仲裁机构共处理劳动人事争议案件182.6万件，涉及劳动者217.8万人，涉案金额402.6亿元。①

持续增长的劳动争议案件数在全国各地分布不均衡，经济相对发达地区与相对落后地区案件数量差别较大。从历年劳动争议案件数地域分布情况看，案件数量多的省份往往在经济发展水平较高的地区，比如北京、上海、广东、江苏、浙江等省市。而西部地区由于经济社会发展相对滞后，案件数量较少。青海全省，2018年共处理劳动人事争议案件2189件②。而浙江省，截至2019年2月20日，已经立案劳动争议案件10571件③。

① 《人社部2018年第三季度新闻发布会》，中华人民共和国人力资源和社会保障部网站www.mohrss.gov.cn/SYrlzyhshbzb/dongtaixinwen/fbh/lxxwfbh/201810/t20181031_303917.html，访问时间：2019年1月25日。

② 《青海省劳动争议案件稳中有降》，《西宁晚报》2019年1月15日。

③ 数据来源于浙江劳动人事争议调解仲裁网，http://zc.zjhrss.gov.cn/，访问时间：2019年2月20日。

（二）案件成因与经济政策呈现高度关联性，易引发群体性劳动争议，化解难度大

劳动争议案件发生数与经济政策以及宏观经济形势息息相关，在一定程度上，劳动争议案件数可以称为经济社会发展的“晴雨表”。以北京为例，北京市海淀区法院、北京市一中院审结的北京城建四公司与806名劳动者的劳动争议案，就是劳动者在企业改制过程中，因为买断工龄而引发的争议。这个案件经过了一审、二审，甚至有的还经过了再审程序，历时数年，涉及劳动者人数较多，化解难度比较大。同时，随着疏解非首都功能为核心的京津冀一体化战略的推进，部分大型企业关停并转、整体搬迁或裁撤分支机构等，都极容易引发群体性劳动争议。2018年上半年，北京市法院审结的5人以上群体性劳动争议案件占劳动争议案件总数的比例将近30%，同时，该院所审结的50人以上的群体性劳动争议案件也呈现增长趋势。

（三）民营企业、中小微企业劳动争议较多

国家政策的不断优化，使我国民营企业的营商环境大大改善，民营企业数量大幅增加。这些企业设立时间普遍不长，在此工作的劳动者对企业的归属感不强，人员流动比较频繁。同时，这些企业在劳资沟通、人力资源管理方面缺陷较多，容易触发劳动争议。此外，经济新常态下，大量市场竞争力低下的小微企业被市场淘汰，由此引发的劳动争议开始大量出现。以北京为例，2018年北京市劳动人事争议仲裁委员会所处理的近95%的劳动争议案件发生在非公企业，其中股份联营企业占30%以上，个体私营企业占50%以上。2017年，广州涉民营企业劳动争议调解仲裁案件共25903件，涉案人数约6.28万人，分别占劳动争议调解仲裁案件总量的66.07%和总涉案人数的75.19%，其中，餐饮、加工制造等劳动密集型行业的中小型企业的劳动争议案最多。在天津市劳动争议仲裁委员会受理的案件中，非公企业的劳动争议案件数占受理案件数的87.4%。其中，私营企业争议明显呈现增长之势，2018年上半年受理私营企业的劳动争议案

件为8777件，同比增长15.5%，占受理案件总数的80.9%，同比上升4.6个百分点，增幅明显。

（四）劳动争议案件纠纷类型多元化、复杂化和复合化

劳动争议案件纠纷类型多元化。劳动争议案件纠纷类型涵盖了劳动关系的各个方面，但争议内容仍相对集中，主要是涉及劳动报酬、劳动合同、社会保险等争议类型。以四川省为例，2018年全省仲裁机构共处理劳动人事争议案件4.17万余件，案件数比上一年增长12%。在全年案件量占比中，劳动报酬类案件约占40%，劳动合同类案件约占20%，社保待遇类案件（以工伤待遇为主）约占15%。[①] 但随着社会经济的发展，由竞业限制、劳务派遣、股权激励等新诉求引发的新类型案件也日渐增多。

劳动争议案件纠纷的复杂化。随着互联网技术的飞速发展和应用，网约车、网络主播等基于网络平台运营的新型行业不断涌现，相对应的劳动争议也相继出现。这类案件中所涉及的用工形式、管理模式、报酬支付等都不同于传统劳动关系，因而，处理难度极大、非常复杂。同时，在劳动争议中，劳动者的一些诉求，诸如社保损失计算、档案丢失损失、要求单位配合办理退休手续、因岗位认定导致待遇纠纷等案件，大多触及法律法规和司法解释的空白地带，由于司法尺度不统一，因此处理起来非常复杂。

劳动争议案件纠纷的复合化。大量的劳动争议案件当涉及企业董事、监事、高管等由《公司法》规制的法律主体时，其劳动关系、股权激励等事实的认定均需考量《公司法》与《劳动法》等相关规定。一个劳动争议案件就有可能同时涉及民事和商事的法律法规，甚至可能会出现同时涉及民事和刑事的法律法规。

（五）从劳动争议主体角度而言，高层劳动者涉案数量快速增长，类型新颖

用人单位与普通劳动者仍然是劳动人事争议纠纷的主体，但是涉及高级

---

① 《2018年四川劳动人事争议仲裁十大典型案例发布》，搜狐新闻，www.sohu.com/a/287655329_119881。

管理人员和高级技术人员为主体的高层劳动者的劳动争议案件较以往有明显增加的趋势。高层劳动者与单位的纠纷主要集中于劳动报酬、竞业限制协议、保密义务、期权纠纷等领域。这些类型案件当中，争议最多的就是股票期权纠纷案件。

高级管理人员由于其特殊的身份和在企业当中特殊的管理地位，使其与公司之间的关系与普通劳动者确实存在不同。那么，高管所持有的股票期权到底是劳动报酬，是福利，还是作为股东的利润分红？所涉案件是劳动争议还是民事争议？这些疑问无论是在理论还是司法实践中都存在着不同的观点和处理方法。一种观点认为，如果将股票期权认定为“工资”或“福利”，则股票期权争议实际上就是双方对工资、福利劳动争议，从而按照《劳动争议调解仲裁法》的规定，处理程序应先行劳动仲裁然后再到诉讼程序。另一种观点则认为，将期权定义为工资尚缺乏直接的法律根据。股票期权的享有虽以劳动关系为前提，但它是一种附条件、附期限且不确定的激励机制，并不是法定的劳动福利，而是一种风险权益。因此，因股票期权而产生的纠纷属于一般性质的民商事纠纷，不属我国劳动法调整的范畴，也无须先裁后审。当前，在我国司法实践中，也有两种不同的态度。北京市第一中级人民法院做出的“吴全与北京雅酷时空信息交换技术有限公司合同纠纷”二审民事判决中，将股票期权纠纷作为民事合同纠纷进行处理。① 但北京市第一中级人民法院做出的“乐视云计算有限公司与蔡钧、陈明鹏、刘剑雄、黄乔加系列劳动争议二审民事判决”中，将股权激励款作为劳动争议进行处理。②

鉴于股票期权的取得以劳动关系的维系为前提，员工所享有股票期权，

① 北京市第一中级人民法院：《吴全与北京雅酷时空信息交换技术有限公司合同纠纷二审民事判决书》，〔案号（2018）京01民终4898号〕。

② 北京市第一中级人民法院：《乐视云计算有限公司与蔡钧劳动争议二审民事判决书》，〔案号（2018）京01民终9471号〕；《乐视云计算有限公司与陈明鹏劳动争议二审民事判决书》，〔案号（2018）京01民终9473号〕；《乐视云计算有限公司与刘剑雄劳动争议二审民事判决书》，〔案号（2018）京01民终9458号〕；《乐视云计算有限公司与黄乔加劳动争议二审民事判决书》，〔案号（2018）京01民终9478号〕。

是建立在劳动关系之上。劳资双方因劳动关系中双方所约定的权利、义务而产生的股票期权。员工享受股票到期涨价而带来的收益也是基于双方劳动关系的存在。同时该股价的上涨也凝结了包括股票期权人在内的广大员工的劳动。基于此，股票期权人所应享受的股票期权收益，也包含着自己的劳动成果，因此成为薪酬收入的组成部分也是符合情理的。因此，将股票期权争议认定为劳动争议，更符合《劳动法》意义上的法律精神。

（六）以互联网平台企业为中心的新类型案件增多，案件处理难度增大

"互联网+"背景下，互联网与传统产业不断地融合，这种融合特别是在劳动密集型的服务消费领域发展更为迅速。在用车出行、美容美甲、家政保洁、主厨料理等各类型生活消费服务领域，互联网平台运营模式的迅速发展，吸纳和聚集了大量劳动力，形成了"互联网+劳务"的全新平台用工模式。这些新兴的互联网平台极大地满足了消费者的需求，给人民的生活出行带来了极大的便利。但是以互联网平台企业为中心的各类劳动争议案件数也明显增多。据北京市朝阳区人民法院公布，2015～2018年第一季度，北京市朝阳区人民法院共受理互联网平台用工劳动争议案件188件，均发生在服务业，其中交通运输业99件、占总受理案件数的52.7%，居民服务业59件、占总受理案件数的31.4%，餐饮业21件、占总受理案件数的11.2%，其他服务业9件、占总受理案件数的4.8%，案件主要涉及司机、家政员、美容师、美发师、厨师等职业。劳动者与互联网平台之间争议类型中最主要的就是确认劳动关系争议。据统计，朝阳区人民法院受理的188件互联网平台用工劳动争议案件中，61.2%的案件是从业者要求确认劳动关系的案件。由于目前我国并未有关于互联网平台用工明确的劳动立法，因此，基于互联网平台而产生的劳动争议，仍然以原劳动和社会保障部《关于确立劳动关系有关事项的通知》（劳社部发〔2005〕12号）进行判断。法院在审理涉互联网平台的劳动争议案件中，既要保护从业者的劳动权益，也要尊重共享经济的用工模式。在司法实践中，对于指派业务型、平台支付型等

符合劳动关系认定标准的用工样态，法院并未单纯依据双方签订的书面协议，否定劳动关系，而是严格从人身依附性等角度出发，考察双方是否成立劳动关系，依法保护从业者劳动权益，同时对于竞争业务型、客户支付型等用工样态，法院也没有单纯从劳动者权益保护角度出发，而给创业和发展中的互联网企业过多的责任和负担。

三　劳动争议的发展趋势及应对措施

（一）劳动争议的影响因素分析

劳动争议的产生、发展及其特征是当时的经济、社会、法制环境的映射。

经济环境对劳动争议产生的影响最为直接。经济环境主要包括国家整体的经济发展水平、国家宏观经济政策、产业结构状况等。2018 年我国经济运行保持在合理区间。据国家统计局分析，2018 年，我国经济总量再上新台阶，国内生产总值超过 90 万亿元，比上年增加了近 8 万亿元。据中华人民共和国人力资源和社会保障部的测算，国内生产总值每增长一个百分点，对应的城镇新增就业，是 190 万人左右。[①] 2018 年，城镇新增就业 1361 万人。[②] 同时，经济结构不断优化，新产业、新产品、新业态、新模式不断成长。产业结构持续升级，服务业发挥了“稳定器”的作用。从总量看，2018 年第三产业的增加值达到了 46.96 万亿元，比上年增长了 7.6%，占到国内生产总值的 52.2%。从增量看，第三产业增加值增速比第二产业增加值增速多 1.8 个百分点。[③] 这也就不难理解，我国 2018 年劳动争议数量的增

① 《人社部 2018 年第四季度新闻发布会》，中华人民共和国人力资源和社会保障部网站，www.mohrss.gov.cn/SYrlzyhshbzb/dongtaixinwen/fbh/lxxwfbh/201901/t20190124_309638.html，访问时间：2019 年 1 月25 日。

② 《国家统计局局长就 2018 年国民经济运行情况答记者问》，国家统计局网站，http://www.stats.gov.cn/tjsj/sjjd/201901/t20190121_1645944.html，访问时间：2019 年 1 月 25 日。

③ 同上。

多和地区的差异化、群体性劳动争议增多、劳动争议大量在服务业等民营企业产生、大量的新业态下的劳动争议发生的现实有着紧密联系。

国家政策也对劳动争议产生深远的影响。2017 年国家发改委等部门发布的《关于促进分享经济发展的指导性意见》指出，我国分享经济创新创业活跃、发展迅速，已成为推动“大众创业、万众创新”向更广范围、更深程度发展的重要抓手和经济社会发展的“生力军”。2017 年我国共享经济市场交易额约为 49205 亿元，比上年增长 47.2%。其中，非金融共享领域交易额约为 20941 亿元，比上年增长 66.8%；共享经济领域融资规模约为 2160 亿元，比上年增长 25.7%。2017 年我国提供共享经济服务的服务者人数约为 7000 万人，比上年增加 1000 万人；共享经济平台企业员工数约 716 万人，比上年增加 131 万人，占当年城镇新增就业人数的 9.7%，意味着城镇每 100 个新增就业人员中，就有约 10 人是共享经济企业新雇用员工。[①] 2018 年 9 月 18 日，国务院下发《关于推动创新创业高质量发展打造“双创”升级版的意见》，“大众创业、万众创新”的活力被进一步激发。同时，随着“放管服”改革的不断深化，我国的营商环境持续改善，市场主体大量增加。2018 年全国新登记企业比上年增长 10.3%，日均新登记企业 1.84 万户。[②] 此外，随着“一带一路”倡议的推行，我国与“一带一路”沿线国家的经贸往来不断增加。共享经济的发展，市场主体数量的增加，国际经贸往来规模的扩大，虽然可以增加就业，但同时由于共享平台准入门槛比较低，企业参差不齐，人员流动频繁，大量争议发生也就成为必然。

法制环境也对劳动争议产生重要的影响。劳动保障法律的滞后和发展都对劳动争议产生重要的影响。比如《劳动法》《劳动合同法》《劳动争议调解仲裁法》的颁行都引起了劳动争议数量的上涨。同时，法律的滞后性，也使争议多发的同时，又由于没有明确的法律依据而加大了处理难度。比如

---

① 国家信息中心分享经济研究中心、中国互联网协会分享经济工作委员会：《中国共享经济年度发展报告》，2018。

② 《国家统计局局长就 2018 年国民经济运行情况答记者问》，国家统计局网站，http://www.stats.gov.cn/tjsj/sjjd/201901/t20190121_1645944.html，访问时间：2019 年 1 月 25 日。

基于互联网平台劳动争议的法律依据仍属于空白地带，这一领域的纠纷案件目前数量较多，但处理难度很大，各地仍然在探索解决办法过程中。2018年是《劳动合同法》和《劳动争议调解仲裁法》颁布实施的第10年，劳动者的权利观念增强，维权意识高涨。劳动者一旦发现自己的合法权益受到侵害，便会以各种方式进行维权，由此在客观上推动了劳动争议案件数量的持续增长。

（二）劳动争议的未来发展

1. 劳动争议数量将继续保持较大幅度增长

2019 年我国经济发展的外部环境和国内环境都面临着严峻的挑战。全球经济回落，中美贸易发生摩擦，有些国家贸易保护主义盛行，国内经济的结构性矛盾仍然比较突出。以互联网企业平台为主的共享经济虽然发展势头强劲，解决了大量人员的就业问题，但发展中的问题不容回避。“ofo 小黄车危机”“2019 年初的滴滴出行大裁员”，都表明互联网平台企业遇到了发展中的瓶颈。在这样的经济环境下，劳动争议数量必将保持较大幅度的增长。

2. 群体性劳动争议可能会进一步增多

随着我国加快经济产业转型、淘汰落后产能、环境整治力度加大、形势政策导向等因素的变化，大量的劳动密集型低端产业及高污染、高能耗的企业可能陷入“关、停、并、转、迁”的境地。这类企业往往是用工大户，而且劳动者的生产技能单一、再就业能力差，是容易造成劳动关系矛盾集中大量爆发的领域，成为社会不稳定因素之一。而且受国际贸易壁垒提升、国际经济复苏受阻所导致的出口降低及国内生产成本提高、信贷政策收紧等的不利影响，大量小微企业、民营企业陷入经营困难甚至倒闭的境地，进而引发群体性劳动争议的可能性增大。

3. 劳动争议的类型会更加多元和复杂

劳动争议的主要类型仍然集中在劳动报酬、劳动合同和社会保障这几个方面，但近年来，竞业限制、商业秘密、股权激励、职工持股等新型劳动争议案件也大量出现。2018 年是我国改革开放 40 周年，2019 年是新中国成立

70 周年，这两年是我国改革红利加速释放的时期。改革一直是中国经济发展强劲的动力。改革必然是创新的，必然是前所未有的，因此，新的诉求、新类型的劳动争议将会大量出现。未来几年，人工智能、“互联网 +”等新业态仍然深刻影响着我国的劳动关系。在这样的背景下，不仅会产生新型的劳动争议，而且由于现有法律规定的滞后，劳动争议的处理难度会进一步加剧。

（三）应对举措

1. 加强劳动争议的预防

劳动争议的预防是将可能发生的劳动争议消弭于无形。有学者指出，以科学的高效的社会治理机制预防和早期介入纠纷，甚至比解决纠纷本身更为重要。[①] 加强劳动争议的预防，应该充分发挥各级劳动争议调解委员会的作用，尤其是加强企业劳动争议调解委员会的作用。各调解委员会不仅要调解处理劳动争议，更应该发挥劳动争议的预防作用。各企业应该建立合理的员工申诉和沟通的渠道，定期进行法治宣传，使劳动关系的双方当事人将争议扼杀在萌芽状态。

2. 加强劳动争议多元处理格局

2017 年 3 月，人社部会同中央综治办、最高人民法院等八部门下发了《关于进一步加强劳动人事争议调解仲裁完善多元处理机制的意见》（人社部发〔2017〕26 号）提出，建立党委领导、政府主导、综合协调为主的、积极发挥人社部门牵头作用、鼓励各有关部门和单位发挥职能作用、引导社会力量积极参与的争议多元处理格局。劳动争议多元处理格局属于社会治理的重要组成部分，未来应该进一步完善政府、工会、企业共同参与解决纠纷的协商协调机制，构建和谐劳动关系。

3. 集体劳动争议处理制度的完善

集体劳动争议由于涉及人数比较多、矛盾冲突大、具有较强的社会影响

---

① 范愉等：《多元化纠纷解决机制与和谐社会的构建》，经济科学出版社，2011，第 56 页。

力，因此集体劳动争议的处理应该被优化和加强。我国当前的集体劳动争议处理制度还比较单薄，实践中缺少合理的手段处理和解决。对于集体劳动争议处理的制度完善，处理机构首先应该分类处理，因为权利争议和利益争议有着不同的救济路径。其次，集体劳动争议的处理要纳入法制轨道，充分发挥协商、调解、仲裁、诉讼法定程序的作用。

4. 加强裁审衔接

仲裁和诉讼作为劳动争议处理的两种重要程序，在审理理念、受案范围、法律适用标准方面的不统一，在裁审程序衔接方面的不够规范，影响了争议处理的质量和效率，降低了仲裁和司法的公信力。2017 年，人社部与最高人民法院共同下发《关于加强劳动人事争议仲裁与诉讼衔接机制建设的意见》（人社部发〔2017〕70 号），对仲裁和诉讼程序的受案范围、法律适用要求逐步统一，并规范了裁审程序衔接。接下来，仲裁机构与法院应该通过联席会议制度、共同培训、疑难案例指导制度等方式，加强裁审衔接，优化劳动争议处理程序，维护劳动争议当事人的合法权益。

参考文献

程延园、王甫希：《变革中的劳动关系研究：中国劳动争议的特点与趋势》，《经济理论与经济管理》2012 年第 8 期。

刘强：《“互联网 +”时代下劳动争议化解新思维探析》，《中国劳动》2017 年第 1 期。

丁华：《新兴行业劳动争议特点及应对策略——青岛市的探索与思考》，《中国劳动保障报》2016 年 12 月 10 日。

杨强：《从权利到利益：我国劳动争议的新特点及其应对》，《中国劳动关系学院学报》2010 年 12 月。

张新亚：《经济新常态下劳动争议的新特征及影响因素分析——以河南省 Z 市为例》，河南大学硕士学位论文，2018。

“一带一路”特别报告

The Belt and Road Report

第七章　“一带一路”建设中我国境外劳动者权益保护法律问题研究

李文沛 *

摘　要： 目前我国对“一带一路”建设中劳动者权益保护法律问题的研究较少，而法律作为调整劳资纠纷的重要工具能够助力国家对外开放发展。本文以对外劳务输出为主要研究对象，首先，总结了我国境外劳动者权益保护现状，以明晰研究背景；其次，梳理了境外劳动者权益保护所存在的法律问题，讨论我国境外劳动者权益保护在国内法和国际法层面的困境；再次，构建了境外劳动者权益保护的法律合作模式，旨在服务劳务交往过程中的冲突解决；最后，提出了境外劳动者权益保护建议，即分别从国内、双边、区域和全球四个角度给出保护对策。以期为丰富完善我国现有劳动者权益保护框架提出可行对

* 李文沛，教授、中国劳动关系学院法学院副院长。主要从事国际法、劳动法、外国劳动法研究。

策，促进国家间合作共赢，形成实现全球体面劳动的愿景。

关键词： “一带一路”倡议 劳动者权益保护 境外法律问题 法律合作模式

“一带一路”倡议极大地促进了资本、信息、技术、劳动等生产要素的跨境流动，为我国开展劳务合作带来前所未有的机遇和挑战。商务部最新数据显示，2018 年我国企业对“一带一路”沿线的 56 个国家实现非金融类直接投资 156.4 亿美元，同比增长 8.9%，占同期投资总额的 13%。同期我国企业在“一带一路”沿线的 63 个国家对外承包工程完成营业额 893.3 亿美元，占同期营业总额的 52%。商务部负责人进一步指出，2019 年中国将继续以“一带一路”倡议为引领，坚持互利共赢，推动中国对外投资合作继续平稳健康有序发展。[①] 具体而言，倡议提出伊始，我国对外劳务合作业务累计派出各类人员 870 万人[②]；《推动共建丝绸之路经济带和 21 世纪海上丝绸之路的愿景与行动》颁布后，2018 年全年我国对外劳务合作派出各类劳务人员 79.2 万人，其中承包工程项下派出 52 万人，劳务合作项下派出 27.2 万人。12 月末在外各类劳务人员 129 万人，较上年同期增加 3.4 万人。[③]

我国境外劳动者权益保护作为对外劳务合作重要一环，劳动者的权益保护问题被重视，得益于“一带一路”倡议的提出，我国对外劳务合作的国际环境和法律手段均有所改善。但是，日趋开放的国家发展战略亦对境外劳动者权益保护提出挑战，如何解决国家间法律保护手段多元化，我国法律如何适应国际保护标准，是这一历史机遇对我国法律研究者提出的问题。因

---

① 《商务部合作司负责人谈 2018 年全年我国对外投资合作情况》，http://hzs.mofcom.gov.cn/article/aa/201901/20190102827479.shtml，访问时间：2019 年 2 月 1 日。

② 数据来源于商务部 2018 年 11 月新闻发布会，通报 2018 年 1～10 月我国对外投资和经济合作情况。截至 2018 年 10 月末，我国对外劳务合作业务累计派出各类劳务人员 870 万人。

③ 《商务部 2019 年 1 月发布 2018 年 1～12 月我国对外劳务合作业务简明统计》，http://hzs.mofcom.gov.cn/article/date/201901/20190102829084.shtml，访问时间：2019 年 2 月 2 日。

此，研究者们应梳理我国境外劳动者权益保护现状及所产生的法律问题，从国家关系角度出发，探索我国境外劳动者权益保护的新模式，以“一带一路”倡议下特色法律合作模式为引导提出权益保护建议，从本国、双边、区域和全球层面，形成我国劳动者境外权益保护格局。

一　我国境外劳动者权益保护的现状

在全球化时代，劳动力在世界范围内的自由流动呈现出新的趋势。我国作为劳务输出大国，相较其他国家更易发生境外劳资纠纷，对此我国已初步形成劳动者权益保护框架，以应对日趋复杂的国际劳工市场，同时受国际环境的影响，劳工领域的国际软法开始得到国内学者重视。

（一）境外劳资纠纷频发

随着外派劳务人员数量的井喷式增长，我国境外劳资纠纷频发，目前我国主要通过外交手段处理我国境外劳动争议案件。中国领事官方网站发布的数据显示，近些年，经济和劳务纠纷案件发生数量始终位居我国境外领事保护与协助案件数量的前三位，其中由拖欠工资、劳资纠纷、商业纠纷引起的经济和劳务纠纷案件数量在 2017 年为 2010 件，较 2016 年的 1007 件增长近 1 倍，2018 年上升至 5231 件。[①] 可见，我国境外劳动争议案件数量在全球化时代日渐增多。

我国境外劳工权益受到侵害的情形表现为以下四点：一是海外工作内容如工资、待遇、岗位等与原招工时约定内容不符；二是劳动合同约定的劳工权益得不到落实，常常发生工资未按时发放、工资无故扣减、超时加班、劳动环境恶劣等问题；三是劳工人身权利受到限制、扣留护照、无故遣返回国等现象时有发生；四是社会权利无法实现，我国境外劳动者无法享受劳务输

① 《2018 年我国境外领事保护与协助案件总体情况》，http：//cs. mfa. gov. cn/gyls/lsgz/ztzl/ajztqk2018/t1360879. shtml，访问时间：2019 年 1 月 20 日。

入国基本的社会保障，无法参加当地工会组织，各项社会权利受到限制。[①]而近年来时常发生的罢工、游行示威、破坏设施、阻挠作业等剧烈冲突，不仅会影响我国对外劳务输出的稳定发展、损害我国国民在海外的形象，同时也会影响我国同劳务输入国之间的外交关系，造成恶劣的国际影响。

（二）境外劳动者权益保护协调机制初步形成

为维护我国境外企业和境外劳动者的合法权益，应对近年来境外劳资纠纷事件不断增多的状况，中国政府陆续实施一系列解决办法。立法方面，我国 2012 年颁布专门规范对外劳务合作的《对外劳务合作管理条例》，该条例成为我国管理对外劳务的主要依据；组织机构方面，外交部、商务部和中华全国总工会等分别根据各自职能建立部际联席会议制度、海外劳工领事保护中心、经商机构监管机制和境外维权机构，以处理海外突发事件。通过配套立法和机构的设立，我国保护境外劳动者权益的国内协调机制初步建立，以着力加大我国境外劳动者权益保护力度。

（三）劳工领域国际软法发挥关键作用

海外劳工领域的国际软法多表现为国家间有关劳务合作和劳工权益保障的文本，是国家间和地区间就域外劳工保护问题达成的共识和妥协。目前国际上有关劳动者基本权利保护的条约包括：联合国通过的《国际人权公约》《国际劳工组织公约和建议书》、政府间就跨国公司问题形成的准则宣言以及国家间有关劳务合作的协议和条约等。

另外，随着企业社会责任问题被公众所重视，类似保护跨国工人权益的框架协议运动也在积极展开。[②] 虽然国际软法需要各成员国的国家权力机关签署批准后方能产生约束力[③]，但此类国际标准和协定中有关劳工权利的立

---

① 王辉：《我国海外劳工权益立法保护与国际协调机制研究》，《江苏社会科学》2017 年第 3 期，第 157 页。

② Anne C. L. Davies：“*Perspectives on Labor Law*,” Cambridge University Press，2009：56 –90.

③ 何志鹏、尚杰：《国际软法作用探析》，《河北法学》2015 年第 8 期，第 24 页。

法规定可以为各国劳动立法提供模板，以推动各国国内劳工权益保障的立法事业。

二　我国境外劳动者权益保护的法律问题

我国境外劳动者权益保护具有“重行政、轻法律”的特点，目前尚未成立专门部门以处理涉外劳动争议，只能以商务部和外交部联合办公的方式解决问题。但是，行政部门间相互推诿、草率解决劳资矛盾的现象时有发生，因此我国境外劳动者权益保护协调机制有待完善，需要通过立法、行政、司法、监督等手段予以丰富，使其形成系统的法律保护体系。

（一）国内法律机制缺失

目前我国规定对外劳务和有关劳工权益的法律主要包括《劳动法》、《劳动合同法》、《中华人民共和国涉外民事关系法律适用法》和《对外劳务合作管理条例》等，整体表现出立法主体分散、法律层级较低、立法内容粗略、重规章轻法律的特点。

1.《对外劳务合作管理条例》——忽视劳权保护

在对外劳务合作蓬勃发展、国内劳务合作管理混乱的背景下，我国《对外劳务合作管理条例》（以下简称《条例》）出台，有助于规范对外劳务市场，促进劳务合作健康发展。本《条例》的立法目的并非保护劳务人员权益。虽然《条例》第 27 条至 29 条约定了对外劳务劳动合同的具体规定，但未能对劳动待遇和劳动报酬等劳动权利基本问题做出调整①，仅几项法律条款难以形成系统的法律保护。另外，《条例》作为部门规章，具有明显的行政色彩，将劳务人员权益作为“劳务”内容进行政府监管，忽视其背后的“劳权”属性，这将使对外劳务人员的利益无法得到切实保护。

---

① 孙国平：《我国海外劳工法律保护之检视》，《时代法学》2013 年第 2 期，第 60 页。

2.《劳动法》和《劳动合同法》——缺少涉外立法

阅读我国《劳动法》和《劳动合同法》的规定，可以发现我国劳动相关立法所主要依据的“属地法原则”只适用于我国境内劳动关系，涉外劳动关系基本无法直接适用该原则；《劳动合同法》中有关劳务派遣的立法规定是否能适用于涉外劳务派遣，立法亦没有给出明确表示。涉外劳动立法的空白和滞后造成境外劳资纠纷无法得到专门法律的调整，导致境外劳动者权益保护处于无法可依、只能参照适用相关法律进行解决的尴尬境地。

3.《中华人民共和国涉外民事关系法律适用法》——存在适用困境

《中华人民共和国涉外民事关系法律适用法》第 4 条、第 41 条、第 43 条及其司法解释一第 10 条规定了涉外劳务纠纷司法管辖原则，但由于我国《劳动法》相关规定立法模糊，没有确立“长臂管辖”原则，因此，《中华人民共和国涉外民事关系法律适用法》缺乏域外效力，导致境外劳动者权益保护力度锐减。

具体而言，我国国内法的涉外适用主要表现为两方面的问题：一是当法律指引适用中国法时，因我国劳动法缺乏域外效力，境外劳动争议多以民事纠纷处理或被驳回；二是虽然《中华人民共和国涉外民事关系法律适用法》要求对涉及劳动者权益保护的情形予以直接适用，但立法并未具体解释适用该条文的条件，导致实务中存在不同的涉外劳动争议案件处理方式，或作为强制性规定直接适用，或根据《中华人民共和国涉外民事关系法律适用法》第 41 条、第 43 条的相关规定解决问题，这些处理方式导致境外劳动争议处理路径相对混乱。

（二）国际软法适用程度有限

1. 国际劳工标准——参与力度不足

尽管我国已经批准了一批国际劳工公约，在部分双边自由贸易协定中包含了劳工条款，一些中资企业也按照合作方的要求签订了跨国公司框架协议，但总体而言，目前我国大部分企业对相关国际劳工标准和框架协议知之甚少。在发生劳资纠纷时，境外中资企业和协助调处解决纠纷事件的人员无法充分利用国际劳工标准、贸易协定和所在国劳工法律法规解决问题。

以国际劳工标准为例，国际劳工组织（ILO）网站公布的数据显示，截至2019年2月13日，国际劳工组织共通过189个公约（其中核心公约8个），中国仅批准了26个公约，具有效力的公约仅22个；对于国际与区域贸易协定劳工条款所普遍涉及的核心公约与优先性公约，中国尚未批准。事实上，由于历史原因和现实情况，我国对已批准的国际劳工公约的落实情况亦不甚理想。

2. 双边、多边劳务合作协定——未能广泛运用

国家间、区域间签订合作协定以实现劳工权利保护是国际通行做法，相较于制定全球统一标准更具针对性和包容性。美国和欧盟是劳务合作协定的重要主体。近年来，中国被欧美等传统发达国家视为WTO机制的最大获益者。特朗普上台后，在“美国优先”以及美国全球战略性收缩背景下，除传统的“自由贸易”主张外，包含“西方化”标准的劳工议题在内的“公平贸易”主张也成为美国与欧盟力求稳固其国际竞争力与规则话语权的新方向。

在前述背景下，随着“一带一路”倡议的深入推进，我国已陆续与相关国家签订双边合作协定和备忘录，但合作进程较为缓慢，尤其针对我国主要劳务输入国，比如日本、德国、非洲等国家和地区，由于双边合作协议谈判尚未完全进行①，因此，多边劳务合作开展程度更为有限。同时，我国参与的部分双边自由贸易协定虽然已包含了劳工条款，但主要是一些非强制的合作约定，我国在国际与区域贸易协定劳工条款所普遍涉及的核心公约与优先性公约议题上没有过多关注。

因此，我国需要积极推进我国劳务合作的国际合作机制，以争取国际话语权，突破现今我国国际劳务合作依托“一带一路”倡议初步发展阶段的瓶颈。

---

① 孙国平：《我国海外劳工法律保护之检视》，《时代法学》2013年第2期，第60页。

（三）专门机构影响力较小

1. 商务部——事前宏观管理职能有限

我国由商务部负责管理对外劳务和组织相关部门工作，商务部统一归口管理后，在一定程度上减少了对外劳务分散多头的管理弊端，但商务部作为管控国家经济贸易活动的政府部门，其工作重点是商务合作，例如增加外汇收入、促进就业、带动地方经济发展等内容，而管控对外劳务，解决劳动领域权益问题并非商务部的职能所在。总体来说，我国现行海外劳务管理体制未能从根本上解决保护境外劳动者权益难题。

2. 外交部——事后纠纷处理压力繁重

我国通过外交部和商务部联合处理的方式解决涉外劳务纠纷，以外交手段平息海外劳务纠纷，化解劳资矛盾。这种政治外交保护机制虽然能高效、低调地解决国家间劳资纠纷，但随着我国领事保护和协助案件数量持续增加，我国外交保护手段难以长期应付涉外劳资矛盾。如前所述，由我国外交机构负责受理的涉及劳资纠纷、拖欠工资、商业合同纠纷的经济和劳务纠纷案件，每年受理数量位居所受理全部案件数量的前三位，且同比增长幅度最大。可见，过度依靠外交手段和行政手段解决涉外劳务冲突，对我国境外劳动者权益保护来说并非长远之计。

3. 工会——跨境沟通协调能力不足

目前我国境外中资企业在外组建工会的情况不甚乐观，主要原因在于中外工会组织之间就境外中资企业组建工会的依据、工会的性质、员工会籍转移和劳资纠纷沟通协调机制等问题尚未达成一致意见，当在境外中资企业和对外承包工程项目中发生劳务纠纷和群体性事件时，员工与企业之间因缺乏必要的沟通和协调的渠道，进而引发劳资纠纷。虽然部分外国工会允许中国员工加入工会，并在企业发生涉外劳资纠纷事件时给予工人声援，但一些境外中资企业设立时间较短，并不熟悉当地工会的社会地位和工作形式，在劳资双方进行谈判协商时中资企业因缺乏经验往往失去主动权，合法权益得不到实现和保护。

三 “一带一路”建设中我国境外劳动者权益保护的法律合作模式

鉴于“一带一路”沿线国家和地区不同的国情和法律制度，同时参考我国与沿线国家和地区的经济、文化、外交等方面的关系，本文提出三类适用于不同“一带一路”沿线国家和地区的法律合作模式，以服务我国在与“一带一路”沿线各国和地区劳务交往过程中的冲突解决。

（一）法律合作模式的构建类型

1. 共建型合作模式

共建型合作模式适用于我国的战略支点国，战略支点国是指对一国实现重大目标时具有关键意义的国家①，具体体现在两个方面：第一，战略支点国本身在地缘或实力地位上，能够为一个国家实现某种战略目标起到重要的支持作用；第二，在一定的国家群体中，战略支点国具有较强的地区影响力，一国能够通过发展与战略支点国的关系推动与其他国家的关系发展。根据前述标准，目前我国已与部分战略支点国均有不同程度的战略合作，如与印度尼西亚的“海洋轴心”战略、与巴基斯坦共同推动的“中巴经济走廊”、与哈萨克斯坦的“光明大道”经济发展合作等。通过借力战略支点国家，其他国家可将自身发展与“一带一路”倡议对接，不仅可以积极推动“一带一路”倡议实施，同时也为我国发展同战略支点国家的双边与多边关系提供支持。

共建型合作模式的关键是国家间保持紧密合作的关系，以期在合作制度方面有所创新。一方面合作国双方利用国家的地缘优势和综合国力，进行国家间深度合作，为“一带一路”倡议提供合作发展的经验；另一方面探索

① 《打造中国周边安全的“战略支点”国家》，中国社会科学网，http：//www. cssn. cn/zzx/2018/t20140814_ 1291698. shtml，访问时间：2019 年 2 月 13 日。

“一带一路”沿线国家和地区新合作方式，总结成功经验，可带动其他沿线国家和地区的协同发展。

2. 互惠型合作模式

互惠型合作模式下的国家是“一带一路”倡议下重要沿线国家，包括战略支点国的辐射国家和一般中小国家。①

辐射国家通常是战略支点国周边国家中的次强国乃至小国，比如缅甸、马来西亚、土库曼斯坦等。这些国家对于其所在区域的影响力有限，难以发挥领导作用，但是会对所处地区产生带动作用。因此，巩固与战略支点国的辐射国家的关系，同周边国家构建基于共同发展、互利共赢的利益共同体和命运共同体，积极推动“一带一路”倡议与周边国家和地区的良性互动，是我国“一带一路”倡议的重要选择。

除此之外“一带一路”沿线国家和地区中的中小国家，例如蒙古、塔吉克斯坦、吉尔吉斯斯坦、乌兹别克斯坦，高加索地区的格鲁吉亚、亚美尼亚和阿塞拜疆，这些国家和地区并不是“一带一路”倡议重点实施对象，但在某些方面具有合作潜力，且我国同它们的双边关系良好，其中多数国家也是中国主导的多边合作机制的伙伴国，合作领域广泛，国家来往密切，有利于深入开展“一带一路”倡议下的多种合作，实现国家间的互利互惠。

如前所述，不同于国际经济合作中，合作程度较为紧密，同时还配以专门组织机构的“经济区”合作形式，“一带一路”倡议的合作形式相对开放灵活，强调“一带一路”沿线国家和地区的协同努力和灵活变通。这一点对互惠型合作模式尤为重要，该合作模式以互惠互利为目标，以求同存异为出发点，巩固完善现有合作制度，努力提升国家和地区间战略合作关系，在稳健良好的局势下寻找战略突破点，以谋求更进一步地发展和合作。

3. 友好型合作模式

友好型合作模式下的国家主要包括政治动荡、恐怖主义盛行的国家和地

① 《“一带一路”背景下的中国周边外交方略》，天涯论坛，http：//bbs. tianya. cn/post－worldlook－1618506－1. shtml，访问时间：2019 年 2 月 13 日。

区以及国际影响力较小的国家和地区。前者如阿富汗、利比亚、叙利亚、伊拉克，乌克兰等，此类国家经济社会发展程度不高，国内政治局势长期处于不稳定的状态，国家内乱外患问题严重，同时政局混乱也催生和加剧了恐怖主义的蔓延，尤其是近年来相关地区的恐怖主义形势日益严峻，外国国民被极端势力挟持，惨遭杀害的事件频频发生，中国企业职工也多次遭遇绑架被索取赎金，这对国际社会安全造成严重威胁。由于此类国家存在严重的政治风险和安全风险，我国同此类“一带一路”沿线国家和地区合作交往时难以开展程度深、范围广、时间长的战略合作。但是，从“一带一路”沿线国家的分布来看，这些国家和地区均处于重要地理位置，对“一带一路”倡议的发展有着不容小觑的影响。因此，同此类国家和地区宜采用友好型合作模式，坚持我国历来外交理念和方式，平等互利，相互尊重。

针对国际影响力较小的国家，我国虽然同这些国家保持友好合作关系，但合作领域狭窄，合作程度浅，涉及范围多是在经济领域，难以进行全面的国家间合作。对此类国家，我国需秉承共同发展、互利交往的态度，按照友好型合作模式推行“一带一路”倡议顺利发展。

对于友好型合作模式下的两类国家，考虑到不同国家和地区间法律规范的多元性，采用国际软法可以给“一带一路”倡议的发展带来更多的灵活性和自由空间，为协调国家利益提供先行保障，这种方法既能以折中互让的方式同步解决国家和地区交往中产生的问题，又能构建“硬法”产生前的法律框架，推动国家和地区间立法活动。①

（二）法律合作模式的构建基础

“一带一路”倡议虽然属于全球性合作发展倡议，但涉及法律合作必须由国家主体参与并扮演关键角色。对此，本文中对“一带一路”倡议劳工保护法律合作模式设想的依据来源有二：一是我国外交伙伴关系，二是劳动

① 何志鹏：《国际软法作用探析》，《河北法学》2015年第33期，第22~23页。

关系三方协调机制。分别立足理论与实践两个基准点，构建“一带一路”倡议下的新型境外劳动者权益保护对策。

1. 现实基础：中国与“一带一路”沿线国家和地区的伙伴关系

伙伴关系[①]是指国际交往中国家间为寻求共同利益而建立的一种合作关系，构建伙伴关系作为定位国家双边关系的工具，成为我国同其他国家合作的基本方式。通常建立伙伴关系的双方不需要签署条约，无须受结盟条约和义务的约束，而各种不同的伙伴关系意味着双方合作领域和程度的不同。通常来说，在伙伴关系的界定用词上，“全面”代表着合作领域的程度，“战略”意味着合作层次的程度，“合作”多指在经济合作方面上的政策协调、配合和支持，“友好”代表国家间政治关系良好。[②] 因此，不同的词语搭配和顺序分别代表各类型的伙伴关系。

从重合度上看，目前“一带一路”沿线 65 个国家和地区中有 40 个国家与中国建立了伙伴关系。可以看出，“一带一路”沿线国家和地区与中国的伙伴关系国重合度较高，同时也说明从伙伴关系角度考察“一带一路”倡议沿线国家和地区的合理性和重要性。

从各伙伴关系层级上看，与我国伙伴关系最紧密的三个层级——新时代全面战略协作伙伴关系、全天候战略合作伙伴关系和全面战略合作伙伴关系所涉及的国家，全部都是“一带一路”沿线的重要国家。与其他国家的伙伴关系层级用词仅限于“全面”层级，或只强调“战略”关系，我国与这些国家虽然在合作领域和程度上并不如与前三种伙伴关系国家的合作广泛和深入，但国家间合作在战略层面展开，有利于探索创新“一带一路”倡议下国与国之间的合作模式。

从地域上看，“一带一路”沿线国家和地区遍布中亚、东南亚、南亚、中东欧、西亚北非和独联体等地域范围，“一带一路”倡议既强调与周边国

---

① 国际关系学术语，据苏浩解释，伙伴关系为互不以对方为敌、平等而相互尊重、互不干涉内政、相互寻求共同的政治经济利益、保持并推进双方关系发展的良好状态。

②《中国对外“伙伴关系”大盘点》，腾讯财经，http：//finance. qq. com/a/20190214/021956. htm，访问时间：2019 年 2 月 14 日。

家和地区的深度合作和战略交流，也将广大周边国家和地区纳入合作者行列，构建广泛安全的国际和地区环境。

2. 理论基础：劳动关系三方协调机制

国际劳工组织在组织原则和议事规则上采用由成员国政府代表、雇主代表和工人代表共同组成的三方磋商体制，以正式确立劳资关系领域的三方协调机制，并先后颁布《产业和国家一级公共权力机构与雇主和工人组织协商与合作建议书》（第113号）、《三方协商促进实施国际劳工标准公约》（第144号）等相关建议书和国际劳工公约，使三方协调机制成为国际劳工劳动关系确立的标准，并在成员国内实行，以促进政府、雇主和劳动者的协商合作。

按照劳动关系多元论的观点，劳资之间存在根本上的利益冲突，例如劳动者追求以个人利益最大化为目标的工资待遇和福利，企业力求最低的用工成本，企业希望通过更新生产技术以应对市场竞争，劳动者则顾虑企业的高新技术会对自身岗位有影响。而政府为刺激经济、管控物价、促进就业而实行的政策又会影响劳资双方的劳动关系。

我国自引进三方协调机制的二十几年来，国家和地方的三方协调会议在解决劳资纠纷方面都发挥了重要作用，从参与劳动法律法规的制定和修改、促进我国劳动关系集体协商制度的确立和发展，到推动各地创建劳动关系和谐企业与工业园区，以及吸收社会专业人士加入三方协调机制①，三方协调机制为正处于转型时期的中国注入活力，具有其他制度不可替代的作用。当前我国将“一带一路”倡议作为国家引领的全球性合作发展倡议积极推广，所涉及国家和地区范围之广，带动经济效益之大，产生国际影响之深远，更需要三方协调机制作为制度指导以处理倡议实施过程中的劳动争议和社会问题，维护我国劳动者、资本方、政府三方的利益，促进“一带一路”倡议下劳动关系的成熟发展。

① 李丽林、袁青川：《国际比较视野下的中国劳动关系三方协商机制：现状与问题》，《中国人民大学学报》2011年第5期，第22~23页。

四　“一带一路”建设中我国境外劳动者权益保护的建议

由于我国境外劳动者数量日益增多、国际劳务纠纷频发，境外劳动者权益保护问题引起了国内外学者的强烈关注。目前国外学者多从人权法等公法角度对劳工保护进行研究，研究方向多集中在与劳工保护相关的国际条约和协定，包括国际劳工条约的适用等，而从私法角度的研究较少。以下本文将以“一带一路”建设中特色法律合作模式为前提，提出对境外劳动者权益保护的建议，从本国、双边、区域和全球层面，寻求我国劳动者境外权益保护的全新格局。

（一）国内优化

1. 完善涉外劳动关系相关立法，加快劳动法治进程

（1）《对外劳务合作管理条例》在法律条款设计上应更加具体细化

首先，《对外劳务合作管理条例》应当增加“维护和保障劳工合法权益”的立法宗旨。

其次，应当细化有关对外劳务合作各相关主体的法律规定。例如，明确对外劳务合作企业的经营条件，强化企业对劳务人员承担的义务和违法后应承担的责任，确立外派劳务人员的维权途径，确定职权部门的监管职责和服务职能等。

此外，作为维权的重要依据，我国并未对劳务合作合同做特别规定，因此在完善立法时，应当参考国际立法经验，确定劳务合作合同的必备条款，同时结合我国自身情况，拟定适合我国对外劳务合作时使用的通行合同范本。

（2）《劳动合同法》增加有关对外劳务的内容

对外劳务涉及外派企业、外派劳务人员和境外雇主之间的法律关系，需要由相关劳动法律法规进行调整。因此，可以在《劳动合同法》中规定对外劳务合作需要通过劳动合同确定劳动关系，明确外派企业、外派劳务人员

和境外雇主的权利义务和法律责任，规定劳动合同应包含的条款，但应注意留给劳务输入国当地法基于“属地管辖原则”的合理适用空间。在有可能的情况下，提出国内劳动法框架下解决涉外劳动纠纷的途径和办法。

（3）加快双边与多边劳务合作协议进程

对外劳务合作的劳工权益保护涉及不同国家的国内法，为避免管辖权冲突，加快争议案件的解决，我国需要与相关国家和地区签订合作协议，以降低在开展劳务合作和纠纷解决时的制度难度。① 我国与相关国家和地区在签署双边或多边劳务合作协议时，需要明确国家和地区间合作框架，制定具体条款以落实合作内容，并设计国家和地区间劳务合作机制以加强政府间的沟通协商。

2. 丰富执法内容，加强域外执法效力

（1）管理部门实现权责分配，建立三位一体监管体制

管理部门应厘清涉外劳务管理体制中各部门职责范围，逐步实现涉外劳务对口管理，建立长效执法机制。以多部门联合管理为基础，建立劳务输出前、劳务工作中、劳工回国后三位一体监管制度。前期，相关部门做好劳动力境外职业培训和对外劳务审批工作；中期，完善市场监督，着重对涉外劳务派遣机构准入、劳动合同管理、劳动保障水平、薪资状况等深入关注；后期，妥善处理回国劳工安置问题和涉外劳务纠纷，以此形成良好的国内执法环境。

（2）利用域外执法机制加强我国对涉外劳动争议的执法效力

由于执法管辖范围的制约，我国法律通常不能直接调整域外争议。鉴于此，我国可以积极利用国际劳工标准以及双边与多边协定，发挥政府合作机制，不断了解主要劳务输入国的社会管理水平、立法执法状况、既有劳动保护程度与中资企业实行状况差异等内容，努力通过合作机制弥补国内执法管辖的天然缺陷。

3. 形成便利司法，搭建国际司法协助平台

首先，尊重国际司法“属地管辖优先”原则，通过司法解释或行政法

---

① 吕国泉：《中国海外劳务移民的发展变迁与管理——以移民工人维权和争议处理为中心的分析》，《华侨华人历史研究》2014 年第 1 期，第 15 页。

规对有关涉外劳动的法律适用问题进行明确，以避免纠纷产生时出现法律适用混乱的局面。

其次，提供便利司法救济渠道，选派具有国际视野、懂得国际法律规则的法律专业人士为境外劳工提供法律援助，方便调查取证、司法文书送达，降低司法救济成本。

最后，加强国际司法协助与交流，尤其是针对境外劳工劳资纠纷的处理，在不干预主权的前提下密切与工作地国家司法机关联系，争取公正客观地调处各项劳动争议。

4. 建立境外工会组织，发挥维权和保护作用

（1）组建域外工会，服务境外中资企业和员工

我国可以探索建立境外工会组织，发挥国内工会组织的域外作用，为境外劳动者和企业提供本国工会支持。此外，在开展境外工会工作过程中，工会一方面要积极开展对企业外派人员的技能培训和法律教育；另一方面向境外中资企业介绍当地工会和劳动法情况，从而实现我国工会保护境外劳动者、服务中资企业、建立和谐劳动关系的目的。

（2）加强与境外工会合作，优化国际劳务市场权益保护环境

我国应以“一带一路”倡议为契机，加大与沿线国家和地区工会在国际、区域和国家、产业、企业等层级间双边及多边合作力度①，加强双向沟通与交流，充分展示我国工会的价值观和制度体系，介绍我国企业的经营管理模式和内部文化，争取相关境外工会等机构的理解与支持，从而帮助我国工会参与调处外派劳工与境外雇主之间的劳资纠纷。

（二）双边合作

1. 积极签署合作协议，提高双边劳务合作水平

立足于“一带一路”倡议合作建设，我国应积极与各“一带一路”沿线国家和地区签署双边经贸合作的协议和备忘录，扩大投资贸易合作，并且

① 常凯：《论海外派遣劳动者保护立法》，《中国劳动关系学院学报》2011 年第 1 期，第 45 页。

加强政府间沟通。从而一方面推动双边经贸往来，形成系统成熟的发展格局；另一方面刺激我国对外劳工输出，提高双边劳务合作水平。

2. 建立双边法律协调机构，发挥磋商、执行、监督作用

首先，我国需要加强双边立法和司法部门的法律沟通，在有关重要措施出台前，在不危害国家利益和安全的前提下，应该预先通知有关人员，确保双方对此可能产生的法律风险有所应对。其次，应加强双方劳务监管部门和行政执法部门的联合，对违法劳务输出、违法使用劳工、违反劳动法的企业进行治理，对劳务输入输出进行合法化管理和保护，促进双边劳务合作的互信互利。最后，应加强双方的法律评估和审查，确保双边法律在劳务合作中的兼容性，调动掌握双方法律的人力资源人才和法律专业人士，提供劳务合作过程中的法律服务。

3. 加强对劳务人员的培训和教育，优化劳务输出结构

近年来，我国海外劳务人员多从事简单劳动和低技术含量的工作，未能形成我国劳务输出的战略优势。因此，我国应加强劳务人员的素质培养，包括技能培训、语言教育等内容，拓宽劳务合作领域，尤其需要向外输出高技术人才。考虑到我国在外劳务人员常因违反当地法律而被遣返回国的问题，在派遣劳务之前和劳务在外工作过程中，我国需要对中方劳工进行法律教育并介绍劳务输入国的国情介绍，使其了解所派地区的公共生活准则和民族特点，以保证中方人员的人身和财产安全。

（三）区域部署

1. 加强政府间法律协商机制

首先，我国需要根据各国国情协商制定具体的发展计划和支持政策，妥善解决由于我国与区域各国在法律制度上的不同所导致的问题，为劳务合作创造畅通稳定的区域法治环境。其次，在充分利用亚洲基础设施投资银行等开发机构的优势资源的基础上，以上海合作组织和世界贸易组织等国际组织现有法制框架和法律文件为指导，建立促进区域协商合作、解决争端冲突的国际平台。最后，我国政府立法和执法机关应深化与区域各国家的沟通交流，倡导建立政府间的长效立法合作机制，形成立法领域的合作共识，积极

提升区域间经贸合作的能力和水平。

2. 完善各国国内相关立法

一方面，中国要尽快启动与各区域国家的双边或多边贸易谈判，签订双边或多边劳务合作协定，构建规范有序的对外劳务发展环境，防控因国家法律政策调整而产生的对外劳务风险。① 另一方面，中国与各区域国家应提高国内立法的权威性和可操作性，修改国内立法中与实际情况不相符的内容，建立配套制度体系，必要时探索建立符合双方与地区情况的统一劳工标准或机制，最大限度地规避法律风险，避免经济损失和劳资纠纷。

3. 发展区域法律服务

建立区域法律服务平台，首先需要培养争议双方寻求法律途径解决问题的法律素质，强化企业和劳动者遵守法律和维护自身合法权益的意识，同时需要建立专业法律服务队伍，包括设立专门维权机构和引进法律服务人才等。在此可以参考中国与哈萨克斯坦通过双边协定建立的霍尔果斯国际边境合作中心项目，该项目中的法律服务对指导中哈两国边境合作具有重要作用。此外，根据有关消息，中国正在积极筹建“一带一路”国际律师联合会，可以将该地区作为重要试点，建立相关国家律师跨境服务网络与协同机制，积极发挥法律服务对区域战略合作与经济发展的建设与智力支持作用，并将双边与多边法律服务提升到国际层次。

（四）全球战略

对“一带一路”倡议境外劳动者权益保护有影响和约束力的法律性文件，不仅包括沿线国家的劳工法律和政策、双边多边合作协议，还包括一些国际标准及框架协议，比如联合国通过的直接关乎劳动者权益的基本公约、国际劳工组织公约和建议书、政府间组织就跨国公司问题达成的共识等。经济全球化带来的虚拟劳动、灵活性就业、人工智能等，都把跨国劳动搬上国

① 顾华详：《论中国与中亚经贸合作的法治问题及对策》，《新疆师范大学学报》2012 年第 1 期，第 67 页。

际舞台，并深刻改变着劳动方式，因此中国也需要与世界各国协力共同对跨国劳工权益进行保护。

1. 推动与“一带一路”沿线国家和地区签署劳务合作协议进程

目前我国与俄罗斯、毛里求斯、新加坡等国签署了双边劳务合作协定和备忘录，但合作协定数量较少、范围局限。相较于目前已被涵盖的65个沿线国家和地区以及持续扩展的发展路径，我国国际劳务合作的成果难以对境外劳动者权益保护产生实质影响。“一带一路”倡议本身并不局限于现有的沿线国家和地区，本着开放包容的态度，今后必定有更多国家和地区加入“一带一路”倡议框架的合作中，其中不乏我国海外劳工输出较多的国家和地区，比如日本、沙特阿拉伯等国，因此我国需要以全球化视角，积极与“一带一路”沿线国家和地区进行谈判协商，争取对工资、工时、劳动安全、社会保障、对外劳务管理等内容与合作国达成合作共识并形成协议文本，建立以劳务合作协议为形式的国际合作，此举可以指导我国未来双边、多边、全球的跨国劳动。

2. 继续发挥劳工领域国际软法作用

近年来，国际劳工组织不断地积极敦促世界各国遵守国际劳工标准和有关国际条约，联合国发起全球契约运动，国际工联和欧洲国家工会及国际产业工会也努力开展对跨国保护工人权益的框架协议运动。适用国际标准和框架协议将对境外劳工的保护水平提升至国际层面，发挥国际软法作用以促进境外劳动者权益保护法制建设，响应国际劳工组织和劳工立法的号召。① 我国政府应本着开放态度，协同“一带一路”沿线国家和地区、主要劳务输入国等与相关国际组织进行信息交流与合作，促进劳工保护这一国际任务的推动和完成。

3. 搭建劳务对话与合作平台，实现监督、保护功能

当前中国－东盟自由贸易区、上海合作组织、中非论坛和中拉论坛等区域性合作组织与论坛在国际舞台上扮演着举足轻重的角色，可以说，现有基

① 姜振军：《中俄共同建设‘一带一路’与双边经贸合作研究》，《俄罗斯东欧中亚研究》2015年第4期，第46页。

础性平台对深化国际间劳务合作立法、构建“一带一路”倡议下劳务合作的稳定局面具有重要作用。

具体来说，首先我国需要积极主动参与到相关谈判和规则的制定中，以积极的态度争取在国际劳工领域的话语权。[①] 其次，我国可以参考欧盟等国际组织劳工合作立法经验，以国际劳工标准为立法基础，利用我国现有常态化合作机制形成“一带一路”倡议劳务合作与对话平台，将沿线国家纳入该劳务合作机制，联合开展劳务合作立法，适时探索建立符合各国需要与“一带一路”倡议发展的统一劳工标准或规则，共同对海外劳动者的基本权利、劳动条件、法律适用、权利救济等做出约定[②]，发挥平台的制度设计、管理监督、解决争议纠纷的功能，促进“一带一路”沿线国家和地区“命运共同体”的形成。

结 论

全球化是劳动力国际流动的背景和发展环境，经济、政治和人口等因素使跨国就业成为一种日益普遍的现象，并将境外劳工权益保护问题带入国际视角，要求世界各国和相关组织协同对其进行完善和保护。随着社会发展和劳动研究的成熟，劳动权的多重含义被人们所认识并赋予重要意义，劳动权不仅能满足公民的物质需求，而且有助于实现公民的自我价值。[③] 我国在新时代提出“一带一路”倡议，是历史给予我国的机遇与挑战。为响应国家号召、承担历史责任，在“一带一路”倡议发展过程中提升对劳动者权利保护标准，实现我国劳务输出的优化发展，强化政府劳动治理和国家间劳动合作，是我国必须完成的任务。

---

① 梁岿然：《美国双边投资协定范本的劳动保护条款分析——兼论其对我国的影响及我国之对策》，《河北法学》2014 年第 7 期，第 169 页。

② 花勇：《“一带一路”建设中海外劳工权益的法律保护》，《江淮论坛》2016 年第 4 期，第 119 页。

③ 冯彦君：《劳动权的多重意蕴》，《当代法学》2004 年第 2 期，第 41 页。

参考文献

王辉：《我国海外劳工权益立法保护与国际协调机制研究》，《江苏社会科学》2017年第3期。

Anne C. L. Davies, *Perspectives on Labor Law* (Cambridge University Press, 2009).

何志鹏、尚杰：《国际软法作用探析》，《河北法学》2015年第8期。

孙国平：《我国海外劳工法律保护之检视》，《时代法学》2013年第2期。

吕国泉：《中国海外劳务移民的发展变迁与管理——以移民工人维权和争议处理为中心的分析》，《华侨华人历史研究》2014年第1期。

常凯：《论海外派遣劳动者保护立法》，《中国劳动关系学院学报》2011年第1期。

姜振军：《中俄共同建设“一带一路”与双边经贸合作研究》，《俄罗斯东欧中亚研究》2015年第4期。

何志鹏：《国际软法作用探析》，《河北法学》2015年第33期。

李丽林、袁青川：《国际比较视野下的中国劳动关系三方协商机制：现状与问题》，《中国人民大学学报》2011年第5期。

顾华详：《论中国与中亚经贸合作的法治问题及对策》，《新疆师范大学学报》2012年第1期。

梁咏然：《美国双边投资协定范本的劳动保护条款分析——兼论其对我国的影响及我国之对策》，《河北法学》2014年第7期。

花勇：《“一带一路”建设中海外劳工权益的法律保护》，《江淮论坛》2016年第4期。

第八章 防范劳动关系风险：中资企业投资“一带一路”沿线国家亟待解决的问题

乔 健 李 诚*

摘 要： 随着中资企业对“一带一路”沿线国家投资展开和项目进入经营阶段，中资企业中存在的劳动关系和劳工问题浮出水面。劳动关系治理和风险防范，已成为中国企业“走出去、走下去、走得好”的重要保证。本文对“一带一路”沿线国家劳动关系的总体特征和趋势做出概括，并以巴西为例，分析了劳动关系风险及其表现，提出一个影响“一带一路”沿线国家劳动关系风险的多维因素框架，就如何构建防范劳动关系风险的制度体系进行了论述。本文认为，劳动关系合规管理、形成完善的劳动关系协调机制和风险预警机制，在企业管理中植入中国特色和谐劳动关系的理念和做法，是实现企业可持续发展和“民心相通”的重要保障。

关键词： 中资企业 “一带一路”沿线国家 劳动关系风险 多维因素分析框架

引 言

自2013年习近平主席提出“一带一路”倡议及2015年3月国家发改

---

* 乔健，副教授，中国劳动关系学院国际交流合作处处长。李诚，巴西坎皮纳斯大学经济学院博士研究生。

委、外交部、商务部联合发布《推动共建丝绸之路经济带和21世纪海上丝绸之路的愿景与行动》后，我国“一带一路”建设正式启动。据商务部数据，2017年中国企业对“一带一路”沿线的59个国家新增投资合计143.6亿美元，同比下降1.2%，投资金额占总额的12%，同比增加3.5个百分点，趋于稳健发展阶段。

随着投资展开和项目进入经营阶段，中资企业中劳动关系和劳工问题浮出水面。例如首钢秘鲁铁矿的千人大罢工等。近年来中国在“一带一路”沿线国家投资的企业中劳资冲突也时有发生。当前中美贸易摩擦与国际经贸关系的复杂变化，增加了中资企业境外投资项目在安全、环保、用工等方面的风险，涉及中资企业的劳资纠纷事件时有发生，有的甚至演变成“打砸抢”等恶性事件，这些事件尽管数量不多，但造成了一定社会影响。另外，国际人士对中资企业对外投资中的劳权保护也十分关注。不夸张地说，劳动关系风险已成为与安全风险、政治风险、经济风险、法律风险、社会风险并列的第六大投资风险。劳动关系治理和风险防范，已成为中国企业走出去、走下去、走得好的重要保证。

本文旨在系统探讨中资企业投资所在国劳动关系治理和风险防范对策。具体来说有：①“一带一路”沿线国家劳动关系的总体特征和趋势为何。②在企业境外项目所在国家，影响劳动关系风险有哪些制度环境因素，其劳动关系风险的具体表现为何。③投资所在国各项劳动标准如何规定，工会在集体劳动关系协调过程中发挥何种作用，有哪些制度途径。④面对风险和挑战，企业应当如何应对。如何形成完整的适合当地国情的劳动关系治理政策，传播中国劳资合作的理念，构造跨文化管理的桥梁，探索我国工会发挥作用的制度渠道。⑤如何建立劳动关系风险预警系统，预防和妥善处置劳动争议事件。

一　“一带一路”沿线国家劳动关系的总体特点和趋向

“一带一路”倡议最初直接涉及沿线64个国家和地区，包括东亚10

国、西亚18国、南亚8国、中亚5国、独联体7国和中东欧16国。但由于其开放包容性，部分拉美国家、大洋洲国家也逐渐包括在内，加之早期我国企业投资的非洲国家，此政策便惠及了五大洲的许多国家。从发展趋势看，这项倡议是以中国建设“人类命运共同体”为价值理念追求、以发展中国家和转型国家为主要政策对象的新世界治理体系。在此基础上，所形成的以发展中国家为主体的国际比较雇佣关系体系，与过往以发达国家为主体的体系相比较，在学术理论与实践特点上便具有了相当不同的含义。

2008年全球金融危机以后，劳动关系学界感兴趣的一组焦点话题包括：金融危机是否加剧了工会组织率的下降、集体协商的分散，是否促使工人集体行动的扩大，是否会推动不稳定雇佣形态的兴起，以及各国政府会强化还是减弱对劳动者权益的保护。[①] 围绕着这些议题，我们发现，当前“一带一路”沿线国家呈现出以下劳动关系总体特征。

第一，由于自身历史变迁、文化传统、宗教信仰差异及政治制度不同，各国的集体劳动关系协调模式及现状呈不同的发展态势。

如表8-1可见，与发达国家渐趋降低的工会组织率不同，“一带一路”沿线国家工会组织率呈现高低互现的局面。在多数国家工会组织率下降的同时，亦有逆势上扬的巴西和新加坡，更有禁止工会存在的中东国家，反映了不同国家的工会运动趋势。表8-2反映了2008~2016年“一带一路”沿线国家集体谈判的覆盖率，其中多数国家的集体谈判覆盖率略有下降，但拉美国家集体谈判覆盖范围有所扩大，巴西甚至从2008年的58.8%扩展到2014年的70.5%。表8-3对2015年“一带一路”沿线国家与发达国家的集体谈判层级做了比较。我们发现，除尊奉自由市场经济的美英和强调“企业工会”的日本把谈判的决定层级放在企业层面外，其他工业化市场经济国家基本在国家一级和行业层级进行谈判。与此相对应，“一带一路”沿线国家的谈判层级主要在企业一级，但行业协商也在发展。从2008~2012年，所有发展中国家的集体谈判集中度都有所提高，尤以拉丁美洲和加勒比地区

① 班伯等主编《国际与比较雇佣关系：全球化与变革》（第5版），北京大学出版社，2012。

国家的增幅最为明显。在集体行动权的履行方面，与工业化国家日趋式微的产业行动相比较，有不少发展中国家的罢工案例有明显增加。如巴西从2008年的411起猛增到2012年的873起，阿根廷从2008年的840起激增到2016年的1321起（见表8－4）。

表8－1　2008～2016年“一带一路”沿线国家工会组织率

单位：%

国别＼年份	2008	2009	2010	2011	2012	2013	2014	2015	2016
澳大利亚	18.9	19.7	18.3	18.4	18.2	17	15.1	15	14.5
巴西	18.6	18.1	—	17.5	16.9	16.2	16.9	19.5	18.9
阿根廷	30.7	31.9	30.1	31.8	30.0	30.4	27.7	—	—
捷克	16.9	16.7	16.1	15.4	14.8	13.6	12.9	12.0	10.5
波兰	14.9	14.6	14.6	13.6	12.7	12.9	12.4	12.1	12.1
俄罗斯联邦	39.2	38.5	37.1	33.9	32.7	31.9	31.2	30.5	—
马来西亚	10.1	9.9	9.1	8.5	9.3	9.4	9.2	8.8	8.8
菲律宾	10.9	10.6	8.7	8.7	8.5	8.5	8.7	—	—
新加坡	17.5	17.6	18.0	18.9	19.4	20.4	20.8	21.2	—

资料来源：国际劳工组织数据库。

表8－2　2008～2016年“一带一路”沿线国家集体谈判覆盖率

单位：%

国别＼年份	2008	2009	2010	2011	2012	2013	2014	2015	2016
澳大利亚	47.7	—	51.2	—	50.1	—	50.6	—	47.1
巴西	—	58.8	—	63.1	63.8	65.7	70.5	—	—
阿根廷	50.9	50.6	52.4	51.2	50.5	51.5	51	52.9	51.8
捷克	49.6	44.3	51.1	49.2	49.7	48.9	45.4	46.3	—
匈牙利	22.9	26.9	27.3	26.4	26.4	25.5	22.8	—	—
波兰	18.7	—	18.6	18.1	17.7	—	—	17.2	—
哈萨克斯坦	—	61.2	64.9	65.5	74.7	—	—	—	—
马来西亚	2.4	—	—	1.6	1.1	1.4	1.4	1.2	1.3
斯里兰卡	—	5.6	5.6	5.7	5.5	5.9	5.4	5.9	4.8

资料来源：国际劳工组织数据库。

表 8-3 2015 年“一带一路”沿线国家与发达国家集体谈判层级比较

国别	国家	行业	企业	国别	国家	行业	企业
澳大利亚		XX	XX	比利时	XXX	XX	X
巴西		XX	XX	芬兰	XXX	XX	X
智利			XXX	法国	XXX	XX	X
俄罗斯联邦	X	XX	X	德国		XXX	X
捷克		X	XXX	瑞典		XXX	X
波兰		X	XXX	丹麦	X	XXX	X
马来西亚			XXX	英国		X	XXX
印度尼西亚		X	XXX	美国			XXX
印度		XX	XXX	日本			XXX

注：X 表示存在层级；XX 表示重要但非决定层级；XXX 表示决定层级。
资料来源：根据欧洲工会研究所（ETUI）国别报告的统计计算而成。

表 8-4 2008～2016 年“一带一路”沿线国家罢工和闭厂情况

单位：起

国别	2008	2009	2010	2011	2012	2013	2014	2015	2016
澳大利亚	177	—	—	—	—	215	—	228	259
巴林	—	5	11	—	—	—	—	—	—
巴西	411	518	446	554	873	—	—	—	—
阿根廷	840	971	1031	961	1216	1206	1335	1235	1321
波兰	12765	49	79	53	17	93	1	14	5
匈牙利	8	9	7	1	3	1	—	2	7
印度	423	391	429	—	—	—	287	150	102
斯里兰卡	51	8	15	21	34	40	38	—	52
菲律宾	5	4	8	2	3	—	2	5	15

资料来源：国际劳工组织数据库。

第二，受金融危机影响，发展中国家对雇佣保护立法（EPL）和劳动关系监管亦呈放松管制趋势，但这方面的改革力度明显弱于发达国家，且许多发展中经济体持续强化劳动力市场机制建设，努力提高就业质量并促进就业向正规转变。总体上看，这方面亦呈现离散化发展趋向。

有研究收集编制了 2008～2014 年 111 个发达国家和发展中国家劳动力市场立法监管的变化资料①，按照以下类别梳理了各国立法的变化：①集体

① Adascalitei, Dragos, Khatiwada, Sameer, Malo, Miguel Á., & Morano, Clemente Pignatti, "Employment protection and collective bargaining during the great recession-a comprehensive review of international evidence", *Revista de Economía Laboral*, 12 (2015).

裁员；②无固定期限合同；③临时雇用合同；④工作时间；⑤其他形式的就业，如临时工和自雇人员；⑥集体谈判。研究发现，在2008～2014年期间，在研究涵盖的111个国家中，共发生了643次劳动力市场监管政策变化，从2008年到2012年，政策干预的数量明显增加，2014年回到较低水平。

从劳动立法活动的数量看，69%的劳动立法改革发生在发达国家，而其余31%的劳动立法改革在发展中国家和新兴经济体中实施。通常，受经济危机影响特别大的国家会在劳动立法领域进行更积极干预，这种情况主要发生在发达国家。

政策变动的总体趋势是放松现有工人的保护水平。有这种政策变化的国家在发达国家中占68%，而发展中国家只占32%。这种差异可以用以下事实来解释：先进经济体的政府面临失业率上升和财政空间有限的局面，因而放宽了雇佣保护立法，试图刺激就业增长；而在发展中国家则正相反，近年来，许多发展中经济体继续强化劳动力市场机制的建设，努力提高劳动者就业质量并朝正规就业方向转变。[①] 减少劳工立法改革的国家在拉丁美洲和加勒比地区国家中仅占21%，在东南亚国家中占28%。

从改革的内容来看，多数改革在永久性雇佣合同领域实施（193次变更，约占总数的30%）；其次是集体谈判法规的修改（175次变更，约占总数的27%）和临时雇用合同立法的变化（87次变更，约占总数的14%）。还有对工作时间立法（85项变更，约占总数的13%），集体裁员（52项变更，约占总数的8%）和其他形式的就业（51项变更，约占总数的8%）等方面进行的改革。一般而言，发达国家和发展中国家的政策改革数量趋势一致。但是，发达国家在工作时间方面进行了相对较多的改革（占干预总数的17%，而发展中国家只有4%）；而发展中国家改革更多集中在集体谈判法规领域（占全部改革的46%，而发达国家只占19%）。

第三，因处在不同经济发展阶段及奉行不同的经济发展模式，“一带一路”沿线国家雇佣关系模式将呈现多样化发展趋向。我国以建设“人类命

① ILO, *Statistical update on employment in the informal economy*, ILO, Department of Statistics, Geneva, 2010.

运共同体”为价值理念追求，以和平、发展、合作、共赢为核心原则，引领发展中国家创新雇佣关系模式，使之具有现实可能性。

有研究以“资本主义多样性”研究方法为雇佣关系的国际比较提供研究框架，将发达国家划分为“自由市场经济体”与“协调式市场经济体”。前者运用市场机制解决劳工问题，代表国家是英国和美国；后者则运用更多非市场机制解决劳资纠纷，代表国家有德国及北欧国家。① 但“一带一路”沿线国家的异质性和离散性更大，这些国家处于前工业化到后工业化等跨度广阔的不同发展阶段，也奉行不同的经济发展模式，既有受浓厚宗教传统影响的中东和东南亚国家，它们中有的国家依然禁止组建工会和开展集体谈判，也有中东欧及中亚独联体这样的转型国家，有些国家经济已完成市场化转型，有的仍停留在国家统制形经济发展阶段，还有像印度、巴西这样的新兴经济体大国及澳大利亚等自由市场经济国家。因此，很难用一种理论框架来概括它们的雇佣关系模式。

自习近平主席2013年提出“一带一路”倡议开始，“一带一路”倡议就具有公开透明、平等开放、普惠包容的特点，它以建设“人类命运共同体”为价值理念追求、以和平、发展、合作、共赢和“亲、诚、惠、容”为核心原则。通过六年来的推动和实践，在各个领域已取得一批积极成果，得到相当多发展中国家的响应和支持。在中国对外投资过程中，我国政府和企业亦应在国际劳动关系领域倡导上述理念和原则，这既适应发展中国家雇佣关系模式差异性大的现实，尊重所在国法律和管理惯例，又可引入我国劳资合作、构建和谐劳动关系经验，创新跨文化管理模式，从而实现这一领域的“民心相通”，为“一带一路”倡议服务。

二 影响“一带一路”沿线国家劳动关系风险的多维因素框架：巴西案例

（一）劳动关系风险的表现及其成因

2017 年，我国企业对外承包的工程已遍及 190 多个国家和地区。其中，

① 常凯等编著《国际比较雇佣关系——国家规制与全球变革》（第 6 版），中国劳动社会保障出版社，2016。

在亚洲地区的合同金额占总合同金额的54.1%，位列第一，增势强劲，我国企业对外承包的工程主要集中在东南亚和西亚；在非洲地区的合同金额占总合同金额的28.8%，但由于油价下降和战乱，工程规模明显下滑；在拉美和欧洲地区的合同金额仅占总合同金额的6.0%和6.5%，拉美工程业务也显著萎缩，对外承包的工程主要集中在水电行业。从行业分布看，80%的工程项目集中在交通、住房建设、电力、通讯和石化这5大行业领域。2017年，我国投资者共对全球174个国家和地区的6236家境外企业进行直接投资，全年实现投资1200.8亿美元，涨幅明显回落，表明投资更为理性。在对外直接投资中，中资企业在亚洲地区的投资占总投资的58.3%，在拉美地区的投资占总投资的20.9%，分别在投资地区排名的前两位。从投资和并购的行业分布看，制造业、采矿业和水电行业位列投资和并购行业排名的前三位。

在劳动关系方面，境外用工形式既涉及中国企业对外承包工程所雇用的国内员工和第三方员工，也涉及中国劳务派遣公司雇佣中外员工向国外建设项目提供的纯劳务，还涉及中国在境外直接投资及并购境外企业时雇佣的所在国员工。由于各国实施越加严格的境外劳工工作签证配额制度，第三种雇佣关系渐成主流用工方式，目前中国对外投资企业80%以上的用工方式是属地化用工，这也是本文所要研究的劳动关系形态。由于巴西是中资企业新兴投资的目标国家，加之该国劳动法律规制健全，工会力量强大，具有典型示范作用。从这个意义上说，以该国作为研究案例，对中资企业强化劳动关系合规意识、规避经营风险大有裨益。

所谓劳动关系风险，即在“一带一路”沿线国家的劳动关系领域，因中资企业对涉及投资所在国劳动者或劳方团体（工会）的切身利益问题处理不当，或因当地劳工、工会及民众和劳动执法机构对中资企业的不当要求，或中资企业由于海外多种用工方式与中方员工或第三方员工，而产生的以个别纠纷或集体冲突为主的，带有损害性质的，可能危及企业发展，甚至整个社会安定和谐的，具有不同表现形式的隐性或显性风险。本着帮助中资企业改进劳动关系管理，本文主要研究第一种情况。劳动关系风险可以做以下分类：涉及投资所在国劳动法律范围内的劳动争议；经营者或劳动者人身风险；恶性劳动关系事件；由劳动关系问题引发的品牌风险，市场或效益风险；劳资冲突与集体争议风险等。

“一带一路”沿线国家中资企业发生劳动关系风险的原因通常包括以下四个方面。

首先，企业在日常人力资源管理工作中，存在着因未严格遵守所在国劳动法律法规，而导致的法律风险。此类日常管理风险，主要表现为个别劳动争议风险。比如在巴西，一些企业与劳动者未签订劳动合同即开始工作，这样做存在非法用工的风险，一旦被举报或被当地劳动监察部门查获，企业不仅会受到行政罚款，而且可能被责令停工整改。巴西员工工作分工细，工作范围和职责不能像中国员工一样，一人从事多种工作。巴西员工主动提出加薪是常见现象，如果企业方不能满足其要求，又没有合适措施应对，可能会造成雇员满意度降低，导致员工消极怠工甚至罢工。再如加班超时，巴西政府对于劳动时间有严格规定，严控企业加班时间，加班超时用工一旦被发现或被提起诉讼，企业将面临巨额经济罚款。此类风险最为常见，因其贯穿于企业日常人力资源管理的全过程。

其次，企业用工道德领域存在的隐性风险，即品牌市场风险。由于中国与巴西两国文化的巨大差异及语言障碍，中方管理层与巴西员工在沟通方面会出现一些误会，如本意为玩笑地给巴西员工取绰号的举动会在法庭上被认为是种族歧视，一些在中国国内宴会场合的酒文化也易被巴西员工视为一种强迫行为加以控诉，中方管理人员随意捕杀珍稀野生动物会招致当地社会民众的反感。此类风险虽并未构成违法事实，但违反了道德层面的一般社会认可，因其不符合社会公众对企业，尤其是知名企业履行社会责任、人性化管理的预期，可能会引起企业公信度下降、名誉和形象受损、员工忠诚度下降等隐性风险。

再次，企业发展战略的调整或变化引起的裁员、劳动条件与劳动标准的降低所导致的劳动者群体性事件风险。该类调整或变化包括企业转产、改制、分立、合并、解散等形式，如现阶段仍在持续的国际金融危机所引发的企业倒闭潮、裁员潮、大幅降薪均属此类风险。因此，这种风险所带来的社会危害与后果更为严重。

最后，由于中国与“一带一路”沿线国家政治与外交冲突或投资所在国劳动力市场规制自由化改革导致的产业行动乃至社会骚乱。此类冲突的性质，已超越单个企业在内的孤立冲突，而成为一种影响社会安全、危害公共秩序的重大社会性事件。此类冲突具有参与人数众多、危害大、波及范围广、性质严重等特点，应成为企业、行业、产业组织、政府等各方共同关注和防控的重点。

（二）影响劳动关系风险的多维因素分析框架

劳动关系研究的焦点是试图理解各类劳动关系环境制度系统及个体因素是如何综合作用，导致什么样的结果。在这里，本文将借助美国学者约翰·巴德（Juhn Budd）所设计的影响劳动关系风险的多维因素分析框架（见图8－1），以巴西为案例，探讨是什么因素决定或导致了不同的劳动关系结果，特别是劳动关系风险如何产生的。[①]

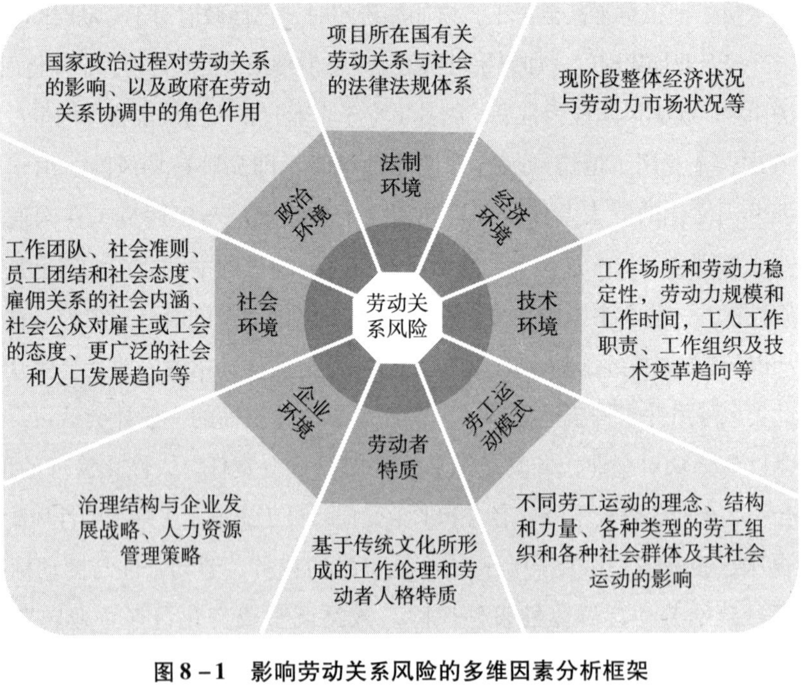

图8－1　影响劳动关系风险的多维因素分析框架

① 〔美〕约翰·巴德：《人性化的雇佣关系——平衡效率、公平和发言权》，北京大学出版社，2007。

1. 法制环境

劳动关系的法制环境包括了一整套有关劳动关系的法律法规体系。在1940年代初，巴西开始了一个雄心勃勃的工业化计划。1943年，热图利奥·瓦加斯（Getúlio Vargas）总统对当时的劳动法进行了改革，将其统一到《统一劳动法》（CLT）中。这部法律基于正规工作的理念建立了巴西的劳动关系法规体系，其中包括工资分配、社会保险、低收入住房、劳动力培训和其他政府举措。

《统一劳动法》将巴西劳动关系体制建立在三大支柱的基础上。作为第一支柱，劳动法为在正规部门工作的员工提供广泛的个人权利。它规定全国最低工资标准，由联邦政府每年调整一次，并限制工作和加班时间。作为第二支柱，法律为员工集体代表制创建了一个高度结构化的框架体系，反映了以强制性、排他性和代表性原则为特征的劳工工会和雇主组织。作为被代表的对象，所有工人都必须每年支付一笔与工资成比例的“工会税”，以支持其指定的工会。第三大支柱是法律为联邦政府提供了多种杠杆来控制国家劳动关系体系。劳工部和劳动法院，由于享有解释和实施劳动法典各方面的权力，在劳动关系协调中发挥了至关重要的作用。

1988年巴西通过新宪法，在恢复民主和扩大自由方面迈出新的一步。新宪法以四种方式修改了国家劳动立法。首先，将劳动法典最初授予工人的许多个人就业权利提升到宪法层面加以保障。其次，新宪法扩大了工人的现有权利，使以前没有被保护的工人受益，如农村工人、未登记的工人和独立承包商。再次，它允许公共部门员工享有组织和罢工权利。最后，新宪法切断了政府对劳工权利的控制，保障工人结社自由，授权工人建立自己的独立于政府监督的工会。

至此，现代巴西劳动关系协调体系建构完成，即国家统合与劳资自治相结合的体制模式。且巴西是大陆法系国家，劳动法律对劳动标准、集体劳动关系协调和劳动执法监察的规定非常详尽和严格。对中资企业而言，如果不能洞察劳动法律的要义而使企业经营管理做到合规合法，便会将企业置于经常性的风险之中。故而，法制环境是影响劳动关系风险的最为重要因素。

2. 政治环境

国家政治环境对劳动关系的影响在巴西尤为关键和具有决定意义。1990年代到21世纪初，由于经济波动，解除劳动力市场管制的压力继续增加。第一轮劳动关系改革发生在社会民主党费尔南多·恩里克·卡多佐（Fernando Henrique Cardoso）执政时期（1995～2002年），他努力按照新自由主义的经济路线改造国家劳动关系体系，要求消除工会税和唯一代表权，建议以谈判取代劳动立法，并尝试削减工人的某些就业权利。由此激起了工会的激烈反对，改革只取得了有限进展，包括制定兼职和定期劳动合同等。

第二轮改革浪潮由劳工党领导人路易斯·伊纳西奥·卢拉·达席尔瓦（Luiz Inácio Lula da Silva）在执政时期（2003～2010年）发起。卢拉是巴西主要工会“工人统一联盟”（CUT）和劳工党（PT）的创立者，在他领导下，联邦政府提出了一系列惠民改革措施，如实施“零饥饿”的粮食分配计划和家庭补贴计划，旨在消除贫穷并减少社会不平等。与卡多佐相反，卢拉的劳动政策主要不是放松管制和增强灵活性，而是加强集体谈判地位和提高劳工权利。

当前，面对新一轮经济衰退，2016年接替中途下野的罗塞芙（Dilma Rousseff）上台的右翼总统特梅尔又一次实行自由化政策，他限制教育和医疗保健预算，推动巴西国家石油公司、电力公司和公共银行私有化，对养老金法和劳动法进行大幅修改，使之成为实现更高竞争力和生产力的工具。2017年7月，议会通过的改革修改了现有劳动法大约一百条。主要变化可体现在四个方面：修改集体谈判规则；实施灵活的雇佣合同，特别是间歇性合同；限制工人进入劳动法院；限制工会筹资，并对工会组织和权力进行分化。①

巴西政府的周期性更替几乎就是最重要的周期性劳动关系风险来源之

① Jakobsen, Kjeld, & Salas, Carlos, “The Brazilian labour reforms: a grave attack on workers' right”, *GLU paper*, 2018.

一。从卡多佐到特梅尔执政时期，巴西的劳动政策不断在发生变化，严重缺乏连续性和稳定性，这也会在相当程度上影响企业劳动关系政策的稳定性。而且，巴西严格的劳动执法也会对企业合规经营形成巨大压力。

3. 经济环境

作为金砖国家之一，巴西蓬勃发展的经济曾一度受到全球投资者的普遍关注。巴西宏观经济在 2003 ~2010 年卢拉执政时期，经历了由消费引导的快速增长阶段，国民生产总值年平均增长率达到 4.5%。

近年来，巴西饱受国内外各类因素困扰，经济增长持续放缓。自 2011 年国内生产总值达到历史最高点后，呈现出逐年持续下滑的态势。2015 ~2016 年连续两年经济衰退，分别出现 -3.8% 和 -3.6% 的国内生产总值增长率，2016 年 GDP 为 2.1 万亿美元。

巴西的劳动力总体上虽然供应充足，但对中资企业的压力是缺少高技能劳动力及劳动力成本偏高，以及在经济下行期裁员压力骤增，这些是制约劳动关系的重要因素。2016 年以来，巴西失业率不断升高，2016 年全年失业率均值为 11.5%。2016 年 7 月平均工资为 1985 雷亚尔，为近两年来最低水平。2016 年 1 月，巴西将最低工资从 2015 年的 788 雷亚尔提升至 880 雷亚尔。近 5 年，最低工资每年提高一次。

4. 劳工运动模式

不同劳工运动的理念、结构和力量会对劳动关系有不同的影响。巴西工会属于社会运动和商业工会的结合体，其组织实力强大，对政治、经济及社会生活的影响深远且广泛。如何学会在市场经济条件下与强势工会打交道，是中资企业的一块短板，在巴西这种问题显得更加突出。这个因素对劳动关系风险的影响力远比想象的要大。

《统一劳动法》批准以强制性、排他性和代表性原则建立劳工工会，且要求工人每年支付一笔“工会税”作为工会经费。1988 年修改后的新宪法保障和扩大了工人的结社自由，授权工人建立自己的独立于政府监督的工会。工会组织的权力在不同历史阶段或缩减，或恢复，2017 年劳动法典的修改限制了工会获取工会税的权力。目前各类工会组织共有 2.5 万个，工会会员近1600万人，2016年巴西的工会组织率为18.9%，2014年巴西的集体谈判的覆盖率高达70.5%，巴西集体谈判的层级以区域、行业为主，在企业也占一定比例。工会每年会向企业主或雇主组织提出劳工工资上涨幅度、最低工资标准、福利待遇等内容。在一定情况下，如果劳动保护、待遇等条件得不到满足，工会可以直接迫使企业停工。在金融危机以后各国工潮日趋式微的背景下，巴西的罢工行动大幅度增加。工会组织的政治、社会地位很高，劳工党就是在工会运动基础上产生的，工会组织对企业劳动关系有很大的影响力和约束力。

5. 劳动者人格特质与工作伦理

巴西是多民族国家，但核心是葡萄牙血统的巴西人。据2010年人口普查，白人数量在巴西人口中约占47.3%，黑白和其他混血人种约占总人口的43.1%，黑人占7.2%，亚裔人占2.1%，印第安人只占0.3%。总体上看，多种族人民在巴西共处得比较和睦，他们之间有更多的宽容与尊重。但是，不同肤色依然是不同社会地位的印记，种族歧视依然可见。

巴西是世界上天主教徒较多的国家，83%的人民信奉天主教，宗教情感浓郁。巴西民俗也是融合南欧、非洲和本地风格，人们开朗热情、感情外向爽朗、天生乐观随性，而且大都活泼好动，幽默风趣，并慷慨好客。

根据资料，巴西劳动者具有敬神、热情、开朗、直率、好客、风趣、宽容等特质，对工作较为散漫随意，不喜欢严苛管束和加班，劳动者素质偏低，工作效率不高。针对巴西员工的这些特点，中企在设置企业管理制度时也需考虑这些问题。

综上所述，在影响劳动关系风险的多维因素框架中，首先考虑宏观的劳动关系制度和政策环境，以及正确理解和把握一国劳动关系法律政策是企业经营合规、防范劳动关系风险的首要任务；其次，企业面临的经济环境和劳动力市场供求关系，在该国经济上行或下降的不同周期，劳动力市场处于供过于求或求过于供的不同阶段，对劳资力量对比的影响迥然不同；最后，企业对管理对象的认知、人格、工作动机及情感的准确把握，从而有的放矢地与之进行沟通。

从巴西案例看，首先，影响劳动关系风险的因素是投资企业在劳动法律方面的合规问题，它既涉及个别劳动关系的细微事项，也关乎集体劳动关系的重大议题，企业要从大处着眼，细节入手。其次，影响劳动关系风险的因素的是巴西宏观经济的周期性波动，及左、右翼政党领导人的交替执政和政策更迭。出现这些情况，中资企业只能应对，无法左右。再次，是如何处理好与强势的法团主义工会的关系，自始至终都是中资企业面临的难题。最后，辨析中巴之间在文化习俗、工作伦理等方面的细微差异，在相互尊重的基础上展开沟通对话，也是消弭风险的必备选项。

三　构建防范劳动关系风险的制度体系

从影响巴西劳动关系风险的多维因素排序看，企业劳动关系运行合规是首要影响因素，也是企业能够自主控制的因素。中资企业在当地投资运营和属地化用工管理过程中，应熟练掌握巴西的劳动法律法规，与当地工会通力合作，在此基础上建立企业的劳动用工管理体系，并尝试融入中国特色和谐劳动关系的理念和做法，构建跨文化劳动关系管理模式。

（一）履行企业社会责任和促进劳动标准合规

所谓“企业社会责任”（Corporate social responsibility），是指在市场经济体制下，企业的责任除了为股东（stockholder）追求利润外，也应该考虑相关利益人，即影响企业行为和受影响于企业行为的各方的利益人。一般认为，企业社会责任主要包括人权、劳工权益和环境三个方面，其具体内容包括：职业安全卫生、劳动条件、工资报酬、工作时间、禁用童工、禁止性别歧视、保障人权以及环境保护等。其中，劳工权益是企业社会责任中的最直接和最主要的内容。

依照《统一劳动法》，巴西劳工享有以下权利。

劳工登记，任何获得报酬的雇佣劳动都必须进行劳工登记。劳工登记有两种形式：一是劳工劳动和社会福利证；二是企业的“雇员登记书”。两证均由巴西劳工部或其授权机构颁发和管理。

劳工合同，企业与劳工应订立劳工合同，明确规定工资、工种、工作时间等。劳工合同有两种形式：“个人劳工合同”和“集体合同协议”。个人劳工合同由企业与劳工直接签署，集体合同协议由工会代表劳工与企业签署。劳工如患疾病，合同中劳工履行服务的条款即被中止，但仍保留原先交纳的社会保险金（INSS）和工龄保障基金（FGTS），并且在5年内劳工应被考虑复职。企业和劳工双方均可解除合同，但需签署合同解除文件，并需提前30天通知对方。工会代表和企业安全委员会成员在其任期内和任期结束后的一年内不能被解雇，劳工工伤事故发生后一年内或工伤治疗期间也不能被解雇。集体合同的变更，由工会代表劳工与企业进行协商。

工资报酬，工资以巴西法定货币按月发放并不得低于法定的最低工资。最低工资每年4月根据物价水平调整一次。各行业劳资双方在遵守政府最低工资的基础上，还可协商本行业的最低工资。在佣金、小费、计件、承包等各种酬金形式下，劳工的月收入都不得低于最低工资。

工作时间与休息休假，劳动法典规定，“正常工作时间”为每日8小时、每周44小时、轮班每班6小时。“正常工作时间”之外为加班时间，报酬按“正常工作时间”小时工资的150%支付。

劳动安全与卫生，企业应向劳工提供安全、卫生的工作环境，并接受当地劳工局的定期检查。

雇员本地化，巴西本国劳工在人数和工资收入上分别不得低于企业全部劳工人数和工资总额的2/3。外籍劳工必须有特殊技术专长，并持有工作签证方可工作。

女工、未成年工（14～18岁）保护，除享有一般劳工权益外，女工、未成年工受到特殊保护。在雇佣条件、加班时间、夜间劳动、工作环境等方面，法律均做出特别规定。

此外，巴西劳工还享有家庭津贴、工龄保障基金和社会保险金等权益。

2017年7月，巴西议会批准了劳动法改革议案。关于此次改革，各方众说纷纭。工会及劳工律师认为，此次改革剔除了曾被法律认可的多项劳动者权利，加剧了劳动力市场的不稳定，有些条款甚至有违宪嫌疑。而雇主方面则对改革表示支持，认为新改革议案在雇佣和解雇员工方面提供了更大的灵活性，并赋予劳资集体谈判更大的权力。这期间，为抗议劳动法改革和养老体系调整，工会还发动了首次全国性总罢工。2017 年 11 月，《统一劳动法》修正案生效。

（二）劳动关系风险的日常预防：形成完整的企业劳动关系协调政策

1. 保障员工组建“职工之家”的权利

在巴西，关于组建工会的规定可参见《统一劳动法》第五章的规定。工会的组织机构也主要依据唯一工会原则（Unicidade Sindical），即在某一地区的某个特定职业类别（针对工会），只允许一个工会组建。关于职业类别则由劳工部工会分类委员会负责。

工会的外部组织结构具有三个层级：基层工会建立于市辖区内特定的职业类别，也称市辖区工会；5 个及以上在同样职业类别的市辖区工会可以组建其工会联合会，为第二层级的工会组织；3 个及以上的工会联合会则可以组建工会组织结构的最高级，即全国工会联合会。

故此，不同于多数发展中国家，巴西并不存在企业工会，即特定的企业级工会或工作场所的工会组织。按照这样的组织结构，其司法原则上就排除了工作场所中直接的集体谈判。需要注意的是，市辖区工会（特定的职业类别），作为巴西的基层工会组织，可代表特定职业的工人与单个雇主进行集体谈判。

近年来，有不少中资企业以自我为主，在境外企业中组建工会，成为联系企业与中外雇员、中外员工之间的桥梁纽带。本文认为，这种出发点立意是好的，但需要综合考虑巴西、中国有关立法及国际劳工标准中有关规定，审慎实施。由于巴西劳动法没有关于设置企业工会的规定，实践中地方工会力量强势，在不少企业设有联系员工的工人代表，获取信息便利。从可行性角度看，中资企业宜探索建立“职工之家”或“员工俱乐部”之类的员工维权平台，发挥该组织的独立性，整合员工权益保障、人力资源发展及促进劳资合作等议题，使之成为联系、协调、维权、服务中外员工的职工之家。

境外我方“职工之家”应以人力资本建设为核心，突出“以人为本”的工作理念；在工作思路上，突出协调劳动关系这条主线；在履行工会的基本职责上，建立既符合中国国情和企业实际，又符合国际惯例的维权机制；在活动方式上，遵循业余、分散、小型、多样、适度、有效的原则；在工作策略上，综合考虑法律法规政策和企业内外部各种因素，掌握能进能退，有取有舍的原则，需要因时、因地、因事、因人而异；在工作方法上，继承和发展我国工会行之有效的做法，并总结创新适应海外投资企业特点的工会工作方法；在工会与党的关系上，企业应自觉接受党的领导和实行党群工作方式一体化的模式。

2. 中心环节是集体谈判

集体谈判权在巴西联邦宪法中有明确规定，宪法同时要求，由工会代表工人行使此项权利。

《统一劳动法》规定，集体谈判遵循如下原则。

普遍性：可以围绕日常劳动条件，或因外部环境改变引起的各类劳动争议进行协商和谈判。一般而言，没有任何议题可以不谈判的，但谈判的主题可以简单分为两大类别：一是基于具体内容的议题（也被称为实质性条款），它以工资为核心，包括加班工资、福利及其分配、利润分享、工作条件、工作时间、休息休假、社会保险；另一类为程序化议题，包括工会以及雇主组织管理、协商程序、争议处理、补充条款等。

适用性：集体谈判涵盖所有行业的所有部门，覆盖了工人全部的职业分类。

协商周期：在巴西，任何时间都可进行集体协商，但至少保证每年一次。

协商代表：具体的协商代表取决于集体谈判的层级。巴西的集体谈判既可以是地方行业工会与单个企业的协商，也可以是地方行业工会与当地雇主组织的谈判。有些情况下，企业员工代表（包括会员和非会员）也参与协商和谈判。

协商程序：协商代表任何一方都可启动集体谈判机制，并向相应的对方代表发起谈判要约，而收到要约的一方不得拒绝参加集体谈判。

（三）构建劳动关系风险预警系统

劳动关系风险预警系统是近年来国内地方或企业行之有效的预防和处理重大劳动争议纠纷的工作机制。在对外投资过程中劳动争议频发的背景下，也可将这项机制移植入国际企业。

组织机构是预警系统的主体。在企业层面，企业总部和国际投资企业都应建立相应机构。企业工会或“职工之家”在劳动关系预警工作中承担第一知情人、第一报告人的责任，为本单位的劳动关系预警机制的建立、运行和实施进行总负责。企业的分厂、分公司、处室（部门）成立专门的工会预警工作小组，负责本单位的风险预警工作。组成人员首先，应具有较强的专业知识；其次，需要有丰富的经验、宽广的眼界，较强的沟通能力；再次，要有热情担当、公正公平、原则性强、愿意为企业和员工服务的精神，且能够保守秘密。

表 8－5　劳动关系预警指标体系

	一级指标	二级指标	三级指标
劳动关系预警指标体系	外部环境	经济因素	国家整体经济增长;居民消费价格指数;劳动力供给;失业率
		政治和法律因素	政府对企业的政策;劳动法律的颁布、修订
		思想意识因素	社会对投资企业国的偏见;社会对公平公正的看法
	工作场所	工作场所的安全	职业病发生率;工伤事故率
		预算与市场力量	企业利润;企业并购及业务转移情况
		工作场所的管理	员工参与;工会组建;员工诉求;员工合理化建议采纳;集体合同
	个人因素	经济、安全、社会保障需要	工资收入;社会保险缴纳;劳动合同解除或终止
		公平的需要	员工满意度
		社会化、交往需求	员工人际冲突;员工流失率

资料来源：《劳动关系预警机制与法律援助》。

表 8 - 5 是劳动关系预警的指标体系，需要企业“职工之家”以此指标按月搜集预警信息。企业要建立信息月统计填报制度，收集未化解矛盾纠纷的信息。此外，也可收集劳动者投诉举报，听取企业报告，通过劳资协商及与员工代表进行沟通，分享相关信息。

收集信息后，企业需要对其进行分析判断，以确定劳动关系稳定或异常。对劳动关系进行评价可以用定量或定性的方式。定性评估方法包括召开形势座谈会，或设立一个评估周期，由预警人员定期分析。

劳动关系的报警级别，可按照紧急程度、发展态势和可能造成的危害程度、事件的紧迫程度、形成的规模、行为方式和激烈程度、可能发展蔓延的趋势和拟采取的措施进行分类。根据我国 2006 年实施的《国家突发公共事件总体应急预案》规定，预警级别分为四级：Ⅰ级（特别严重），为红色预警；Ⅱ级（严重），为橙色预警；Ⅲ级（较重），为黄色预警；Ⅳ级（一般），为蓝色预警。报警方式可采用口头汇报、电话预报、书面报告等方式。紧急情况采用口头报告，其他情形则可以做书面报告。报警内容包括突发事件的基本情况，包括时间、地点、规模、涉及人员、破坏程度以及伤亡情况；突发事件的起因、性质和影响程度评估；企业和当地政府已采取的措施；公众及媒体等各方反应；突发事件发展状态、处置过程和结果。

巴西为处理劳动争议设置了以下制度。

司法调解与仲裁。一旦协商未能解决劳动争议，一方协商代表可以向地方劳动法庭提起调解或仲裁申请，其协商模式则由自愿性协商自动转变为非自愿性协商，非自愿性协商又可分为调解式和仲裁式劳动争议处理。

集体协议的法律效力。采取自愿性协商或谈判产生的协议称为自愿性集体协议，而采取非自愿性协商（即劳动法庭的调解或仲裁）则产生司法性集体协议。司法性集体协议因其法律效力不同又可分为两类：调解性集体协议和具有规则效力的仲裁性集体协议，后者是劳动司法制度下规范性权力的结果。

劳动司法制度的规范性权力。巴西的劳动法庭在争议处理中具有仲裁功能，它还具有制定相应劳动条件法规的权力，此项特权也可理解为规范性权力。

司法延伸是司法判决的核心问题。如果一方或双方在司法过程中都要求将判决结果扩展至其他领域，与此利益相关的，经并未被代表的工人或雇主允许后，方可延伸。

罢工权。在1946年的巴西联邦宪法即已明确赋予工人此项权利，1989年将罢工权赋予所有职业类别的工人，同时提出滥用性罢工概念，对罢工条件进行限制。

从上述防控劳动关系风险的制度体系看，履行企业社会责任和促进劳动标准合规是中资企业的工作重点，但即便中企有意愿去做，也并非易事。首先，从事基础设施建设的中企管理标准不高，且自身并无确定的管理理念和标准，这便为企业的可持续发展埋下了隐患。其次，即使企业决心实现劳动关系合规，了解字面意义上的巴西劳动法是一回事，将其融会贯通，内化成企业的管理规则是另一回事，企业仍需付出艰苦努力。

防范劳动关系风险的工作难点无疑是形成完整的企业劳动关系协调政策。相当多的中企缺乏劳动关系协调的规章制度，有的更是从未面对过保障集体劳工权利给企业带来的挑战，还有的企业将会面对由于建立“职工之家”而使中外工会并存的复杂局面。最重要的是，中企缺乏与市场经济条件下的工会和员工代表沟通协商的经验和习惯。凡此种种，都需要中企在谙熟巴西劳动法律的基础上，在实践中不断探索掌握。

为加强服务的针对性，本文建议我国有关部门颁行“一带一路”沿线国家中资企业构建和谐劳动关系指南，督促企业严格遵守中国和所在国相关法律法规，重视劳动关系自主协调机制的建设。中企和谐劳动关系建设要体现出自身特点，如传播“亲、诚、惠、容”和“仁、义、礼、智、信”等中国理念，推行职工代表大会等富有中国特色的企业民主管理制度，尊重和维护中外员工精神文化权益，促进劳资合作。企业要关爱员工生存状况，改善用工环境；加强与员工的日常沟通与交流，认真对待员工提出的合理诉求，对员工建设性的建议和方案给予奖励和表扬；加强企业文化建设，丰富员工业余文化生活，加强人文关怀，避免员工因各种心理压力引发社会问题；平等对待外籍员工，尊重其宗教信仰和生活习俗，避免产生误解。同时，加强对外籍员工的教育培训，重视外籍员工的入职教育，可考虑在中资企业相对集中的国家和地区试点合作建立职业技术培训中心和职工联谊俱乐部，或抽调其中骨干在中国开展教育培训，让外籍员工在了解中资企业规章制度和技能要求的同时，加深对中国国情、企业和工人的了解，逐步理解和认同中资企业的管理模式和企业文化，增强对企业的忠诚度和归属感，树立起劳资共赢的理念。

结　论

总体上看，中资企业劳动关系管理先天不足，缺乏明确的理念和标准；无论国企还是民企，更缺乏与国外强势工会打交道和协调劳动关系的经验和能力。由于不重视劳动关系日常管理和风险预警，中资企业若遇有重大劳动纠纷，只能赔上高额诉讼费，任由企业资产损失。所以，中资企业亟须纠正一个思想认识偏差，即劳动关系管理是可有可无的工作。良好的劳动关系治理和风险防范，是中国企业走向世界的可靠保障，也是实现与境外劳工“民心相通”的基石。为此，本文有以下建议。

首先，中资企业要注重劳动关系合规管理。这既包括严格遵守投资所在国劳动法律规范和各项劳工标准，也包含尊重由当地民族文化传统所形成的管理惯例和公序良俗。中资企业要学会用市场经济的方式处理与工会的关系，加快劳资沟通和集体谈判等劳动关系协调制度建设步伐，并通过预警机制的设置防范劳动关系风险。

其次，企业尝试在管理中植入中国特色和谐劳动关系的理念和做法。运用以中国传统儒家思想为基础的管理理念及当代和谐劳动关系的理念，如企业总体利益一致、具体利益差别，劳资合作等。在实践层面，引入“职工之家”和职代会机制，作为连接企业与中外员工的桥梁。

最后，从学术界助力“一带一路”建设的角度出发，本文尝试建立一个影响“一带一路”沿线国家劳动关系风险因素的分析框架，以期使实务工作者更便捷地了解投资所在国劳动关系的理念、制度和实践。同时，推动创设中国特色的、以“一带一路”沿线国家为主体的新型国际比较劳动关系研究体系，改变过往以发达国家为主体的研究结构，从而推进劳动关系学科研究的发展。

参考文献

班伯等主编《国际与比较雇佣关系：全球化与变革》（第5版），北京大学出版社，2012。

常凯等编著《国际比较雇佣关系——国家规制与全球变革》（第6版），中国劳动社会保障出版社，2016。

〔美〕约翰·巴德：《人性化的雇佣关系——平衡效率、公平和发言权》，北京大学出版社，2007。

Adascalitei, Dragos, Khatiwada, Sameer, Malo, Miguel Á., & Morano, Clemente Pignatti, “Employment protection and collective bargaining during the great recession-a comprehensive review of international evidence”, *Revista de Economía Laboral*, 12 (2015).

ILO, *Statistical update on employment in the informal economy*, ILO, Department of Statistics, Geneva, 2010.

Jakobsen, Kjeld, & Salas, Carlos, “The Brazilian labour reforms: a grave attack on workers' right”, *GLU paper*, 2018.

Coslovsky, Salo, Pires, Roberto, Bignami, Renato, Resilience and renewal, “the enforcement of labor laws in Brazil”, *Latin American Politics & Society*, 59 (2), (2017).

第九章　“一带一路”港口国家劳动关系的区域风险状况*

任国友　朴忠仪　梁梵洁　殷燕山　张潇仪**

摘　要： 六年来，“一带一路”港口国家的贸易拉动效应明显，中国外贸出口经历了2015年的触底后呈现“U”型增长态势，但中资企业劳动关系受区域风险因素影响逐步显现。其中，国家因素是首要原因，占比权重大（0.5～0.6）；雇主和工程因素次之，占比权重较大（0.1～0.2）。在“一带一路”24个港口国家中有20个国家的劳动关系风险等级为“中度风险”，而阿尔及利亚与巴哈马的劳动关系风险等级是“高度风险”，安全度最低，加拿大与坦桑尼亚的劳动关系风险等级最低为“一般风险”，安全度最高。中资企业与当地的政治、经济、文化、社会环境产生互联融通，使中国劳动关系总体呈现“两极化”的发展态势：一极向微观网络延伸，伴随“互联网＋平台”企业的崛起劳动关系风险呈现网络化发展趋势；另一极向宏观区域延伸，伴随“一带一路”倡议实施劳动关系风险呈现区域化趋势。

* 基金项目：2015年度北京高等学校教育教学改革立项面上项目（2015－ms137）；中国劳动关系学院2018年研究生教学案例建设项目（JXAL1801）；中国劳动关系学院2018年教育部教育教学改革专项立项专业建设项目“应急决策与仿真分析实验室建设项目”（zyjs201801）；2018年国家级大学生创新创业训练计划项目“一带一路”建设中港口工程安全风险评估（201812453016）。

** 任国友，教授、硕士生导师、公共安全学科带头人，安全与职业卫生工程研究所副所长，研究方向：区域风险评估技术、城市公共安全科学与技术、社会组织危机管理与劳动关系预警；朴忠仪、梁梵洁、殷燕山、张潇仪，中国劳动关系学院安全工程学院应急决策与仿真分析实验室研究人员，研究方向：大数据与安全研究。

关键词： “一带一路”倡议 劳动关系风险 基础设施出口模式 区域因素 两极化趋势

一 互联互通助力“一带一路”建设，但区域风险渐显

（一）“一带一路”港口国家的贸易拉动效应明显，但总体上外贸受国家风险影响较大

2018年是“一带一路”倡议实施5周年，“五通”[①] 的实施有力助推了“一带一路”倡议的深入发展，中国外贸出口经历了2015年的触底后呈现“U”型增长态势（见图9－1）。2013年至2017年，中国与“一带一路”港口国家进出口总额达69756.23亿美元[②]，与相关国家的贸易增速高于中国对外贸易整体增速，成为推动我国外贸加速回暖的重要力量，中国贸易在总体上受国家风险影响仍然较大。

从图9－2可看出，2014年1月以来，海上丝路贸易指数[③]（出口贸易指数、进口贸易指数、进出口贸易指数）趋势客观反映了中国与海上丝绸之路沿线国家的经贸发展水平，即中国与海上丝路沿线重要国家间的贸易发展的总体呈现增长态势。

---

① 2013年9月3日至13日，国家主席习近平对土库曼斯坦、哈萨克斯坦、乌兹别克斯坦、吉尔吉斯斯坦进行国事访问并出席上海合作组织比什凯克峰会时提出，构建“丝绸之路经济带”要创新合作模式，加强“五通”，即政策沟通、道路联通、贸易畅通、货币流通和民心相通，后经过修订成“政策沟通、设施联通、贸易畅通、资金融通、民心相通”的“五通”提法。

② 王红茹：《中国与“一带一路”国家5年贸易总额近7万亿美元》，《中国经济周刊》2018年第32期，第54～56页。

③ 海上丝路贸易指数（Maritime Silk Road Trade Index，简称STI）由宁波航运交易所开发编制，数据来源于海关月度进出口贸易数据，由出口贸易指数、进口贸易指数、进出口贸易指数构成，该指数以2015年3月为基期，基点为100，每月发布。

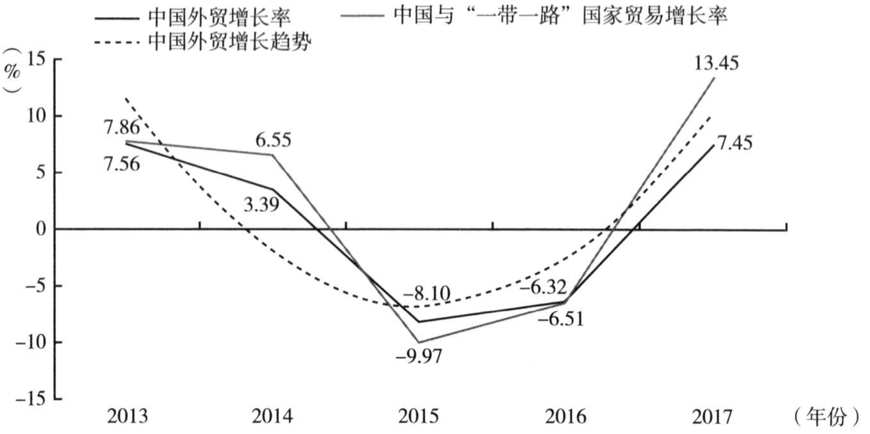

图 9－1　2013～2017 年“一带一路”倡议下中国外贸增长趋势

资料来源：中国“一带一路”网。

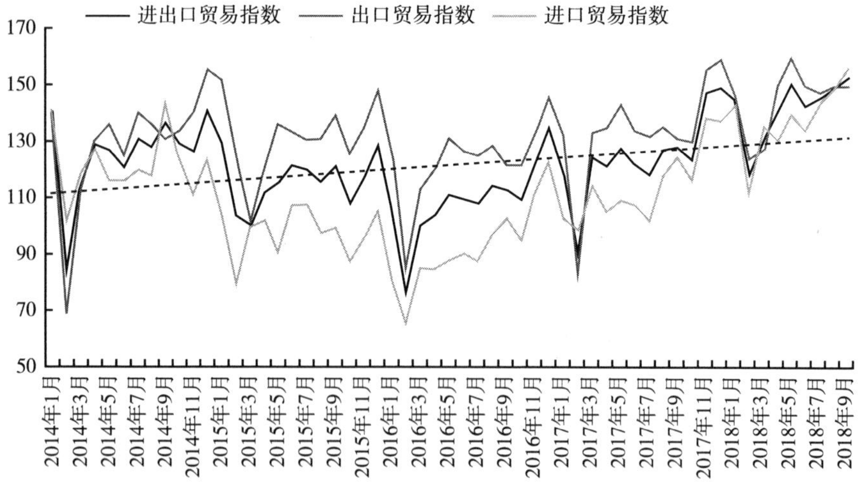

图 9－2　2014 年 1 月至 2018 年 9 月“一带一路”海上丝路贸易指数

资料来源：中国“一带一路”网基础数据库。

（二）“一带一路”国家雇主风险影响有所减弱，但仍面临高风险

从图9－3可以看出，2014年7月以来，中国外贸出口先导指

数[①]（外贸出口先导指数、出口经理人指数、新增出口订单指数和出口企业综合成本指数），其数值大小与出口形势呈正相关。外贸出口先导指数、出口经理人指数、新增出口订单指数总体呈现增长态势，出口形势趋于乐观；而出口企业综合成本指数呈现下降趋势，反映中资企业总体综合成本下降，企业管理与运营水平不断提升，一定程度上减少了雇主投资、经营和管理风险的影响。

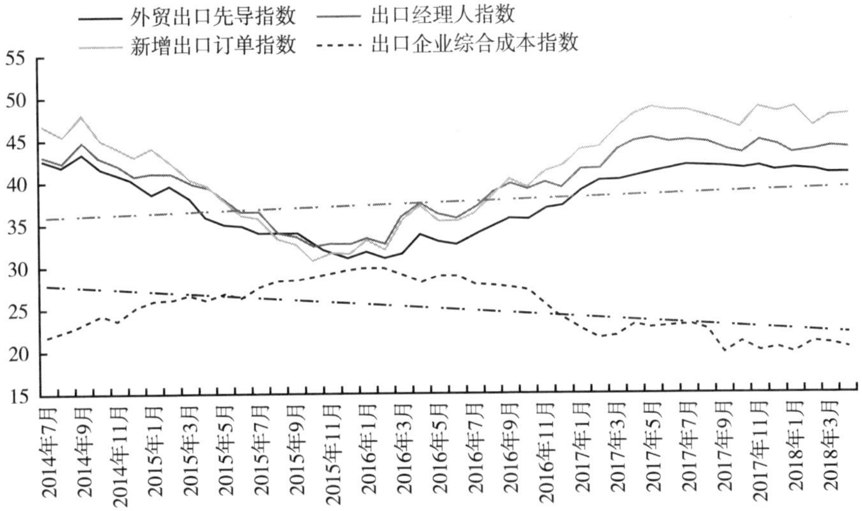

图 9－3 2014 年 7 月～2018 年 3 月“一带一路”中国外贸出口先导指数

资料来源：中国“一带一路”网基础数据库。

（三）受益海运互联互通发展强进，基础设施建设发展迅猛，但工程风险仍受关注

“一带一路”倡议实施六年来，中国和沿线国家一道，在港口、铁路等领域开展了大量合作，有效提升了这些国家的基础设施建设水平。截至 2018 年

---

① 外贸出口先导指数由海关总署发布。该指数由外贸出口先导指数、出口经理人指数、新增出口订单指数和出口企业综合成本指数构成，其数值大小与出口形势兴衰成正相关关系。其数值扩大，表明我国未来 2～3 个月的出口形势趋于乐观；反之表明出口将面临一定的下行压力。

9月，我国港口已与世界200多个国家、600多个主要港口建立航线联系，海运互联互通指数保持全球第一。从图9－4可以看出，2017年7月以来，“一带一路”航贸指数①（“一带一路”贸易额指数、“一带一路”货运量指数、“海上丝绸之路”运价指数）总体呈现增长态势，这不仅直接反映贸易额、货运量、运输价格三者间的变化和相互关系，而且从工程建设层面反映了贸易畅通和交通运输方面的发展成效，但基础设施工程风险②仍不可忽略。

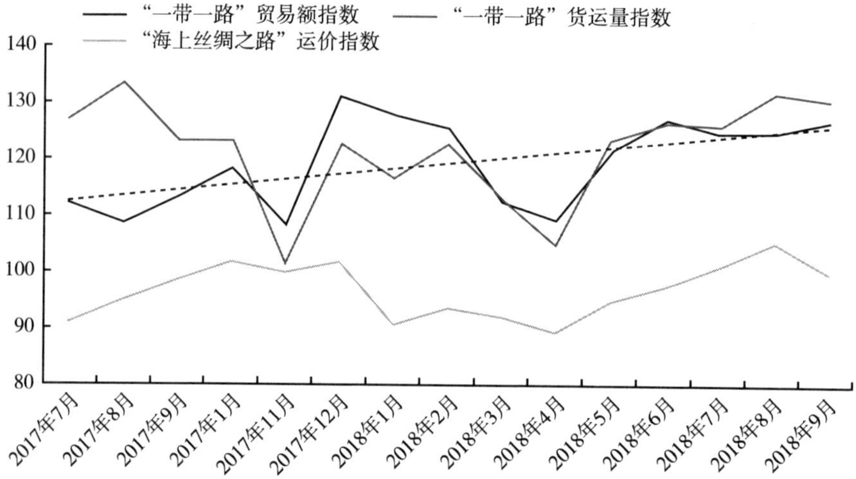

图9－4　2017年7月至2018年9月“一带一路”航贸指数对港口工程风险影响

资料来源：中国“一带一路”网基础数据库。

（四）区域因素风险影响逐渐显现，成为“一带一路”建设的“晴雨表”

基于以上分析，“一带一路”建设受区域因素（主要包括国家、项目、

---

① “一带一路”航贸指数由上海航运交易所发布。该指数由“一带一路”贸易额指数、“一带一路”货运量指数、“海上丝绸之路”运价指数三大类组成，全面反映“一带一路”倡议在贸易畅通和交通运输方面的发展成效，更是直接反映贸易额、货运量、运输价格三者间的变化和相互关系。

② 华盛顿咨询公司（RWR Advisory Group）的最新研究报告显示，中国2013年以来在66个“一带一路”沿线国家宣布投资的1674个基础设施项目中，约14%的项目（234个）遇到了阻碍。所遇到的问题主要包括针对劳工政策的抗议、施工延期等，其中大部分问题源于管理不善。

雇主、环境条件及其他因素）的影响逐步从微观隐性影响转变为宏观显性影响（见图9－5）。以国家风险为例，“一带一路”建设中国家风险的总体态势表现为大国博弈频繁，地区冲突增多，国与国关系更趋复杂。具体表现为：一是中亚地区安全形势尚好，但隐患仍存在；二是南亚地区安全威胁持续，仍是暴力冲突高发区；三是东南亚部分国家内部冲突加剧，恐怖势力抬头；四是中东地区一些国家动荡加剧，安全形势持续恶化；五是欧洲内外环境恶化，动荡与犯罪率上升。①

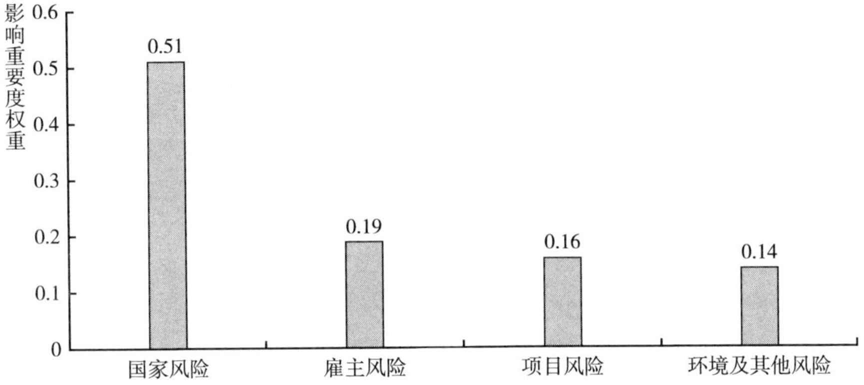

图9－5　“一带一路”港口国家的区域因素及其风险权重

二　区域因素：影响“一带一路”港口国家劳动关系的关键因素

（一）国家风险影响因素及其分析

沿线国家的风险是“一带一路”建设的首要安全问题，其影响因素

① 《“一带一路”沿线国家安全风险评估》编委会：《“一带一路”沿线国家安全风险评估》，中国发展出版社，2015。

主要包括政治、经济、文化、法律、社会五个方面，科学调整好不同政治、文化、法律背景下的劳动关系，防范罢工停工造成的企业损失，是海外投资中不可回避的重要问题。① 同时，本报告结合文献资料和网络资料分析，以及对具有海外工作背景的工程师、管理人员及专家进行访谈，在 AHP 层次分析法的基础上构建了国家风险综合模糊模型②，得到了“一带一路”24 个港口国家的国家风险等级和安全度（见图 9－6）。

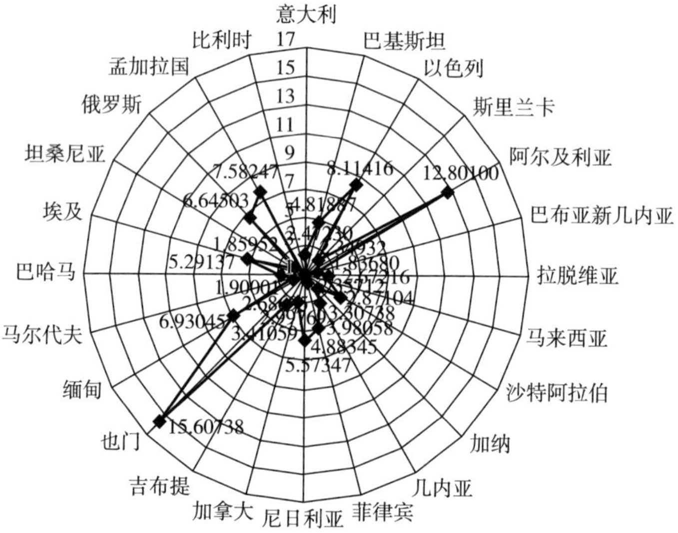

图 9－6　“一带一路”24 个港口国家的国家风险等级及其安全度

1. 政治因素

国家政治局势的不稳定、战争及战争的遗留问题、潜在的极端与恐怖势力的威胁、暴力袭击事件、非政府武装势力等因素会对我国境外投资项目的实施带来威胁。如斯里兰卡科隆坡港口城项目，因该国总统换届，新政府以

① 王黎黎：《“一带一路”下集体劳动关系调整风险及适应性防范》，《中国人力资源开发》2018 年第 12 期，第 95～102 页。

② 任国友：《“一带一路”国家港口工程风险研究》，第七届应急管理科学家论坛暨金融风险管理论坛，广西大学，2018。

“缺乏相关审批手续”缺少透明度、“重审环境评估”等为由，于2015年3月叫停该项目；中电投在缅甸的密松水电站项目，因缅甸总统吴登盛声称“密松项目破坏当地自然景观、破坏当地人民的生计”，于2011年9月被迫中止[①]；叙利亚因局势动荡，中国石油企业被迫撤离叙利亚，在当地项目完全搁置。这些事件表明，“一带一路”沿线国家国内政治斗争及政策的调整等政治因素对工程项目影响很大。

2. 经济因素

通货膨胀、居民收入水平、居民人口与收入的占比关系等因素可能会对项目建设造成重大损失。如沙特阿拉伯的对外经济关系、金融政策及“东向”政策将直接影响沙特阿拉伯与中国之间“一带一路”建设合作项目的实施。

3. 文化因素

民族矛盾、宗教冲突、民众反华、排华现象等因素会使项目风险的防范和治理难度加大。例如中国“一带一路”建设的样板工程“中巴经济走廊”，巴基斯坦的民族矛盾、宗教极端主义及暴恐袭击对中巴经济走廊的生存具有极大威胁。

4. 法律因素

不同法律制度和规范标准对合同的影响容易导致贸易冲突。例如波兰A2高速公路项目，中海外联合体因不了解波兰劳工法，未对竞标文本进行法律审查便签订合同，造成未按时向波兰分包商支付贷款而停工的事件。

5. 社会因素

医疗卫生状况、疾病、群体性事件、社会治安、犯罪现象、交通安全事故等因素可能为对项目建设造成无法预估的风险。例如缅甸莱比塘铜矿项目，在铜矿开工前后，因不少村民游行反对，甚至一些激进者堵塞矿区工地，导致项目施工不得不停止。

---

① 李锋：《“一带一路”沿线国家的投资风险与应对策略》，《中国流通经济》2016年第2期，第115 121页。

（二）雇主风险影响因素及分析

1. 项目投资

在“一带一路”建设背景下，港口项目工程属于跨国合作，其投资形式多样，包括工程承包、合资建设等。由于境外项目不可控因素较大，合资国政府可能会有撤资的风险。同时，海外港口建设项目的工程款一般都是以当地货币或国际硬货币（如美元）两种货币支付，这两种货币与人民币之间的汇率不利波动会给雇主带来一定的风险。

2. 企业信誉

企业的信誉风险主要体现在项目低价中标、工期延误、委托授权及分包队伍等方面。国内分包队伍因选择不合理，出现人员在禁酒国家私自酿酒饮酒、闯入私人教堂受到处罚等现象，严重损害了中国企业的声誉。某国际公司因在意大利多处使用一份授权，虽进行了善后处理，但其声誉受到了严重影响。

3. 劳动合同

执行合同能力对雇主而言至关重要，特别是海外项目，施工时间多一天，费用将不断增长。例如东帝汶司法系统在解决商务纠纷时，从原告提起诉讼到实际付款需耗费 1285 天，共需 51 个流程才能完成执行合同的全过程，这将使雇主耗时费力而且得不偿失。同时，雇主还可能在合同纠纷案件中遭遇不公正判决，例如，项目所在国的法院会偏袒其国内企业，这也加大了业主的风险。

（三）工程风险影响因素及分析

港口工程的设计处理方式与其他工程设计相比较为复杂，也是项目顺利实施的关键环节。设计存在缺陷，比如地基不均匀沉降造成的裂缝，会影响结构的耐久性，降低结构的承载力，对工程带来安全隐患，进而造成施工效果达不到设计要求、无法按期竣工、发生事故等问题，因此在施工过程中要注意严格监控。

海外工作的管理人员素质也存在一些问题。由于国内外背景的差异较大，这会给工程项目的人员管理带来很大困难。海外工程项目的管理人员风险主要有语言沟通障碍、技术能力不足、管理水平不够等问题，且不同国家的劳动方式和工作习惯不同，使得项目开展起来较为困难。

（四）环境风险及其他影响因素及分析

港口工程受自然环境、地质条件影响较大，因此项目所受风险可能被放大。港口多有台风、风暴潮、大雾及海平面上升等自然灾害，使港口安全存在较大隐患。同时，港口工程属于海上作业，其地质条件对工程影响甚大，不仅要考虑能够评价地基稳定性的地基土承载力，还要考虑岸坡稳定性，如高陡岸坡的不稳定型式为崩滑，低缓岸坡的不稳定型式为塌滑。

三 基础设施出口：“一带一路”港口国家劳动关系风险形成新动因

（一）中国“一带一路”基础设施出口的机遇与困境

当前，学术界对中国“一带一路”建设持肯定态度，相比之前日本产业或企业推广模式以及美国资金输出模式而言，中国“一带一路”基础设施经济出口模式是一种全新的模式，这种模式常常受到广阔的土地、巨大的资本、庞大的建材和大量的劳动力[①]等因素的制约。

中资企业良好的工程技术依托“一带一路”倡议走出国门，既是中资

① 基础设施出口模型理论是2018年10月9日澳大利亚何包钢教授在中国劳动关系学院举办的“一带一路”学术沙龙主讲报告《基础设施出口模型理论：中国的“一带一路”倡议与地方适应的逻辑》中阐述的，何教授借鉴国际政治经济学文献，分析了东亚的两种经济输出模式，指出中国的输出模式需要大量劳动力、庞大建筑材料、巨大资本和广阔土地，并认为这4个方面都包含了与投资国家及地区冲突和适应的逻辑。本研究借鉴了基础设施出口模型理论的思想，借以分析“一带一路”港口国家劳动关系风险因素及困境。

企业必须抓住的重大历史机遇，也向中资企业开展国际化经营提出了新挑战，其核心问题是处理好企业在东道国面临的区域风险因素，其中劳动关系风险的应对成为中资企业走出去的新困境，其劳动关系治理思维应从“静态”到“动态”转变。①

事实上，“一带一路”沿线国家的政治、经济、社会环境复杂，中国企业“走出去”在东道国的生存和发展面临多种风险。中国企业“走出去”遇到的典型困境主要表现为企业参与国际标准制定的水平低、企业人才国际化水平不高、企业与国外非政府组织沟通能力弱以及劳动关系风险应对和处置能力不足。正基于此，2018 年 1 月 23 日中共中央办公厅、国务院办公厅印发《关于建立“一带一路”国际商事争端解决机制和机构的意见》指出，建立“一带一路”国际商事争端解决机制和机构，应当遵循共商共建共享、公正高效便利、尊重当事人意思自治、纠纷解决方式多元化 4 个原则，同时最高人民法院在广东省深圳市设立“第一国际商事法庭”，在陕西省西安市设立“第二国际商事法庭”，受理当事人之间的跨境商事纠纷案件，至此，“一带一路”国际商事争端的解决纳入了法治化治理轨道。

（二）基于桑德沃劳动关系理论模型的“一带一路”国家劳动关系风险评估

1. 构建“一带一路”国家劳动关系风险评估指标体系

依据桑德沃劳动关系理论模型②，本文重点考虑了外部环境、企业环境和个人因素对劳动关系的影响，结合 AHP 层次分析法构建了“一带一路”港口国家劳动关系风险评估指标体系，并依据 5 位具有海外工作经历的工程师和专家的意见给出了指标权重（见表 9－1）。

---

① 唐烈英、陈永福：《从静态到动态：劳动关系治理思维的变革》，《西南民族大学学报》（人文社会科学版）2018 年第 10 期，第 87～93 页。

② 桑德沃劳动关系理论，参见 M. H. Sandver. *Labor Relations*：“*Process and Outcomes*”（Boston：MA，Little，Brown and Company，1987）.

表 9－1　“一带一路”港口国家劳动关系风险评价指标体系及影响权重

目标层（A）	一级指标（B）	二级指标（C）	指标说明
劳动关系风险评估	外部环境（B_1）（0.672912）	政策法律环境（C_1）（0.357234288）	影响政策法律环境指标权重的因素有货币政策、有调整劳资关系的法律的性质、政党的权威、政治信仰自由的相对普及性
		经济环境（C_2）（0.278941882）	影响经济环境指标权重的因素有宏观经济状况的好坏
		社会文化环境（C_3）（0.183019079）	影响社会文化环境指标权重的因素有主流传统习惯、价值观、信仰等
		技术环境（C_4）（0.180804751）	影响技术环境指标权重的因素有国家的科技发展水平、技术水平
	企业环境（B_2）（0.122185）	企业管理（C_5）（0.58656515）	影响企业管理指标权重的因素有管理人员水平是否满足要求及管理制度是否合理
		工会组织（C_6）（0.220157614）	影响工会组织指标权重的因素有工会组织的设立、工会专职干部配备、工会对职工利益的参与决策、职代会召开情况
		企业利润（C_7）（0.193277236）	影响企业利润指标权重的因素有市场前景和投资回报
	个人因素（B_3）（0.204902）	劳动合同（C_8）（0.139895753）	影响劳动合同指标权重的因素有劳动合同的签订情况、劳动纠纷
		薪资待遇（C_9）（0.344177288）	影响薪资待遇指标权重的因素有企业的员工工资状况、企业是否为员工提供良好的社会保障
		工作满意度（C_{10}）（0.206132176）	影响工作满意度指标权重的因素有对工作上付出和回报的主观判断
		职业前景（C_{11}）（0.309794784）	影响职业前景指标权重的因素有能力提升、升职空间

2. “一带一路”国家劳动关系风险模糊风险评估模型

综合 AHP 运用层次分析法和模糊综合评价法，本文对“一带一路”港口国家劳动关系风险的层次分析做出总体评价。首先，调研并得出其影响劳动关系的因素并确定指标体系；其次，运用 AHP 层次分析法计算得出指标权重，并对一级指标劳动关系风险进行系数修正；最后，利用模糊综合评价法，结合权重得出劳动关系风险等级评价，从而得到比较客观的评估结果。最终提出“一带一路”24个港口国家劳动关系风险等级划分区间，具体如表9－2所示。

表9－2 “一带一路”24个港口国家劳动关系风险等级划分区间

分数	0	(0,1]	(1,3]	(3,9]	(9,27]
安全等级	安全	稍有风险	一般风险	中度风险	高度风险

3. “一带一路”国家劳动关系风险等级及安全度

运用专家调查法进行打分，得到各个风险指标对评判等级的评估矩阵。设二级指标的综合权重为 V_i ，二级指标的得分为 r_i ，国家风险的二级指标修正系数为 P_i 。

$$A_j = \sum_{i=1}^{n} V_i r_i P_i \tag{9.1}$$

一级指标的综合权重为 U_j ，一级指标的得分为 A_j 。

$$A = \sum_{j=1}^{m} U_j \times A_j \tag{9.2}$$

其中，A 为国家劳动关系风险的总得分。

依据上述模型，利用公式（9.1）和（9.2）计算得到24个“一带一路”港口国家劳动关系风险等级与安全度排名（见表9－3）。结果表明，大多数国家的国家风险等级都集中在中度风险，阿尔及利亚与巴哈马的国家风险等级是高度风险，加拿大与坦桑尼亚的国家风险等级最低为一般风险。

表9－3 “一带一路”港口工程所涉及24个港口国家劳动关系风险等级和安全度排名

国家名称	劳动关系风险	风险等级	安全度排名
意大利	3.65059	中度风险	10
巴基斯坦	3.63157	中度风险	9
以色列	5.93181	中度风险	19
斯里兰卡	3.38073	中度风险	7

续表

国家名称	劳动关系风险	风险等级	安全度排名
阿尔及利亚	9.61253	高度风险	23
巴布亚新几内亚	3.00501	中度风险	3
拉脱维亚	3.37354	中度风险	6
马来西亚	5.57140	中度风险	18
沙特阿拉伯	6.94953	中度风险	21
加纳	4.36010	中度风险	13
几内亚	8.49873	中度风险	22
菲律宾	5.56442	中度风险	17
尼日利亚	5.00566	中度风险	16
加拿大	2.72078	一般风险	2
吉布提	3.11773	中度风险	5
也门	6.04542	中度风险	20
缅甸	4.30938	中度风险	12
马尔代夫	3.04733	中度风险	4
巴哈马	11.06846	高度风险	24
埃及	3.41796	中度风险	8
坦桑尼亚	1.37682	一般风险	1
俄罗斯	4.03488	中度风险	11
孟加拉国	4.71288	中度风险	14
比利时	4.71407	中度风险	15

四 两极化：“一带一路”沿线国家劳动关系的新趋势

中国作为“一带一路”倡议的发起国，在“一带一路”建设过程中，中资企业不断走出国门，到东道国投资建设工程项目，与当地的政治、经济、文化、社会环境产生新融通，使中国劳动关系总体呈现“两极化”的发展态势（见图9-7），一极向微观网络延伸，伴随“互联网+平台”企业的崛起，我国劳动关系风险呈现网络化发展趋势，平台企业劳动争议事件呈现暴发式增长；另一极向宏观区域延伸，伴随着区域经济一体化发展模式的推广，特别是伴随“一带一路”建设的实施，劳动关系风险呈现区域化发展趋势，中资公司在属地国的劳动争议数量也出现激增现象。

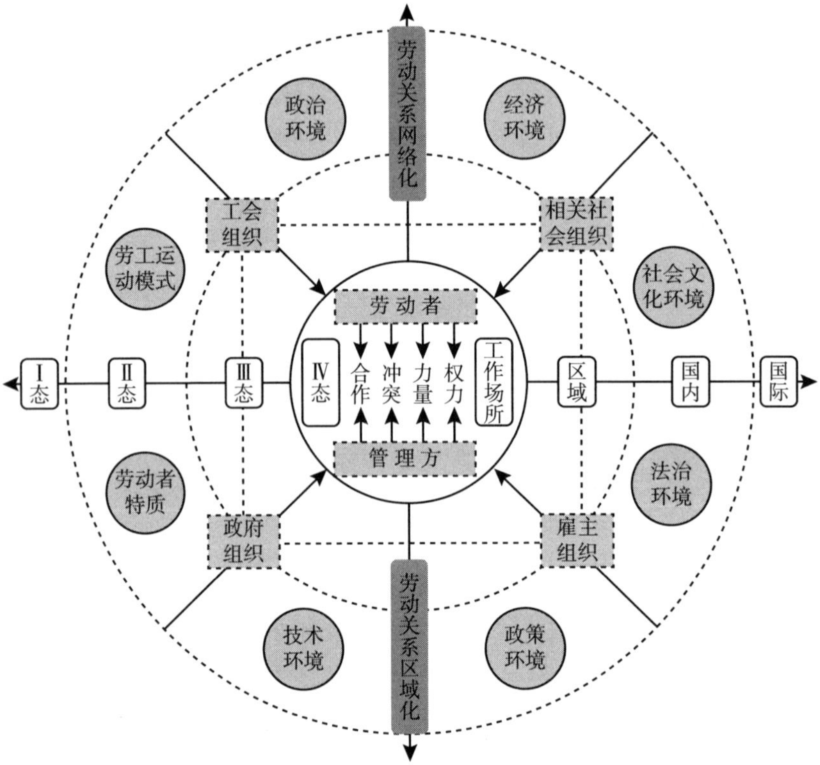

图9－7　“一带一路”沿线国家劳动关系“两极化”的发展态势

资料来源：《中资企业投资“一带一路”国家劳动关系风险防范研究——以巴西为例》。

（一）伴随“互联网＋平台”企业的崛起劳动关系风险呈现网络化趋势

当前，国内企业劳动关系的评价需要以实体企业和平台企业的新视角去研判，相比实体企业或基层乡镇街道的劳动关系发展态势①（见图9－8）

① 2017年11月20日，浙江省瑞安市人力资源和社会保障局根据《浙江省人力资源和社会保障厅关于印发〈浙江省劳动关系和谐指数评价体系（试行）〉的通知》（浙人社发〔2011〕27号）组织开展了23个乡镇（街道）2016年度劳动关系和谐程度的测评工作，结果很好地反映我国基层乡镇街道劳动关系的基本情况。

的清晰化评判，往往平台企业劳动关系的评判还处于“真空带”，但伴随“互联网＋平台”企业的崛起劳动关系风险呈现网络化趋势明显。

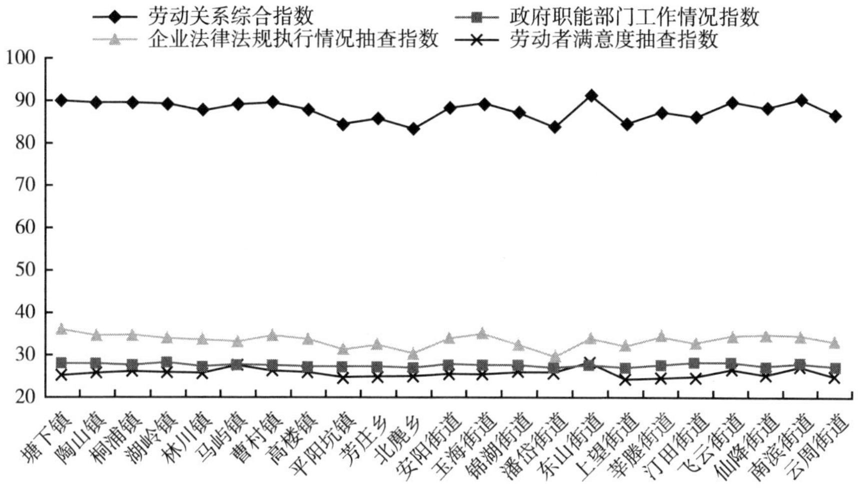

图9－8 浙江省瑞安市基层街道和乡镇劳动关系指数

资料来源：浙江省瑞安市人力资源和社会保障局官网。

当前，网约工已成为我国非典型劳动关系群体的重要组成部分，灵活性过大、安全性不足正是网约工权益维护面临的最大问题，也成为当前影响社会安全稳定的新因素之一。在共享经济新业态的大背景下若网约工权益保护问题再得不到关注必然会引发一系列的社会问题，甚至有专家指出，网约工权益若长期得不到有效保护，必将成为社会治理的大问题，极有可能引发网约工群体性维权事件，政府宏观调控处理会面临更大困境。因此，网约工权益保护问题势必成为影响当前我国社会经济稳定的新因素。随着共享经济的发展，新型劳动关系逐渐打破了传统劳动关系的组织形态，一部分劳动者（如网约工）以新业态形式自由流动结合，通过大数据平台，进行精准匹配，给传统劳动关系带来重大冲击与挑战，主要表现为以下四种趋势。

1. 网络技术引发劳动组织平台化、信息化，用工呈现订单化趋势

相比传统企业，平台企业采用先进的互联技术组织劳动，例如，顾客与

网约工在平台上可以直接交易，网约工的工作指令直接来自订单需求，而不是人工干预和管理。互联网及相关技术的飞速发展，带动了劳动组织的平台化和信息化发展。

2. 网络平台催生劳动用工自由化、多元化，劳资关系呈现虚化趋势

相比传统企业基于组织内岗位需求所进行的招聘、遴选和录用的流程，因采用先进的互联技术，平台企业用工条件更加宽松，这使劳动者进出平台有了极大的自由选择权，对企业的依附性减弱，即相对于传统企业，劳动者对平台企业认同度下降，使得本来劳动者与企业正常的劳资关系出现虚化趋势。

3. 劳动关系协调机制面临多元化挑战，社会保障认定首现僵化趋势

传统的劳动分工制度、与劳动关系绑定的社会保障制度与共享经济所带来的工作形态的转变已经不再完全匹配，大量的网约工不得不游离于社会保障网之外，承担着更多不可预测的后果，这也意味着法律一旦认定他们与平台企业不存在劳动关系，网约工的社会保障将不能被认定，网约工的诸多权益也将得不到保障，现行劳动关系三方协调机制将失效。长此以往，必然影响社会的和谐与稳定，这与我们发展共享经济的初衷是相悖的。

4. 传统劳动关系的外延和范围被拓宽，应避免劳动关系认定泛化

现行法律体系中的劳动关系实际上是工业化大生产模式下形成的单一、固定的雇佣关系，也是从社会法律规范的民事雇佣关系逐步分离出来的劳动法特别规范的关系，中国劳动关系法律调整模式正在发生转变。[①] 事实上，伴随着共享经济的发展，平台型、自雇型和多重型的新型用工关系也将逐步从现有的雇佣关系中再次分离，并加以法律上的明确，真正纳入劳动法律规范领域。不能感情化、无规则地将平台企业和网约工的关系全部认定为劳动关系，应避免劳动关系认定泛化。

---

① Xie Zengyi, “The Changing Mode of Legal Regulation of Labor Relations in China”, *Social Sciences in China*, 39 (4) (2018), pp. 96 – 113.

（二）伴随“一带一路”倡议实施劳动关系风险呈现区域化趋势

当前，伴随着“一带一路”倡议的实施，中国正进入资本大规模“出海”的新阶段，中资企业面临产业升级和资本向更低成本国家转移的压力，其劳动关系评判需要站在区域化的新视角来分析。相比国内平台企业劳动关系发展态势，“走出去”的中资企业劳动关系还处于“调整阶段”，但伴随“一带一路”倡议实施，劳动关系风险呈现区域化趋势日趋明显。2015 年 3 月 21 日，中共中央、国务院印发《关于构建和谐劳动关系的意见》指出，劳动关系是生产关系的重要组成部分，是最基本、最重要的社会关系之一，并提出了坚持“以人为本、依法构建、共建共享、改革创新”的工作原则，为中资企业科学应对区域化的劳动关系风险指明了方向，具体表现在以下三点。

1. 中国特色劳动关系正处于全球产业链影响之中

中国特色劳动关系充分反映了全球化背景下价值链分工体系与中高低端劳动者的劳动关系。显然，在我国产业转型升级过程中，特别是“一带一路”倡议的实施，劳动关系也会发生一系列深刻变化，带来一系列深层次的问题和矛盾。事实证明，中资企业显然不能回避在产业结构调整和升级转型过程中的劳动关系调整，以及劳动关系面临的新问题、新情况。

2. 中国劳动关系正经历区域化因素影响的调整过程

中国劳动关系的市场化建构正处于一个关键的历史时期，正在经历从个别劳动关系的构成和调整到集体劳动关系的构成和调整的转变时期。劳动关系的集体化转型，是市场化劳动关系形成的重要标志。这一转型对于中国社会经济和政治的发展，都有着重要的影响。在传统的产业关系结构调整的同时，各种非正规的新型雇佣关系也在发展，为中资企业适应东道国的劳动关系转型提供了方向。在劳动关系集体化转型的趋势之下，传统雇主策略的弊端日益明显，未来中国的雇主策略应当从理念、制度和机制三个方面进行系统重构，这为中资企业顺应“一带一路”倡议发展，建立新型劳动关系提供了转换平台。

3. 劳工标准成为中资企业海外发展的区域化重要因素

劳工标准问题由来已久，对于何谓“劳工标准”，受各国经济发展水平、历史文化传统的影响，并没有统一的定义。从本质上讲，劳工标准以及劳工保护问题主要是社会正义问题。但随着“一带一路”建设深入开展，中国劳动关系必须重新认识劳工标准对构建新型劳动关系的作用，劳工标准已经成为中资企业海外发展的区域化重要因素。

参考文献

田文林：《“一带一路”与中国的中东战略》，《西亚非洲》2016 年第 2 期。

宋衍涛：《政治决策的成本和风险分析》，《公共管理学报》2004 年第 1 期。

罗国锋、谈毅、黄卫来：《2007 年国际风险投资研究特征及前沿动态综述》，《公共管理学报》2008 年第 5 期。

包国宪、任世科：《政府行为对企业技术创新风险影响路径》，《公共管理学报》2010 年第 7 期。

万军杰：《中国海外港口建设项目风险构成探讨》，《中国水运》2008 年第 10 期。

解金辉：《“一带一路”下海外施工法律风险与控制》，《铁道建筑技术》2017 年第 6 期。

朱正威、王琼、吕书鹏：《多元主体风险感知与社会冲突差异性研究——基于 Z 核电项目的实证考察》，《公共管理学报》2016 年第 2 期。

王学军、张治敏：《沿海沉箱码头施工安全风险评估体系研究》，《重庆交通大学学报》（自然科学版）2012 年第 4 期。

汪伟全：《风险放大、集体行动和政策博弈——环境类群体事件暴力抗争的演化路径研究》，《公共管理学报》2015 年第 1 期。

王静静：《沿海港口典型自然灾害风险分析与评估》，华东师范大学硕士学位毕业论文，2011。

程新生、陈刚：《对山区河流港口工程地质勘察有关问题的认识》，《港工技术》2007 年第 6 期。

闫宇晓：《全球化背景下中国海外劳工权益保障问题研究》，陕西师范大学硕士学位毕业论文，2016。

李铁斌：《论国有改制企业新型劳动关系的构建——基于桑德沃劳动关系管理理论模型的分析框架》，《科技广场》2009 年第 10 期。

李晓威:《坦桑尼亚中资民营企业和谐劳动关系影响因素研究》，浙江师范大学硕士学位毕业论文，2017。

乔健、李诚:《中资企业投资“一带一路”国家劳动关系风险防范研究——以巴西为例》,《中国人力资源开发》2018 年第 7 期。

汪泓、邱羚:《企业劳动关系定量评估模型》,《上海企业》2001 年第 7 期。

“一带一路”背景下部分在非中资企业劳动关系与工会工作研究课题组:《“一带一路”背景下境外中资企业和谐劳动关系建设研究——以中国有色金属公司在非企业为参照》,《中国劳动关系学院学报》2017 年第 6 期。

周开让、刘延平:《物流企业劳资冲突管理探析——基于桑德沃劳动关系理论模型的视角》,《物流技术》2013 年第 13 期。

朱鸣:《“网约工权益保障研讨会”综述》,《工会理论研究（上海工会管理职业学院学报)》2017 年第 3 期。

张玉明、管航:《共享创新模式：内涵、特征与模型构建》，《科技进步与对策》2017 年第 13 期。

李梦琴、谭建伟、吴雄:《共享经济模式下的共享型用工关系研究进展与启示》,《中国人力资源开发》2018 年第 8 期。

曹鸿鸣、徐晓兰、贾文勤等:《关于促进共享经济发展，培育经济发展新动能的调研思考》,《中国发展》2018 年第 1 期。

肖竹:《“一带一路”背景下“出海”企业的对外劳动关系治理》,《中国人力资源开发》2018 年第 4 期。

权衡:《中国特色劳动关系的新内涵和新趋势》,《探索与争鸣》2015 年第 8 期。

熊新发:《劳动关系集体化转型趋势下的雇主策略重构》,《社会科学辑刊》2016 年第 1 期。

常凯:《劳动关系的集体化转型与政府劳工政策的完善》,《中国社会科学》2013 年第 6 期。

常凯:《中国特色劳动关系的阶段、特点和趋势——基于国际比较劳动关系研究的视野》,《武汉大学学报》（哲学社会科学版）2017 年第 5 期。

郑春:《劳工标准的双边区域化趋势及影响》,《法制与社会》2016 年第 24 期。

国际参考专题报告

International Experience Report

第十章 日美贸易摩擦下日本劳动关系的政策调整

——历史回溯与反思

魏 倩*

摘 要： 在国际经济政治格局充满变化的今天，中国如何应对变局，是关系国家和民族命运的生死大计。在2019年3月结束的两会中，我国政府提出就业为民生之先，体现了国家对中美贸易摩擦可能带来的社会经济影响的前瞻布局。而20多年前，日本在贸易摩擦的经济调整中，始终将劳动力市场调控置于经济复苏建设的重心，并为后来的经济回暖积蓄了劳动和消费的内生力量。据此，本文针对日美贸易摩擦高峰期（1980年代~1990年代），观察这一时期日本劳动关系的政策调整，特别是日本如何在经济慢发展期间，解决旧有劳动关系上的

* 魏倩，法学博士，中国劳动关系学院劳动关系与人力资源学院讲师。

弊端，并改善和发展与其社会人口结构相匹配的劳动关系政策。在当时“保就业”的政策目标下，日本在政策调整上一方面表现为劳动关系的规制缓和，通过增加非正规就业和放松正规就业的解雇保护，促进劳动市场灵活性；另一方面表现为对劳动关系规制的强化，促进就业平等和限制劳动时间上限，配合就业保险和职业培训的政府支援，以提升国民劳动生产率。上述日美贸易摩擦期间的劳动政策，大部分被延续到现今安倍的“一亿人总活跃”政策中，日本继续通过劳动政策的调整，应对新经济时代日本经济社会的发展需要。

关键词： 日美贸易摩擦 劳动关系 劳动政策

自2018年起中美贸易摩擦引起了国内外社会的广泛关注。中美贸易摩擦的解决，将会影响我国重要的经济政策乃至经济结构的调整。同时我国目前经济发展长期呈“L”形走势，外部劳动市场的供给可能在一段时期存在过剩现象。此外，以第四次工业革命为标志的科技进步，也会增加技术性失业的外部压力。鉴于此，2018年底，中央经济工作会议报告中就提出了“就业优先”的政策方针，并将就业政策提高到宏观竞争政策层面，政府在2019年两会期间提出了各项优先“保就业”的施政方针和目标。[①] 目前，我国政府成立专门的就业办公室，力图保持劳动力市场的平稳发展。可见劳动力市场调整不仅是我国当前主要的社会民生问题，而且是宏观经济调整问题。

在国内议论中美贸易摩擦的博弈前景时，最容易令人联想到的是30年前发生的日美贸易摩擦。[②] 因为无论是当年的日美贸易摩擦还是当今的中美贸易摩擦，其争论的焦点在表面上都颇为相似：①公平贸易与开放市场；

① 莫荣：《就业是最大的民生》，《人民政协报》2019年3月19日。

② 徐瑾：《贸易战前，日本经济成败对中国有何启发》，FT中文财经网，2018年7月16日。

②知识产权保护；③汇率调整。同时，美国政府对我国提出的结构性改革建议，也曾经出现在日美贸易摩擦解决过程中。因此，以往的研究非常重视日美贸易摩擦解决中的经验教训，以及如何避免日美贸易摩擦解决后日本经济崩溃的现象发生。

事实上，对于日本而言，贸易摩擦与经济失速的因果关联，学界并无定论。特别是对于日美贸易摩擦和日本经济泡沫破裂之间的关系，近年来包括我国学界也有了新的认识，例如有些学者认为二者不存在直接因果关系，日本经济失速更多源自内因，比如通胀政策对房地产泡沫的刺激，人口老龄化和劳动关系固化，以及产业选择上的失误判断等。[①] 然而，对于日美贸易摩擦带来的影响，国内研究较少涉及贸易摩擦对日本劳动关系的影响问题。其实，这一问题在日本政府看来，不仅是首要的社会问题，而且是首要的国家问题。与当前中美贸易摩擦的时代背景类似的是，当时日本劳动市场也受到了来自贸易摩擦和技术革新的双重压力——国际贸易再调整后劳动力市场供需上的失衡，以及第三次科技革命带来的技术性失业压力。

本文无意于分析日美贸易摩擦对日本经济衰退的影响，而是将日美贸易摩擦争议高峰（1980 年代 ~ 1990 年代）和日本经济泡沫破裂作为时代背景，分析在此期间日本国内劳动关系调整的举措和原因，同时分析上述措施对日本劳动关系的影响。同时，比较我国目前为应对中美贸易摩擦而实施的劳动关系政策，以提供就业优先施政的历史之镜，吸取日本劳动关系政策上的经验教训。

一　日美贸易摩擦历史回顾

日美贸易摩擦由来已久，历时漫长，即使在今天也一直是日美双方重要

---

① 梁建章、黄文政：《日本经济是输给了贸易战吗?》，新浪新闻，2018 年 3 月 28 日。

的磋商议题。[①] 事实上，日美贸易摩擦自 1950 年代开始就初现端倪。1970 年代～1980 年代，日美之间从纺织品谈判开始，分别针对牛肉、橙子、钢铁、彩电（半导体）、汽车等行业，不断进行双边磋商，并形成针对各产业的日美贸易协定。特别是在汽车产业中，日本在 1980 年代初，除了主动限制对美出口外，还通过对日直接投资设厂、购买北美汽车零部件、在美完成汽车组装、增加美国汽车在日销售连锁等方面，削减汽车行业对美贸易顺差。学界通常认为自 1980 年代开始，日美贸易摩擦从行业领域扩展到经济全局。

1980 年开始，日美贸易摩擦进入高峰期，作为日美贸易摩擦争端的重要解决方面，1985 年日美和英法等五国在外汇汇率调整上签署了《广场协议》（Plaza Acord）。该协议的签署，一度在日本国内引发热议，日本舆论批评政府过于软弱，签订的协议有害于日本国家利益。然而，随着日本出现了仅次于战后经济大发展的“平成景气”后，《广场协议》的负面评价也被逐步淡化。事实上，日美贸易摩擦的处理，使日元升值，直接提高了日本企业的海外投资能力，抑制了国内市场物价上涨水平，并刺激了国内市场消费力。但是，产业外移带来了日本生产的空洞化，对劳动力市场产生了直接负面影响。从这一时期开始，日本的外部劳动力市场供需上出现了持续的需求减少，相关劳动关系政策不得不应对调整。

进入 1990 年代，在长期的国内通胀环境下，同时也是为了落实日美贸易摩擦解决方案，日本房地产经济出现危机，1995 年日本主动刺破经济泡沫，自此进入了长达 20 年的经济低迷期。与此同时，日本社会结构发生了深刻的变化，一方面出现了由制造业为主向服务业为主的产业结构调整，劳动关系格局中，非正规就业比例大幅增加；另一方面也出现了人口结构的巨变，日本人口构成从“金字塔”形向“纺锤”形转变，导致社会保险承压，劳动力长期的供给堪忧。这一时期，就业困难和不安定造成日本内需收缩，并产生了“冰河世代”这一特殊年龄段的就业群体，就业困难进一步改变了人们的消费观和婚育观，加剧了日本社会的老龄少子化程度。

---

① 倪月菊：《贸易摩擦冲击日本，或现经济“大萧条”》，海外网，2018 年 8 月 14 日。

（一）日美贸易摩擦高峰期的结构性调整

1980年代以前，日美贸易谈判集中在竞争性行业。1980年代之后，日美贸易摩擦升级，谈判进入全局性结构性政策调整阶段。按照时间顺序，日本主要出现了以下综合性政策调整节点：①《广场协议》的签订，②前川报告的提出，③结构性改革协议的达成。简言之，1985年，在美、日、英、法和联邦德国（现德国）五国财务部长会议上，五国达成了《广场协议》，实现了日元对美元汇率的快速回调。同年，针对美国市场开放的主张，日美双方达成了《市场重视型个别协议》（以下简称“MOSS”协议），简化了当时日美贸易聚焦的一些行业进出口程序并扩大了市场开放程度。之后，1986年日本政府内阁向议会提交了《前川报告》，确定了扩大内需、规制缓和、产业结构调整的基本国策。日本上述政策出台后并没有实现美国希望的抑制美日贸易逆差的效果。为此，1989年美国援引修订后的“超级301条款”，进一步迫使日本简化国际贸易程序，实现国内外市场的趋同。1990年6月，日美再次针对高额的贸易逆差进行谈判，经过磋商后达成了《日美结构协议》，进一步开放日本市场，达到美国资本自由流入日本的目的。

1.《广场协议》的签订

1980年代，里根总统执政期间，美国经济上出现了两大经济赤字（也称“双子赤字”）——国际贸易收支赤字和联邦政府财政赤字。当时的“里根经济政策”提出三项主张，即削减政府财政支出、减少财政赤字；通过大幅减税实现供给增加；为了抑制通胀，维持高息政策以抑制货币增发。上述经济政策一定程度上抑制了美国通胀率，但是由于政府财政预算缩减方案未被美国议会通过，实际上这项政策最终未能完全实施。另一项改革，即大幅减税的实施也未实现预期效果。因此，美国自身的财政赤字居高不下，1984年竟达到2119亿美元。在高利率政策刺激下大量货币进入国债市场，一时间美元升值，日元相对贬值，进一步扩大了美国的国际贸易逆差（见表10-1）。相对于美国的高额贸易赤字，望眼世界，日本对美和对欧出口都呈现持续的强劲增长态势。

表 10-1 日美贸易摩擦高峰期的国际收支比较

单位：亿美元

国别	类别＼年份	1980	1981	1982	1983	1984	1985	1986	1987	1988	1989	1990
日本	经常收支	-107	48	69	203	350	492	858	870	796	572	358
	贸易收支	21	200	181	315	443	560	928	964	950	769	635
美国	经常收支	11	69	-59	-401	-990	-1233	-14544	-1623	-1289	-1100	—
	贸易收支	-255	-280	-364	-671	-1125	-1221	-1451	-1595	-1270	-1149	—

资料来源：日本银行月报和外国经济统计年报。

在此背景下，1985 年 9 月，在美国、英国、法国、联邦德国（现德国）和日本五国的财长、外长、中央银行行长会议中，特别是在日本政府的主动提议下，上述五国达成了著名的《广场协议》，由日本和联邦德国向美国承诺扩大美国内需。之后美国、日本和联邦德国（现德国）三方政府同时介入外汇市场，实现美元汇率的大幅回调。此后日元汇率也持续走高。

汇率调整看似提升了美国出口需求，但同时也提升了日本的进口能力和海外投资能力。伴随着日元汇率的持续走高，日本在美国本土的直接投资增加，例如日本汽车行业大举在美国国内设厂（见图 10-1），降低了日本国际出口贸易的政策风险，并扩大了日本的国际市场份额。同时，从 1990 年

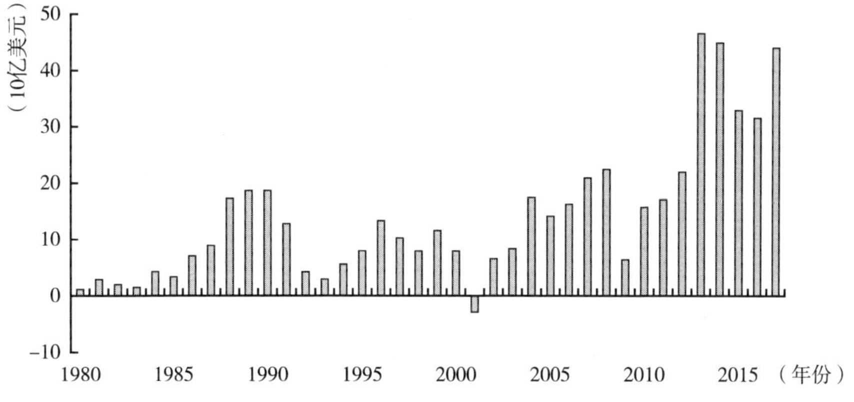

图 10-1 1980~2015 年日本对美国直接投资流量统计

资料来源：美国商务部。

代后期开始，在全球化深化的背景下，全球价值链（Global Value Chains）呈现复杂化倾向，国际分工更加细化，而以国家为单位的产业制造和出口随着全球化企业和全球化供应链的发展发生了根本变化。

2. MOSS 协议的签署

在日美贸易摩擦过程中，美国对于贸易摩擦解决的诉求是双向的，既希望抑制日本对美国的贸易输出，又希望美国对日贸易输出有所增加。由于1984～1985 年，日美贸易逆差明显，美国对外贸易赤字的 1/3 都来自日本，因此，美国议会不断通过对日贸易报复法案。

在此背景下，为了促使日本进一步开放国内市场，美日两国从 1985 年 1月至 3 月，协议签订《市场重视型个别协议》，主要涉及日本一方撤销进口数量限制，并降低关税，以便外国商品在进出口程序、标准、认证等法律规制方面消除障碍，另外，改革日本国内的流通结构和商业习惯，综合疏通国外货物的输入等方面。如此一来，包括美国在内的欧美国家，一定程度上可期实现对日出口的增加。具体而言，美国要求日本对电子通信、医药品和医疗器械、电器、木材产品、运输设备（1986 年 8 月新增）六个行业向美国开放市场。

而在此时，日本一方也采取了一定的具体措施，例如 1985 年 4 月增设对外经济对策推进本部，审查本国的市场开放政策；1986 年 7 月，日本出台了《市场开放行动计划》，明确列举了矿产、工业产品、农林水产等 1850种类别的产品关税下调标准（其中还包括部分品目撤销关税）。在关税改革下，电信市场实现了部分自由化，而木材产品和电脑部件的关税被取消。1986 年 8 月双方形成最终报告。①

3.《前川报告》的提出

在前述背景下，作为对于日美贸易摩擦解决方案的具体落实，同时为拉动国内内需，日本在 1986 年 4 月发表了《前川报告》，并由当时首相中曾根康弘于同年 5 月，在东京峰会上向世界做出承诺，以表明日本政府诚实履行其承诺的意愿，表明日本愿意并努力转型为进口大国。在《前川报告》

① 日本外务省「日米通商交涉の歷史」2012 年 3 月。

中主要明确了以下方面的国内政策：①出口型经济结构转变为国际协调型经济结构，为此，一方面要充实提振内需的政策，在住宅、消费生活方面的政策制定上给予切实应对；另一方面，产业结构上实现国际之间的调和。②改善市场开放程序，促进进口。③金融自由化和国际货币价值的安定化。

《前川报告》中确定的住宅土地政策，为日本居住的消费升级打开了局面。但是，土地和房屋价格在后来的金融政策下成为社会资产的主要承载者，为日后的经济泡沫埋下了伏笔。同时，作为日本国内政策，劳动市场调整也被政府提上了议事日程。因为政府认识到，建构在劳动之上的消费社会，如何维持和扩大就业，是保证日本内需的前提。

4. 美国301条款的适用

尽管日本在对美贸易摩擦中，以较为积极的方式调整了本国政策。但是在个别产业上的贸易摩擦，存在历史延续性。因此，在日美贸易摩擦解决过程中，日本的特定产业也受到了美国一方的持续制裁。美国方面在 1988 年和 1989 年两次修正 1974 年《贸易法》，将不公平交易习惯的界定范围从个别产品或服务扩展到国家整体的市场封闭性（第 301 条，也称为“301 条款”）。在这种保护主义色彩明显的法律修订下，日美贸易中一直存在贸易逆差行业，如电脑、卫星、木材制品等，美国先后提出了九项不公平贸易调查，并涉及 301 条款的适用问题。

因为日本一方在取消国内外价格差异的政策应对上较为积极，美国最终没有实施报复措施。1990 年，美国也没有将日本最终定义为不公平贸易国。然而，由于日美贸易逆差持续存在并维持在高位，如何将日美贸易摩擦放在国家经济结构调整的宏观层面进行解决，被提上了双方的日程。这促成了新的日美贸易摩擦谈判。

5.《日美结构协议》的达成

1989 年 7 月，在第 15 届发达国家首脑峰会上，日美首脑会谈期间，美国再次提出要缩小两国收支差距，打破日美贸易和国际收支不平衡的障碍，提出日本应该推进国内结构性改革，具体而言就是开放国内封闭市场。在此基础上，日美双方签订了《日美结构协议》（SII Structural Impediments

Initiative)，并从 1989 年 9 月开始实施。

日本结构性改革主要针对的是当时日本国内的流通制度和市场交易习惯，这两点被美国认为是对包括美国在内的国外企业形成的封闭障碍，因此，美国对日本提出的质疑在于：①储蓄过剩，如何实现储蓄与投资的平衡；②土地政策；③流通制度；④排他性交易习惯；⑤关联交易；⑥价格机制（内外价格差）。对此，日本一方认为导致日美贸易摩擦，美国也有自身存在的问题，特别是当时美国财政赤字过大，民间储蓄水平低，过度消费严重，这些也使美国的企业崇尚短期效应，而削弱了自身的国际竞争力。据此，日本对美国也提出了一些问题：①过度消费等储蓄和投资的平衡；②企业投资；③政府规制；④研究开发；⑤输出振兴；⑥提高劳动力水平。

然而，双方的谈判并不平静。美国一方不断提出日本难以接受的方案。并且，美国对于日本提出的解决方案十分不满，时不时提出根据协议结果，在结构性改革上可能考虑适用“超级 301 条款”的要求。[①] 1990 年 6 月双方发表了最终报告，明确了双方的结构性改革内容（见表 10－2）。

表 10－2　日美贸易摩擦解决中的结构性改革协议内容

项目	日本	项目	美国
储蓄与投资平衡	1991～2000 年，十年内公共投资预算为 430 兆日元，在可能范围内完善社会资本进入住宅建设、道路建设、机场建设等与生活相关的领域	储蓄与投资平衡	作为削减财政赤字研究增税政策的可行性；1991 年度预算中列入强化《概括财政调整法》；提议给予家庭储蓄账户一定储蓄优惠政策
土地政策	制定法律政策促进低价为利用地；持有税、继承税等土地税制的调整；大城市圈街道区域内农地税	企业投资	缓和部分《反托拉斯法》 反对对外国企业增加税收
流通制度	为了扩大进口设置进口机关；修订《大店法》，将开店的调整期间缩短为一年；《反垄断法》明确出台了适用细则	政府规制	缓和对共产主义国家出口调节委员会的规制

① 波光厳「日米貿易摩擦問題」研究ノート香法 92，12－2－304。

续表

项目	日本	项目	美国
排他性交易习惯	根据《反垄断法》第25条提起损害赔偿请求诉讼的，由公正交易委员会支持原告；专利审查期间在五年内缩短至平均24个月	研究开发	1991年度联邦预算中提高研发费用预算至45亿美元
关联交易	对于持股10%以上的持有人进行的具有关联关系的交易情况，负有公示义务	出口促进	提议1991年度联邦预算中列入出口促进费1.59亿美元
价格机制	列举了52项存在国内外价格差进行定期检查	劳动力提升	设定了六项国家教育目标，包括到2000年为止高中毕业率达到90%以上

注：也称为 Gramm-Rudman-Hollings Act。

就上述结构改革协议，日美双方后续又经过多次会谈（1990年三次，1991年两次，1992年两次，1993年两次）。除此之外，日美之间还通过低级别协商，在知识产权保护（专利的英语申请）、金融服务开放，对日投资开放等市场竞争政策上形成合意。在2000年以后以提交政府报告书的方式，向对方首脑汇报协议执行情况。

（二）日美贸易摩擦对日本劳动力市场的影响

如前所述，《广场协议》的目的是美国促使日本政府通过日元在国际市场上的升值（汇率调整）以及关税壁垒的移除，使美国对日本贸易逆差得到改变，促进美国出口。然而事实上，日本的对美贸易并没有出现巨大反差，相反在《广场协议》后，日本的对外贸易差额（包括对美国、欧洲等）一直保持盈余的状态（见图10－2）。

经过日美贸易摩擦高峰期的政策调整，日本在1985年后出现了经济景气的局面。一方面，日元升值使日本的制造业实现了大量外移，特别是处于日美贸易摩擦风口浪尖的行业，如汽车、半导体等，日本企业担心受日美贸易摩擦的影响，直接将工厂设在美国境内。与此同时，中国和东南亚国家对外开放政策的优惠，也吸引了大量日本资本的直接对外投资。海外利润的回

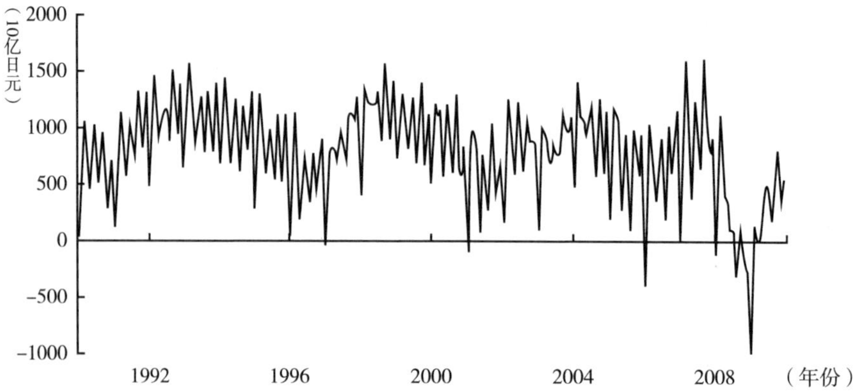

图 10－2　1990～2010 年日本贸易差额

资料来源：Trading Economics. com.

流也促进了日本国民生产总值的增长。

但日本政府由于后来实施的通胀经济政策，导致日本经济泡沫产生并破裂，使日本的实际国民生产总值从泡沫破裂前的年均增长率的 3%～6%，下降到 1990 年代前期的 1%～2%。之后虽然在 1995～1996 年短期稍有恢复，但到了 1997～2001 年期间，GDP 增长甚至为负（见图 10－3）。①

在上述日美贸易摩擦解决过程中，可以看到日本的市场出现了重要转变。从以出口导向型市场变为出口进口双向型市场。对于日本市场的开放，外部评价褒贬不一。从消极方面而言，由于《广场协议》导致的日元走高，日本的国际出口和国内生产成本均受到了较大影响。特别是 1990 年代开始，日本制造业的发展增速大大放缓，其中对出口依存度较高的行业不得不向海外寻找生产据点，导致了日本资本的海外直接投资的增加（1990 年代初曾出现短暂的减少）。以制造业为例，海外企业生产额占制造业国内企业生产额的比例，从 1985 年的 3% 上升到 1990 年的 6.4%，直到 2000 年上升到 13.4%。这就导致了日本的“产业空洞化”问题。

① Okazaki Tetsuji：“*Industrial Policy in Japan：70 － Year History since World War II*”，Japan SPOTLIGHT，2017，p57.

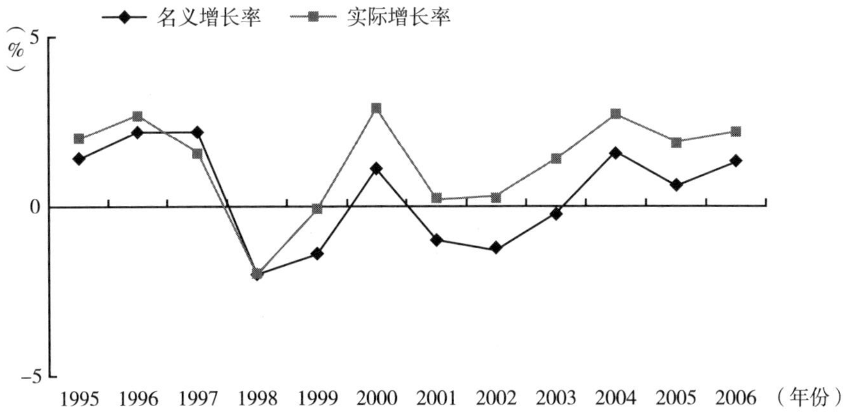

图 10－3　1945～2010 年日美 GDP 增长趋势

资料来源：日本内阁府。

而相对于制造业的产出增幅下降，日本从 1990 年代开始，制造业内的就业增幅也维持在低位，劳动者的就业绝对数量持续减少，只有服务业和运输通信业出现了就业绝对数量的增加；而在“平成景气”的泡沫经济期，就业人员大量转向金融、不动产和保险领域，这为经济泡沫破灭后日本的失业压力埋下了伏笔。按照日本劳动研究·研修机构的统计，在完全失业率中（见图 10－4），由于需求不足导致的失业率从 1990 年第四季度的 0.16% 上升到 2000 年第四季度的 1.15%；1990 年到 2000 年期间的完全失业率增幅达到 3.35%。① 与此同时，从设备生产率和劳动生产性指标看，日本社会整体存在过剩雇用的问题。冗员②从 1990 年的 175 万人上升至 1999 年的 428 万人，逼近 1999 年完全失业者人数的 317 万人。

但是从积极方面来看，日本实现了经济大国向责任大国的转变。贸易进口开放后，也有益于日本国内市场的消费促进。日本国内市场从以往产业竞争力和扩大出口型市场，转向重视民生型市场；同时政府对社会资本运用上

① 安井健悟：《劳动市场·雇用体系改革》，日本内阁府经济社会研究所，2009，第 196 页。

② 冗员问题主要是这部分劳动者在就业时属于终身雇用体系，因此企业不能轻易解除劳动关系，因而形成企业的雇用负担。

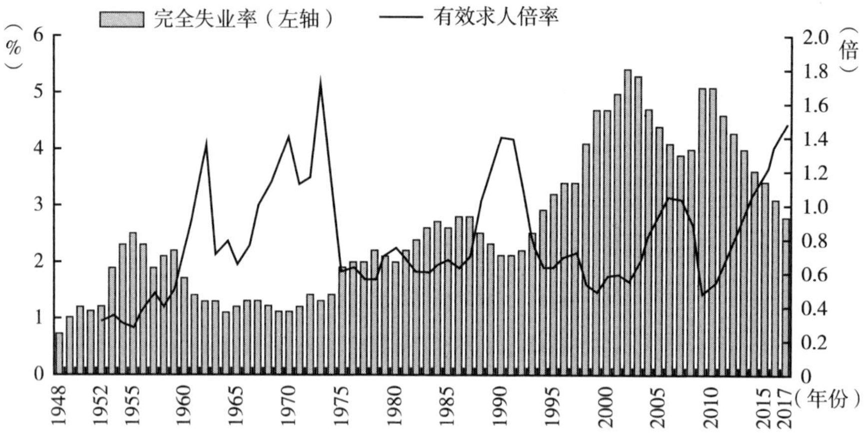

图 10－4　日本的完全失业率推移（1948～2017 年）

注：值得注意的是，完全失业率在日美贸易摩擦解决的峰值年 1985～1990 年期间呈现下降趋势；但是有效求人倍率确实是从 1990 年之后的时十年间一直下降，说明了就业需求的持续减少。

资料来源：日本劳动研究・研修机构。

的规制放松了，公共投资更注重民生的改善，物价水平得到纠正，老百姓体会到了经济发展的实惠。① 日本的宏观经济政策也在五年发展计划中予以贯彻。日本 1988 年五年计划被命名为“与世界共生的日本”，其中在就业目标上确立了失业率低于 2.5% 的目标；1992 年五年计划被命名为“实现向生活大国的转变”，将能实际感受到丰富的多样化国民生活作为政府施政目标，并开始了劳动市场规制的调整（如标准工时的缩短等）。1992 年五年计划中，日本政府开始正面回应老龄化社会问题，提出为迎接老龄化社会对社会福利基础的完善和生涯学习的基本制度。② 这些政策目标为老年劳动者的政策支持提供了基础。

---

① 日本政府由于长期干预物价，内外有别的物价水平导致日本在 80 年代存在着国富民穷的情况。1988 年日本人均国民生产总值为 21040 美元，位列当时的世界第三。但实际物价由于住宅和土地价格高，物价水平较高。当时对 48 种生活必需品价格比较时，日本价格为美国的 1.38 倍，东京物价水平甚至为纽约物价水平的 1.39 倍，平民并未感受到生活的实际富足。

② 这些政策规划被认为过于空泛而缺乏具体性措施被日本社会广泛批判。

三　日美贸易摩擦相伴的劳动力市场规制调整

其实早在《前川报告》中日本政府已经意识到，日美贸易摩擦的解决必然会对劳动就业产生巨大影响，劳动市场改革问题实际上是日美一系列协议之后，最为棘手也是最为重要的社会问题。在日本政府公开答记者问时，更坦言结构调整的最大问题是雇用问题。[①] 由于《广场协议》后，日元的一次性升值，导致劳动力成本上升，并无法通过进口服务降低劳动力成本。特别是对于日美协商中提出的结构性改革，亟须在劳动关系中实现工资上涨率与劳动生产性提升的长期契合，同时经济成果也必须在工资上涨和劳动时间缩短上实现合理分配。特别是在产业之间、职业之间、地方之间，建立就业供给需求方面的信息交换体系，消解就业供需之间的分离。此外也亟须职业能力开发的综合政策。

因此，在《前川报告》中，日本政府提出通过日美贸易摩擦解决，向世界经济做出的六点贡献中，具体在劳动力市场规制方面，体现为以下方面。

缩短劳动时间，推行弹性工时。一方面，对正常工作时间和延长工作时间的限制，一定程度上可以按照国家劳动标准，统一降低企业的用工成本；另一方面，通过对负有家庭责任劳动者的延长工作时间限制，促进家庭在育儿扶老助残方面的社会功能；通过限制年间劳动时间总数，增加普通劳动者的休息休假，间接促进消费。例如，日本在这一时期提出了大都市年工作时间 1800 小时的目标。1990 年《日美结构协议》中，日本更是提出为了促进消费扩大，对国家公务员从 1990 年 4 月开始试行周 40 小时工作制，为社会全面实现双休日制进行准备。

除了上述劳动时间上的缩短，在劳动关系政策上的调整还表现为劳动关系的规制缓和与规制加强的两个方向的调整。规制缓和主要是针对劳动关系

① 《前川春熊答记者问》，《日本经济新闻》1987 年 1 月 5 日。

的形式，为了增加劳动力的流动性和劳动关系的多样性，政府出台政策减少了以往对非正规雇用形式的限制和对正规雇用的解雇保护；在规制强化方面，主要是推进了禁止性别和年龄歧视的政策实施，并对非正规雇用者，促进其在职业训练、雇佣保险等方面获得利益。由于日美贸易摩擦带来的产业外移，以及日本1994年经济泡沫破裂后导致的企业破产和兼并的增加，劳动关系的规制缓和使原本属于终身雇佣系列的正规劳动者被挤出市场；而长期经济低速发展使劳动力市场出现了长期供过于求的状态，对于新增就业人口（特别是应届毕业学生）的就业压力陡增。而在全球化竞争加剧的情况下，来自企业一方的减负呼声日益强大，企业需要在非正规雇用工的使用上更为灵活。这就导致原先谨慎规制的劳务派遣和固定期限劳动合同，在规制上被不断放宽限制，例如适用行业类别的增加，适用次数的放松等。

在劳动关系的规制强化方面，政策则体现为对日本传统劳动关系的改善——就业平等和对非正规雇佣劳动的保护。从外部影响看，在就业平等和反就业歧视上，劳动关系的改善集中在消除性别和年龄两种类型的歧视方面，然而二者出现的政策背景却有不同。其中，基于性别就业平等的劳动关系规制的完善，最先是受到了国际社会的压力，以消除女性就业歧视而提出的。同时，在日美贸易摩擦高峰期，日本经济社会转向服务型社会，对非正规雇用劳动者的急迫需求首先要通过女性劳动的促进而实现。这是性别就业平等促进的内因。而另一种就业平等——基于年龄的就业平等，则主要表现为对贸易摩擦和经济破灭导致的失业者保护。这一时期的失业者多为中年和老年劳动者，他们大多承担着沉重的家庭责任。由于产业转型以及日本的雇用习惯，这些“被失业”劳动者难以在本行业的正规劳动者体系内实现自由流动，而不得不以非正规就业者身份寻求再就业。正规就业劳动者变为非正规就业劳动者，从劳动力角度而言，造成了对熟练劳动力的巨大浪费；从社会安全角度看，则劳动者自身及其家庭面临着巨大的社会风险。为此，年龄上的就业平等被作为重要的劳动关系平衡机制而推出。

此外，日本在雇佣保险和职业培训方面，劳动关系政策的调整也体现了规制加强和特殊保护的特色。特别是在雇佣保险的给付政策方面，为这一时期的被失业者提供了一定优待。在职业培训领域，劳动关系政策的调整则主要体现为对非正规就业劳动者的吸纳，以及职业训练实施方式上的改革。

四　规制缓和——劳动关系的多样化促进与灵活化

日美贸易摩擦和经济泡沫破裂，使日本经济社会长期面临劳动力供过于求的局面。企业面对全球化竞争压力，强烈需要在劳动关系上的规制缓和，以获得与美国企业相当的竞争力。因此，这一时期对劳动关系本身的规制，日本政府不直接介入，而是改变了以往的内部劳动市场规制方式，转而通过对外部劳动市场规制，强化了劳动关系规制的宏观调节。例如，1980 年代开始的社会改革，放松了对私人职业介绍所、劳务派遣和委托招聘等行业的限制。另外，大大放宽了非正规就业的适用条件。

1980 年代初期，由于日本对外贸易的良好表现和欧美经济的疲弱，日本正式社员终身雇佣制曾被作为日本模式而受到经济领域和劳动关系领域研究者的关注。在几乎充分就业的背景下，日本社会的非正规就业比例较低，正规就业是日本社会劳动关系的主体，并决定了劳动政策和法律规制的主线。但是，如同《前川报告》中提到的，劳动就业问题成为日美贸易摩擦解决时，政府最为担心的问题之一。在贸易摩擦高峰期间以及后来的经济泡沫破裂时，大量企业破产兼并，因此失业的正规就业劳动者，亟须重新就业。而承压的企业方的意见，却集中在如何更为灵活地用工方面。因此，处于劳动关系两端的灵活化——雇用和解雇的灵活化，成为当时企业方的主要提议。

（一）劳务派遣的规制缓和

作为雇佣方面的规制缓和，劳动关系政策的调整首先体现在对派遣劳动的规制放松。具体而言，1986 年，日本制定了《劳动者派遣法》，主要是增加了劳务派遣的适用职业类别。在实施细则中，可采用劳务派遣的职务类别包括了信息处理开发、翻译速记、秘书、市场调查等专业工作岗位，同时也包括建筑物清洁、建筑设备运输等低技能岗位。1990 年该法进一步明确了劳务派遣的就业形态，追加了陪同、同声传译等适用对象，并将劳务派遣的期间规定为原则上三年。1995 年中央职业安定审议会甚至提出了扩大劳务派遣适用范围的建议，希望将可吸纳就业人数提升至 57 万人。1996 年 6 月法律修订时，更将劳务派遣的适用范围扩大至 26 种类型。1999 年法律修订时，则进一步将劳务派遣的期限缩短到一年，并规定了不得连续劳务派遣的工作类型。2003 年法律修订时，考虑到社会的高失业率和对劳动关系多样化的社会诉求，该法进一步解禁劳务派遣的类型，允许制造业岗位使用劳务派遣①；恢复劳务派遣的使用期限为三年②；并对用工单位的面试等环节予以法律上的认可，进一步加大了企业使用劳务派遣的自由。

雇用上的灵活促进了日本社会的劳动力流动与就业灵活化，符合这一时期政府的主要考量。因此，劳动关系的形式出现了多样化，非正规就业劳动者的流动性增强（就业机会的增加带来了流动性的增强），对于出于自愿而选择非正规就业的劳动者，这种政策改变也使其实现了工作方式的选择。这一点与日本政府在 1990 年代的经济结构性改革目标一致。

（二）解雇规制的适用缓和

在解雇问题上，由于日本企业在 1960 年代～1970 年代处于经济高速发展时期，就业形式以正式社员身份的正规就业为主，因此，劳动力市场较为固化，并不存在灵活的劳动力流动。同时，由于解雇对劳动者个人和家庭的影响巨大，因此，1975 年日本食盐制造案中，最高裁判所确立了解雇权滥用法理，限制企业使用解雇权。解雇权滥用法理在该判例中表述为，“使用者即使在解雇权的行使上，如果欠缺客观理由，在社会通念上不能肯定其正当的，属于权利滥用而无效”。因此，企业实际中往往只能因经营破产或企

---

① 劳务派遣实际上不受职务类型的限制，在日本社会广泛被采用。降低了企业用工成本的同时，也带来了劳动者的不稳定就业。2008 年雷曼危机时，制造业挤出的派遣劳动者流落街头，引发了广泛的社会关注，并促使日本对非正规就业政策的回调。

② 在程序上要求对一年以上劳务派遣的，需要经过该企业过半数劳动者组合或过半数劳动者代表听取意见。

业重组，才可使用整理解雇（类比我国劳动法上的经济性裁员）。对于个别劳动者的劳动关系而言，只有在劳动者本身存在较大过错，或者本身因病残不能履行劳动义务时，才允许解雇。即便如此，整理解雇在法院认定效力时，通常需要满足“四要件”，即人员削减是否必要，是否履行的回避解雇的努力义务，解雇对象的人选是否适当，以及解雇程序是否合法。

上述四要件在日美贸易谈判后，特别是1990年之后，在司法适用上出现了缓和的迹象。也就是在整理解雇时，前述“四要件”不作为必须同时满足的条件，而是作为法院综合考虑的“要素”。因此，在审判实践上，地方法院对于解雇有效性的认定出现了不同。解雇法理的适用条件放宽，为企业裁员提供了更大的实行空间。

这一时期对解雇规制的缓和，由于可能蚕食日本正规雇用的确定性，最终在2003年《劳动基准法》修订时，日本政府将解雇权滥用法理明确为法律条文（第18条），以保证地方司法适用上的一致。2007年12月《劳动契约法》制定，其中，第16条直接照搬了《劳动基准法》中的解雇权滥用规定。

（三）固定期限劳动合同制度的改革

曾经被视为日本经济腾飞重要因素的终身制劳动关系传统，在日美贸易摩擦的时代也被再次审视。在1980～1990年，日本非常重视美国劳动关系的变化和制度政策改革。长期雇佣制度在日本经济低迷的时代，不利于劳动者再就业，同时被认为存在实际上人身拘束的负面影响。

1993年日本劳动基准法研究会劳动契约法制分会提出了《今后劳动契约等法制发展报告》，提出应当将一年期限的劳动契约，允许其延长至最多五年。然而上述提议在立法过程中受到了劳动者一方的激烈反抗。在此基础上，1998年《劳动基准法》修订时，规定满足一定条件者，方可允许一年期劳动契约延长至三年。同时，三年契约期满时，更新契约的期限为一年。这里的构成要件，首先，包括劳动者须为具有高度知识、技术或者经验者；其次，需要企业实际缺乏具有高度技术知识或经验的劳动者，而企业为了招募人员从事必要业务为目的而订立契约；最后，新商品、新技术的研究开发为企业必要业务内容，或者为了设立新企业而需要在一定期间内完成预定项目内的工作。

2002 年 12 月，在劳动政策审议会上提出的《今后劳动条件相关制度的未来方向》建议书中明确说明，劳动契约制度的改革是为了“实现能够发挥个人实力的社会必须”，同时“劳动条件和解雇的争议发生较多”，以及“《劳动基准法》需要回应经济社会和劳资双方的需求而有所变化”也是劳动契约制度改革的目的。在此情况下，特别是由于劳动市场的环境变化，为了增加劳资双方的预期，防止劳动契约到期后的争议发生，立法需要进一步对劳动契约的期限和终止程序进一步明确。

2003 年《劳动基准法》修订时，定期劳动契约的期限原则上延长为三年，同时对于高度专业人士或经验获得者，以及年满 60 岁以上的劳动者缔结定期劳动契约的，定期劳动契约的期限提高至五年。此外，修订案取消了新商品或新技术研发为企业必要业务等要件限制。五年期满后更新劳动契约的，也允许续约期限为五年。

在定期劳动合同的规制不断放松的背景下，劳动者一方难以预见契约终止后的续约。为了防止争议发生，2000 年 12 月，当时的日本劳动省制定了《定期劳动契约的缔结、更新以及终止的指导》。根据上述行政指引，劳动使用者在定期劳动契约缔结时，应努力考虑是否存在契约更新的可能，以及在更新或契约终止时尽可能向劳动者告知其判断基准。对于超过一年的劳动契约之更新，企业尽可能在更新期限上延长；如不更新则至少提前 30 日告知劳动者等。2003 年 2 月厚生劳动省专门制定了《定期劳动契约的缔结、更新以及终止的基准》，规定雇主必须在与劳动者缔结劳动契约之始，告知其是否在期间届满后存在更新的可能，如果可能更新的，则必须向劳动者明示是否更新的判断标准。此外，对于劳动契约期间超过一年者，契约终止前必须向劳动者预告终止。

小　结

通过上述劳动关系的规制缓和政策，日本的劳动关系形式呈现出多样化格局，固定期限契约雇用、劳务派遣、非全日制用工，乃至劳务外包等多种形式的用工，被广泛用于各个产业，一定程度上降低了企业在国际竞争中的人力成本（见图 10－5）。特别是在日美贸易摩擦过程中的失业者以及因经济泡沫破裂导致的失业者，被大量纳入非正规就业的劳动力蓄水池中。对于整个日本社会而言，较为有效平稳地解决了这一时期的就业压力。然而，劳动关系的规制缓和所带来的劳动关系格局的变化，也使以终身雇佣制为特征的正式社员劳动关系，在劳动法律和政策规制的指导地位被不断侵蚀。

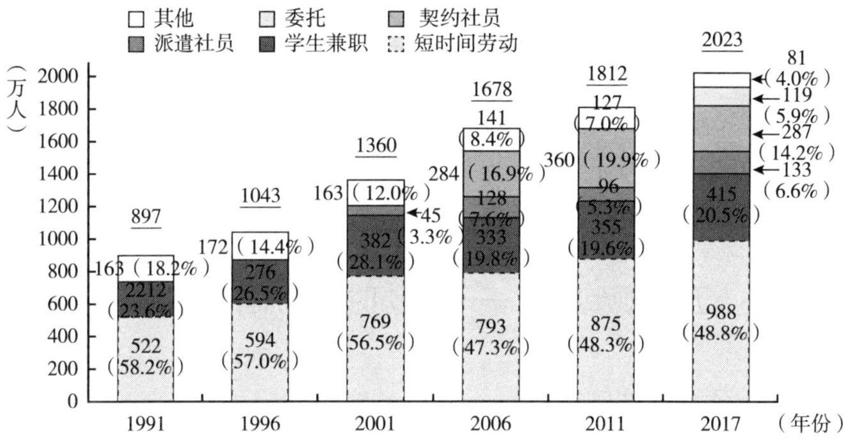

图 10－5 1991～2017 年非正规雇用劳动者的推移（雇佣形式分类）

资料来源：日本厚生劳动省。

在正规雇佣和非正规雇佣的角力过程中，非正规雇佣已经成为日本劳动社会的重要雇用形式，约占就业人口的 40%（见图 10－6），其负面影响也逐渐被社会所认识。特别是职业生涯曲线上，非正规就业随着劳动者年龄的增加并无明显的工资上升趋势，而其社会支出（育儿和扶养老人）的逐步增加会导致其贫困化。而职业不安定性的增强也为他们带来社会心理上的不安定感，其中消费抑制是最明显的后果之一，这些负面影响使得日本的经济政策收效有限。这些原因导致了日后日本劳动关系规制的调整，即推进正规雇佣与非正规雇佣劳动者的同工同酬，以及打通两种就业形态的转换渠道。

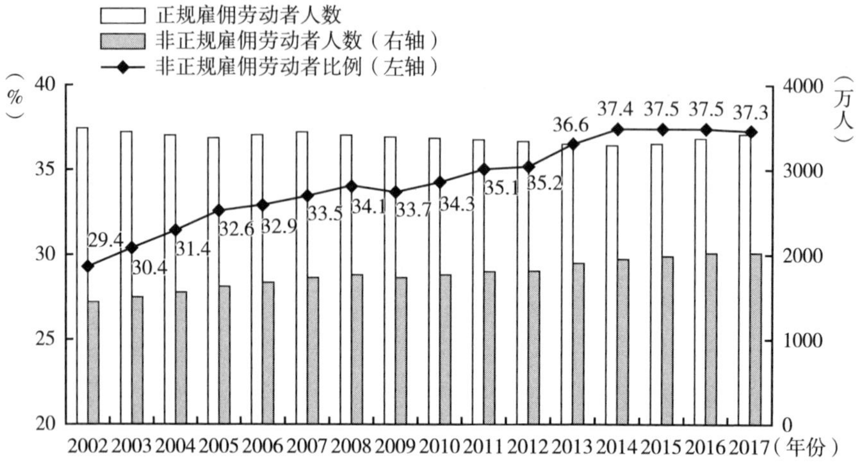

图 10－6　2002～2017 年正规雇佣与非正规雇佣的推移

资料来源：日本总务省。

五　规制强化——劳动时间规制的变化

（一）劳动时间的缩短

作为重要的劳动条件之一，日本的劳动时间分为法定劳动时间、约定劳动时间（所定劳动时间）和加班时间（休息日劳动与时间外劳动）。日本从1970 年代就开始在企业尝试每周休两日的制度，但是该尝试在全社会的推行是在日美贸易摩擦的解决后。在 1986 年《前川报告》中，缩短劳动时间作为扩大内需的重要政策被提出，1987 年 5 月新《前川报告》中更提出了将日本年劳动时间小时数缩减到美国和英国相当的水平，即年工作时间为1800 小时。

在《劳动基准法》1987 年 9 月修订时，法定工作时间被缩短为周 40 小时。但是，为了缓和社会中小企业的承受压力，同年 12 月通过劳动行政命令的方式，日本特别规定给予中小企业过渡期间（1993 年 3 月前，缩短劳动时间至 46 小时）。对于 30 人以下的保健卫生业者、100 人以下的制造业者、以及300人以下的建设业者和所有交通运输行业的企业，政府给予新劳动时间适用的缓冲期间。此外，政府还对于小微企业的劳动时间通过行政命令的方式做出特别规定，例如，商业、服务业企业，劳动者少于10人的，周劳动时间上限为48小时；劳动者少于5人的，周劳动时间上限为54小时。

1993年6月《劳动基准法》再次修订时，对于制造业、建设业和商业等行业的300人以下企业，周劳动时间定为44小时；对于10人以下的制造业、建设业和交通运输业等，周劳动时间定为46小时；对于5人以下的服务业、商业等，则规定了暂行措施，允许一年内仍为周劳动时间48小时。但是上述各种特例规定，都须在1997年4月后适用法定周劳动时间的40小时。

为了促进日本社会减少劳动时间，日本政府在1992年还特别制定了《促进劳动时间缩短等的临时措施法》（以下简称为《短时间促进法》），并规定了国家目标是，年劳动时间数从1992年的1958小时缩减为1848小时。《短时间促进法》的法律期限原本预计到2000年为止，但是由于年劳动时间1800小时的目标难以在日本社会实现，因此该法的废止期限延至2006年。随着新劳动时间制度的执行，日本的工作和通勤时间减少，休闲时间增加。也有从经济学角度观点认为，这样的劳动时间改革，使劳动供给减少，生产性上升率低，是日本“失落的十年”原因之一。

然而，在上述劳动时间改革中，企业其实并没有坚决执行，而是在劳动关系中留下集体协商的渠道，以劳动者自治的方式解决企业需求的实际需要。对此，实际上早在1982年，日本劳动省令就规定，时间外劳动（企业约定劳动时间）协定是必要协议事项，这里的劳动时间不限于一日内的劳动时间，同时还可就一定期间内的加班时间进行协商。当时劳动省在行政指导上将周加班时间上限具体示例为一周15小时、两周28小时、三周39小时、四周48小时、一个月50小时的上限。1989年2月进一步追加两个月95小时、3个月140小时、1年450小时的上限。1993年将上述加班时间上限适度下调，分别为1个月45小时、3个月120小时、1年360小时。

同时，日本《劳动基准法》1989年修订时，对于未按照集体协商约定的工作时间（特别是加班时间），在违法性认定上放松限制，并不当然构成违反法律，而是只要在行政指导的劳动时间范围内则不构成对《劳动基准法》的违反。

另外，对于加班补偿，修正案主要是从法律上提高休息日工作的增付工资（如我国的加班费中扣除100%之后的工资）。1993年6月《劳动基准法》再次修订时，将休息日工资的增付率从25%提高至50%以下，而在实际中，则将休息日劳动的增付工资率提高到了35%。

（二）弹性工作时间

除此之外，日本的工作时间改革的内容还在于弹性劳动时间的适用。在实际的弹性工作时间制度改革上，如果劳动者一定周期内的平均劳动时间没有超过《劳动基准法》的上限，则在政策法律上仍被允许工作。例如在1987年《劳动基准法》修订时，已经规定了四周的变形工作时间制度。劳动者在四周期间内，如果一周的劳动时间超过了法定上限48小时，则并不构成违法。同时，以三个月为周期的变形劳动时间制度改革也出现在日本企业当中，只是在这种特殊劳动时间制度里，程序上必须要与过半数劳动组合或者过半数劳动者代表缔结专项书面协议，即需要按照日本集体协商的方式进行确认。在三个月变形劳动时间制度中，为了保障劳动者的休息权，法律也规定了期间内的工作时间上限，如劳动者一日的劳动时间不得超过10小时，一周劳动时间上限为52小时。

1993年9月《劳动基准法》修订时，进一步将变形劳动时间的期限从三个月扩展到一年，同时为了避免长期加班现象的出现，在规定变形劳动时间期限为一年的情况下，若变形劳动期限超过三个月时，劳动者一日劳动时间上限为9小时，一周上限为48小时。1998年9月《劳动基准法》修正时，考虑到经济情势的长期低迷，该修正案进一步回调了时间上限，劳动者一日的工作时间上限设定为10小时，一周的工作时间上限设定为52小时。

在变形劳动时间制度外，日本法律还增设了视同劳动时间制。这种劳动时间制度，是根据工作业务形态和具体实行方式形成的，由于必须交给劳动者自行裁量判断，而无法由劳动使用者具体指挥命令，因此无法通过旧有的劳动时间制度计算劳动时间，而由劳资双方具体协定劳动时间的认定方法。1987 年《劳动基准法》修订时，将视同劳动时间制度的适用范围限定为新商量技术的研发、信息处理系统的分析设计、新闻出版广播的采访、编辑和制作者、设计人员、导演、编剧七种工作类型。但是，通过集体协商可以将该劳动时间制度适用到其他岗位。1993 年法律修订时将适用岗位类型扩展到 13 种①，2002 年修订时继而将适用类型扩展至 21 种②。

2002 年底，日本在政策审议中建议对 2003 年《劳动基准法》进行修订，针对当时社会尚未出现低迷的经济情势，进一步放宽了裁量劳动时间制度的适用范围。特别是，对于企划人员的视同劳动时间的适用，不再要求企业劳资委员会全体通过，而是规定劳资委员会超过 4/5 委员通过即可，简化了制度适用程序。

小　结

在劳动时间制度上，日本与我国具有一定的相似性，是以长时间劳动下的廉价劳动，参与全球市场竞争的。长时间劳动是日本社会的固有传统，但是在少子化的社会中，对劳动者的健康和生命的保护，是劳动关系规制的首要问题。同时，在日美贸易摩擦和经济发展低速期，劳动时间的减少特别是延长劳动时间的减少，也有益于企业经营成本的控制；而于社会而言，可以增加消费生活的机会，以及加大劳动者自我能力提升的可能。与暇与能，是这一劳动政策的主要考量。但是，劳动时间规制的过程中，也可以看到规制变通，特别是赋予集体协商以劳资自治的方式，确定适合本企业的劳动时间制度，保障了企业方生产经营的需要。值得注意的是，对负有家庭责任的劳

---

① 增加的工作类型包括文创人员、会计、律师、建筑师、不动产鉴定师和辩理师。

② 1998 年增加了企业企划工作人员作为适用人员，但是为了避免制度滥用，要求对该类型人员的特殊工作时间的适用必须经过劳资委员会全票通过。2002 年日本厚生劳动省通过行政规定的方式进一步扩大了适用范围，增加了证券分析师、系统咨询等 8 种工作类型。

动者劳动时间的限制，则是针对日本人口家庭结构下的劳动政策的应对，具有很强的社会伦理性。

六　社会保险的配合

日本的失业保险制度在1970年代就改称为“雇佣保险制度”。在雇佣保险中，保险待遇不仅仅涵盖失业期间的工资待遇补偿，还包括对求职、就职促进、教育训练、雇佣继续给付（又分为老年人雇佣继续给付、育儿休业给付和残老家人照顾的休业给付）等。为了解决现金给付不能增进再就业的问题，雇佣保险制度在1980年代初就进行了系列改革，并调和了老年劳动者和青年劳动者在给付上的不公正。1984年7月《雇佣保险法》颁布。但是由于当时日本接近于完全就业状态，雇佣保险并不适用于非正规就业中的劳动者，特别是当时以女性为主体的短时间劳动者。

在日美贸易摩擦过程中，劳动力市场供需变化带来了就业压力，选择短时间劳动的不仅仅限于家庭妇女或老年劳动者。对此，为了充实对这部分非正规就业劳动者的社会安全网的构建，1988年12月日本中央职业安定审议会雇佣保险分会中，增加了雇佣保险法对非正规劳动者的适用。但对其收入、加入保险的期间、以及劳动时间等设定了较为严格的条件①，并没有覆盖全部短时间劳动者。

1990年代后半期，经济泡沫破灭后，日本失业人口激增，而同时雇佣保险的收支情况进一步恶化。而此时失业人口凸显为中老年劳动者。2000年法律修订时，政府在保险给付上开始区分失业原因，对于因经济环境导致的企业破产而被解雇佣劳动者，将对其给予较长时期的保险待遇。例如在雇佣保险给付上，将上述破产解雇者列为特定受给资格者，而给予特别对待。例如，在2000年以前的雇佣保险中，不满30岁者通常工龄在10年以内的

① 当时的制度建议中，要求雇佣需在一年以上，工作时间需达到一般劳动者的3/4，以及年工资收入需要在90万日元以上。后在法案审议过程中降低了工作时间要求，将周工作小时数降为22小时～33小时之间。但是下调了其保险待遇水平。

都给予最多90日的雇佣保险待遇；但是在被认定为特定受给资格者的情况下，不满30岁者工龄在5～10年的，雇佣保险待遇达到120日；相应的，30岁以上不满45岁特别受给资格者，工龄超过20年者，其雇佣保险待遇也从2000年的210日增加至240日；45～60岁特别受给资格者，则增加了工龄5年以上的保险待遇，5～10年工龄的特别受给资格者的保险待遇从2000年的210日增加到240日，10～20年工龄的特别受给资格者的保险待遇从240日增加到270日，20年以上工龄的特别受给资格者的保险待遇从2000年的300日增加到330日。但是，对应60～65岁特别受给资格者，相应降低了其雇佣保险给付时限。①

以上可以看出，在2000年后为了应对较为恶化的失业状况，日本对于失业者进行了社会保险政策上的区分。对于受日美贸易摩擦解决影响和经济泡沫破裂导致的非劳动者过错的失业，给予了相对较高的雇佣保险待遇。

与此同时，日本在1990年代开始，也调整了雇佣保险的费率。例如1992年以前的雇佣保险费率，劳动使用者一方承担0.9%，劳动者个人承担0.55%；由于日美贸易摩擦解决后，出现了短时期的经济景气，社会保险基金结余，1993年一度将劳动使用者和劳动者个人所承担费率分别降至0.75%和0.4%；但在2000年社会保障经费紧张，就业压力较大时，雇佣保险的缴费比率在劳动者和使用者双方都做了上调，分别为0.6%和0.95%。即便如此，2001年度的雇佣保险结余仍然出现了约3500亿日元的赤字；2002年则进一步上调雇佣保险费率，劳动使用者方上调为1.05%，劳动者方上调为0.7%。此后，日本的雇佣保险费率继续上调，2007年上调为劳动者承担0.7%，劳动使用者一方为1.05%。但是考虑到费率提升对企业造成的成本负担，因此，费率调整设定了一定的过渡期间。

---

① 被保险期间不满一年的，雇佣保险待遇仍为90日，此外则全部降低了给付标准：被保险期间1年以上不满5年的，原先的保险待遇为240日，2000年后降低为150日；被保险期间在5年以上的，原先不再区分，保险待遇均为300日，2000年后区分被保险期间，满5年不满10年的，保险待遇为180日，满10年不满20年的，保险待遇为210日，被保险期间超过20年的，2000年后保险待遇降低为240日。

在2000年初期的雇佣保险调整，主要解决的是1994年后日本经济泡沫破裂后社会失业的增加问题。虽然企业经营破产本身存在自身的经营问题，但是日美贸易摩擦下，受到冲击的产业客观存在，而日本1990年代内部经济政策的失误而导致的经济崩溃，也使失业问题具有一定的时代性。因此，日本政府设定特别受给资格，提高失业劳动者的雇佣保险待遇（大部分为增加了一个月的雇佣保险待遇），一定程度上安抚了社会情绪。此外，降低一般失业者的雇佣保险待遇，纠正了1980年代雇佣保险待遇高于或等于工资收入的弊病，给予失业者一定的就业刺激。此外，这一时期的雇佣保险，虽然仍然区分了正规雇佣和短时间劳动的非正规雇佣，但是对于经济环境导致的失业情形，日本政府也给予短时间劳动者相应的雇佣保险待遇，并细分了短时间劳动者被保险期间的不同保险待遇，与正规就业者趋同化。这一点为2007年后不同劳动关系形态下的雇佣保险待遇的一体化奠定了基础。最后，最为重要的是，针对35岁到45岁的失业者，法律给予重点扶持，对中年劳动者失业给予了特定的倾斜保护。

七　促进就业平等

1990年以后，除了日美贸易摩擦解决的长期影响，以及日本国内经济泡沫破裂后的劳动市场的错配，事实上，在更为广义的时间内，日本的人口结构也发生了深刻变化。因此，日本的劳动关系政策调整必须考虑当时的劳动力过剩、信息技术革命带来的结构性失业，以及长期来看的劳动力供给不足。

因此，在这一时期，促进就业平等也成为调动社会劳动力的重要政策方向。日本这一时期的就业平等政策，主要促进性别和年龄上的就业平等。但这两个方向的就业平等促进，动因上存在不同。性别平等的推进在这一时期更多的来自国际影响，而年龄平等则是对经济情势下被挤出的男性核心劳动力的政策救济，具有更强的内在动因。

（一）男女就业平等

1985 年《广场协议》签订同年，日本劳动关系立法领域内重要的新法律是《男女雇佣机会均等法》。该法的制定，主要是受到同年世界妇女大会的影响。1975 年墨西哥召开的世界妇女大会上通过《世界行动计划》，敦促各国在 1985 年年底前出台促进本国提高女性地位的具体制度。日本 1975 年 9 月在政府中新设了女性问题计划推进部，研究世界各国的妇女促进政策，以制定本国的政策，并将日本立法的目标放在“努力改善日本传统和雇佣制度，促使在职业生活的各个领域男女获得平等机会和待遇”方面。

1979 年联合国通过了《消除对妇女一切形式歧视公约》，日本 1980 年 7 月加入了该公约，1980 年由女性问题计划推进部审查本国现行法，决定在 1985 年正式批准该公约。1985 年 5 月，日本出台了《男女雇佣机会均等法》，同年 6 月日本正式批准了联合国《消除对妇女一切形式歧视公约》。

在国内立法过程中，日本通过将判例法理上升为法律，从退休、退职、解雇，以及教育训练和社会福利等方面，禁止性别歧视；在招聘、录用、岗位分配和晋升等方面，要求企业有在其努力义务的范围内不予歧视。1997 年 6 月《男女雇佣机会均等法》修订时，上述努力义务终于明确转换为法定义务，同时立法上接受了积极措施作为对性别歧视雇佣的矫正制度。2006 年该法再次修订时，日本将法律条款中原本规定的对于女性的歧视，变换为基于性别的歧视，从而针对男性的性别歧视也被纳入劳动关系规制的范围，并且，间接歧视也开始有章可循。厚生劳动省 2006 年通过省令规定，列举了间接歧视的情形，例如，在招聘时对劳动者的身高、体重以及体力做出要求；综合性职位要求劳动者须能够按照工作岗位的变化搬家；在晋升条件上要求必须有转岗经历等。此外，在 2006 年禁止就业性别歧视方面，日本不仅对于正规雇佣关系中的劳动条件做出了有利变更，对于劳动条件的不利变更以及非正规就业形态中的劳动条件适用，也适用间接歧视的规制。

（二）年龄歧视

在日本经济变动中，企业破产或裁员导致的劳动力挤出，除了增加了非正规就业劳动者的数量，也使一些正规就业劳动者不得不转变雇用形式维持生计。在被挤出的正规劳动者中，往往是中老年劳动者受到的影响最大，他们也最难以重新成为正规雇佣劳动者（见图 10－7）。2001 年 1 月日本实施《雇佣对策法》规定，为了使劳动者能力得到有效发挥，在招聘或录用上，企业一方不得因年龄为由拒绝雇佣劳动者，而应当努力给予劳动者平等就业机会。但是，这种规定对于日本劳动关系的传统而言，也是难以接受的。由于在终身雇佣传统中，企业对于劳动者的培养投入很多，而劳动者的职业技能和职业忠诚度也基本与本企业相匹配。在此情形下，企业倾向于招聘没有工作经验的应届毕业生，而较少愿意招收中老年劳动者。

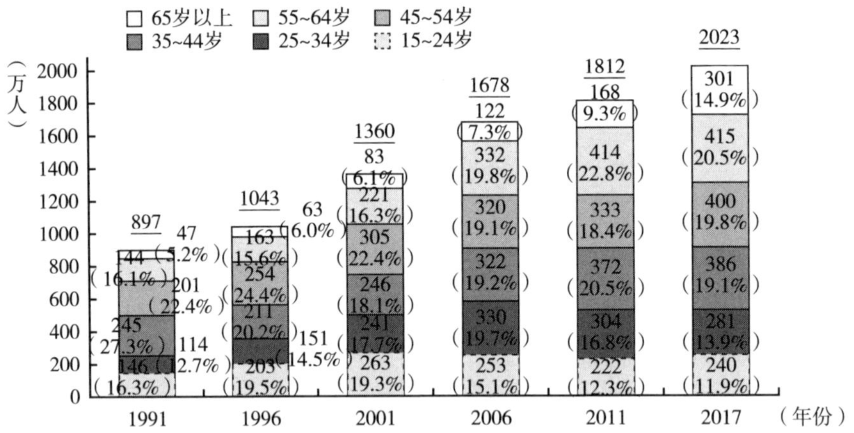

图 10－7　非正规就业劳动者的推移（年龄分类）

资料来源：日本厚生劳动省。

为此，《雇佣对策法》为了缩小与企业招聘的实际差距，列举了十种可以认定不属于年龄限制而具有合法性的例外情形。这些情形包括：①通过长期工作而形成劳动者职业生涯，为此招聘和录用应届毕业生；②特定年龄层较少的情形下，为了维持或恢复员工的年龄构成，而招聘和录用特定年龄层的劳动者；③因为退休年龄或连续雇用的最高年龄要求等，在录用上即使劳动者可以充分发挥能力，但是由于其必要的职业能力形成前可能达到退职年龄，因此招聘或录用一定年龄层以下的劳动者；④在就业规则上明确规定了工资与年龄的对应关系，认为不论年龄如何而以确定工资招聘，录用后就会出现支付工资额违反就业规则的情况，因此只招聘特定年龄以下的劳动者；⑤由于经营的商品是以特定年龄层为对象，因此为了实现与顾客良好的互动关系而只招聘特定年龄层的劳动者；⑥在艺术戏剧等领域为了达到表现的真实性而招录特定年龄层的劳动者；⑦因为劳动灾害发生情况，为了防止劳动灾害或确保安全性，特别是针对必要的工作，招录特定年龄层的劳动者；⑧体力和视力等由于年龄增长而导致功能退化，但是是工作本身不可缺少的条件，而招录特定年龄层劳动者；⑨根据行政机关的政策规定只招录中老年劳动者；⑩根据《劳动基准法》等法律规定，针对禁止特定年龄层就业的工作类型，招录限制或禁止之外的其他年龄层劳动者。

2004 年 6 月日本修订了《老年人雇佣安定法》，虽然没有明确禁止年龄歧视的规定。但是，对于企业一方增加了招录说明义务，即“事业主在招聘和录用劳动者时，不得已而需要将以一定年龄以下（限于 65 岁以下的年龄限制）作为招录条件的，对于求职者本人，必须按照厚生劳动省令规定的方法说明理由”。具体而言，厚生劳动省在当时规定了招聘时使用的招聘书，同时即便企业招聘时具有前述 10 项可以不认定违法限定年龄情形的，也必须向求职者说明具体属于哪一类别。2007 年，日本修改《雇佣对策法》时，将不分年龄均应给予求职者平等机会作为法定义务予以明确。这也是日本在劳动关系立法上第一次将反年龄就业歧视明确作为法律义务。

八　职业训练与职业能力开发的社会化

随着劳动市场的规制缓和，日本在解决失业问题上也尝试通过外部劳动市场的介入，努力实现“无失业灵活的劳动力移动”。1985 年 6 月，在《广场协议》签订后，日本修订《职业训练法》，改称其为《职业能力开发促进法》。职业能力开发在日本的传统劳动关系中，二战后最初是作为国家事业统一由公共职业培训机构承担的。1960 年代以后，出现了企业负责对员工的职业训练和保证员工职业能力提升。此次法律修订，是鼓励企业将职业训练作为内部人力资源开发的一部分，并从法律上支持企业给予受训劳动者带薪教育训练的休假。本意是希望一定程度上避免企业直接将劳动者推向外部市场，而对企业主要求制定本企业的职业能力开发计划和责任人（法律上的努力义务而非强制性义务）。

但是，上述法律规定在 1990 年开始，随着劳动力市场供需关系的改变，企业自行开展实施内部职业训练和职业能力开发的大环境消失。政府意识到必须在外部劳动市场中，由政府出面提供上述公共服务。1997 年 5 月日本再次修正《职业能力开发促进法》，在维持原有的带薪教育训练休假之外，对于长期教育训练的休假获得，以及为了确保教育训练的实现而在工作时间的起始时间变更等方面做出了具体规定。

为了与职业训练和职业能力开发的外部化相配合，在社会保障制度上，1998 年 3 月日本修订了《雇佣保险法》，新设了教育训练给付制度。被保险人在加入该社会保险五年后，有社会保险支付其教育训练费用的 80%（由于后来社会保险费用的财源紧张，2003 年 4 月起降至 20% ~40%）。2007 年 4 月该法修订后，进一步降低了教育训练给付的受给标准，只要求加入雇佣保险满一年者均可适用。

从公共职业训练到企业为中心的职业培训，以及后来以劳动者个人为主体的职业能力提升，法律在这一领域更加重视劳动者主体的选择和意愿，政府在公共服务供给①上主要是提供了更多的课程选择。企业承担的职业培训依然是以正规雇佣劳动者为中心，并且出于全球化的竞争考虑，越来越多的

① 如职业培训监督员的培养，日本 1997 年成立了职业能力开发大学，主要是对这些职业培训监督人员、职业技能认定等进行专业培训。

企业也不愿承担职业培训的责任。1990年代以后，白领劳动者在经济低迷期一直处于过剩状态[①]，为了纠正劳动者在劳动市场中的错配问题（职业能力与工作需求），个人自发地进行职业能力开发具有更强的针对性，也成为这一时期主要的社会认知。然而，职业能力开发也存在实际问题，例如前述法律规定以带薪休假的方式给予劳动者职业培训的机会，但实际实施中日本企业很少真正执行。1985年当时的调查显示，执行带薪休假职业培训的企业不足日本全部企业的8%。[②] 而将职业培训主体移交给个人自由裁量时，也产生了大量对职业训练给付的滥用问题。如何以劳动者的“职业权”为中心，将在职和失业过程中的职业培训作为社会的公共财产予以充实是日本当前直接面临的问题。

九　日本劳动市场政策的现状：一亿人总活跃

日美贸易摩擦争端和日本经济泡沫破裂后的劳动市场政策调整影响深远。在这一时期，相对于经济长期低速发展，国内劳动力供给长期高于市场需求，就业压力长期存在。劳动市场的规制措施，客观地解决了日本特殊时期的就业压力。但是，其负面效果也日益凸显，主要体现为：①非正规就业者的差别待遇以及代际格差；②劳动时间规制的非彻底性；③由于规制缓和导致的非正规就业群体增加，差别待遇和就业不安定导致了非正规就业劳动者及其家庭的巨大生存压力，进而影响到社会保障体系。但是2008年国际金融危机，以及2011年东日本大地震，使日本无暇系统修复上述政策问题。

2012年，安倍晋三二次组阁。为了摆脱长期的通缩问题，安倍政府提出了新的经济政策[③]（也称为“安倍经济学”），发起了新的劳动市场规制

---

① 〔日〕中井敏夫：《白领劳动者的职业能力开发新发展》，劳务行政研究所，1997，第23页。

② 〔日〕矢野昌浩：《职业能力促进法》，参见〔日〕岛田阳一、菊池馨实、竹内寿主编《战后日本劳动立法史》，旬报社，2018，第504页，注释47。

③ 政策的主要构成包括三个方面，即新层次的金融放松；灵活的财政运营；规制改革。相对应的，安倍经济政策的三大目标定位为：“充满希望的强大经济：GDP实现600兆日元”，“构筑梦想的育儿支援，出生率实现1.8”，以及“安心的社会保障：照顾离职零发生”。

改革。这次新劳动市场规制改革的目的是实现“一亿人总活跃”。针对日本超老龄少子社会[①]的现实，安倍政府希望新的劳动市场政策可以实现“无论男性还是女性，无论老年人还是青年人，无论是经历过失败的人还是罹患疾病的人或残疾者，在家庭、在职场、在地方都可以活跃，形成全民参与的社会”。2016 年开始，在一亿人总活跃计划下，日本主要的劳动市场政策体现了对日美贸易摩擦下劳动市场政策的回调，重点集中在：①同工同酬下的非正规就业劳动者待遇改善，②奖励延迟退休和促进老年人雇用，③总劳动时间的抑制。

（一）正规就业与非正规就业的“同工同酬”

如前所述，在日美贸易摩擦下的劳动市场调整政策中，非正规雇佣深刻地改变了日本劳动关系的格局。然而，在实现正规就业发展过程中，正规与非正规就业者的差别待遇，随着劳动者工作年限的增加日益扩大，并继而影响到家庭生活的方方面面。而非正规就业者的流动性也意味着劳动组合的碎片化，以往的劳动组合（工会）被进一步解构，因为这些劳动组织在职场中因为代表正规雇佣劳动者利益，而无法获得非正规雇佣劳动者的信赖和授权。在差别待遇下，非正规雇佣劳动者只能通过个体争议诉请劳动权益的保障，使得日本的劳动争议处理机制上更加个别化，并直接促生了日本劳动审判制度。

为此，日本在反就业歧视的基本原则下，提出了禁止对非正规就业劳动者的歧视。其实在改革之前，2013 年施行的《劳动契约法》和 2015 年施行的《短时间劳动法》中就已经规定，禁止不合理的劳动条件差别。在一亿人总活跃计划下，日本主要从同工同酬的角度，参考欧盟制度，从司法裁判和企业实务指导两方面，明确不合理差别待遇的范围，并明确雇主对待遇差别的说明义务。在此背景下，相关劳动法需要系列修订，2018 年通过的《劳动方式改革推进法律完善法》[②]，规定了相关法律的修改方向。

---

① 日本的人口 2015 年为 1 亿 2709 万人，2065 年预计为 8808 万人，2115 年预计为 5056 万人。
② 働き方改革を推進するための関係法律の整備に関する法律，平成 30 年法律第 71 号。

对于包括派遣、短时间劳动等非正规就业劳动者需要与正规就业劳动者（正式社员）之间的差别待遇在目的和性质上具有正当性。例如，派遣劳动者需要与派遣企业内的员工就差别待遇进行纠正，同时满足一定条件的应当通过劳使协议确认待遇。雇主对于上述待遇上的差别，在法律上负有说明义务，需向非正规就业劳动者说明待遇差别的内容和理由。前述说明义务所产生的争议，可通过劳动行政调解的方式促进解决。

（二）劳动时间规制的强制化

在劳动关系的规制强化上，劳动时间规制虽然客观上增加了劳动者的休息时间，但是在延长工作时间上并没有强制措施，并允许企业存在一定的变通[①]，事实上这使超长时间劳动问题进一步严重了。无薪加班和自愿加班，促使过劳死和过劳自杀社会问题的发生，改变了政府行政的规制态度。

对此，劳动改革中再次强调对过劳问题的规制，法律改革上开始增加惩罚性措施，在《劳动基准法》和《劳动安全卫生法》中拟增加延长工作时间违反法律规定的罚则，对劳使协议的特殊约定进行限制。例如年延长劳动时间不得超过 720 小时，单月不超过 100 小时，复数月不得超过每月 80 小时等。同时，对于带薪休假的给予，法律需要进一步确保劳动者自由获得带薪休假的机会，拟在法律中规定年休假 10 日以上者，其中 5 日确保由劳动者自由指定。而在工作日之间的休息时间，法律上雇主需尽到确保一定休息时间的努力义务等。

（三）照顾支援与社会保险制度的完善

在老年雇佣方面，日本提出人生百年计划，随着日本老龄化对社会保险支出的巨大压力，近来日本有望推进 70 岁延迟退休立法进程。同时，为了应对老年就业的困难，在目前的劳动关系调整上，鼓励企业允许在职员工开

① 即便通过劳使协议可以制定劳动时间的特别条款，但实际据此实施的大企业不过 14.6%，中小企业仅为 1.9%。

展副业，使劳动者在应对老年后的就业更有竞争力。

此外，日本通过提升消费税，补贴育儿家庭，提倡和鼓励企业办保育设施。对于履行照顾职责的劳动者，企业予以最大限度的支持确保其职业安定，如开设母亲职业介绍专门窗口，为高层次女性劳动者提供领导力培训等。此外，企业增加保育和养老看护人才的培育和引进，提高其工资待遇，消解因照顾老人和小孩而导致的被动离职所带来的负面影响。

结 论

综上所述，日本在对美贸易摩擦过程中，劳动市场的政策调整既有放松缓和，也有强化提高，基本实现了当时保就业的政府目标。然而，其产生的深刻社会问题，导致安倍政府不得不进行劳动政策的回调。

其中，非正规就业扩大引起的雇佣不安，导致了社会不安情绪的蔓延——低欲望、无欲望社会也随之形成，可以说是上述劳动关系规制缓和的结果之一，并对日本经济社会生活的多方面影响。在就业不稳定－收入不稳定－消费抑制的恶性循环下，日本社会经济长期处于通缩状态，经济活力大减，并出现了沉重的社会财政负担，导致社会保障等公共财政支出不断推高日本国家债务，日本经济的调整空间受到极大限制。此外，不婚族、御宅族、食草系等社会群体的出现，是对上述雇佣不安的直接回应，也进一步加剧了日本人口结构的危机，这一点对于我国具有重要的警戒意义。虽然中日两国在劳动关系调整上，基础特点并不相同。例如，日本是以非正规就业扩大为主要过渡措施，与我国固定期限合同和劳务派遣等相比早已是劳动市场格局中的主要部分，目前以平台经济为依托的就业形式使日本就业者面临更大的社会风险。[①] 但是，同作为灵活化就业手段，当前我国社会对于平台经济和新就业缺乏政策干预，甚至片面强调其保就业的意义，而对于其带来的负

① 平台就业是否属于劳动关系在我国尚未定论。这使这部分劳动者无法获得劳动基准上的基本保护。同时在社会保障制度下，也非常脆弱。

面影响估计不足。比较日本，随着非正规雇佣劳动者的老去，日本社会出现了贫困中老年阶层，未婚无子的孤老人口需要更多的社会资源予以帮助和解决，这也加剧了社会负担。[①] 而处于非正规就业中的年轻人，对于子女支出也在逐步降低，儿童贫困也使未来劳动者的学历和能力提高受到限制，进一步影响到日本劳动社会的未来。比较之下，目前我国推行的二孩政策也应该从劳动政策的角度考虑如何攻进。如何确保给新就业类型的劳动者以底线保护，如何通过工会组织提高其与平台经济的博弈能力，以及如何使新就业类型劳动者尽可能充分地被纳入社会保障体系等，都是考验我国政府的新问题。

此外，对日本一些劳动关系政策调整，我国可以考虑借鉴，例如劳动时间的规制[②]和平等就业的促进政策[③]，以及社会保障制度的平等化措施和职业能力开发措施等。事实上我国也正在向这些方面发力。例如2019年3月，我国人力资源和社会保障部、教育部等九部门发布了《关于进一步规范招聘行为促进妇女就业的通知》，进一步细化了婚育等相关的女性就业歧视规制。对于促进两性平等就业具有积极影响。而在职业能力开发上，我国2019年3月宣布增加100万个高职院校扩招名额，5月国务院办公厅印发《职业技能提升行动方案（2019～2021年）》，明确了职工转岗培训的扶持政策。人力资源和社会保障部5月宣布从失业保险金中拿出1000亿元用于补贴1500万人次转岗培训（人均6000余元），显示了我国政府对职业教育和职业培训的高度重视。但是，对于年龄歧视，劳动市场政策也需要正视。特别是对于因贸易摩擦而产生的失业者，如何在失业保险和其他社会保险方面完善其安全网的构筑是非常急迫的问题[④]。而职业培训如何与在职安定相结合，符合企业特性化需求以及科技发展的方向，是我国政策实施者需要细化的方向。

---

① 日本称为“4080”问题，即40岁年龄层的非正规就业者，需要80岁父母的接济过活。

② 时下科技企业的“996工作制”已经成为社会热点，但是否应当以标准工时规制，需要视其工作职务具体判断。

③ 中华全国总工会今年的主要工作重点，即在于推行职场中的性别平等。如果以此为契机，也重视年龄平等，可以更符合当下我国经济情况的现实。

④ 特别是失业者和家庭的医疗、住房、教育等，需要社会保障制度上的临时特殊照顾。

参考文献

《两会观察：中国全面发力就业优先政策》，中国新闻网，2019 年 3 月 5 日。

莫荣：《就业是最大的民生》，《人民政协报》2019 年 3 月 19 日。

徐瑾：《贸易战前，日本经济成败对中国有何启发》，FT 中文财经网，2018 年 7 月 16 日。

梁建章、黄文政，《日本经济是输给了贸易战吗?》，新浪新闻，2018 年 3 月 28 日。

〔日〕岛田阳一、菊池馨实、竹内寿主编《战后日本劳动立法史》，旬报社，2018。

Okazaki Tetsuji, *Industrial Policy in Japan*：70 – *Year History since World War II*, Japan SPOTLIGHT，2017。

〔日〕安井健悟《劳动市场·雇用体系改革》，日本内阁府经济社会研究所，2009。

〔日〕中井敏夫《白领劳动者的职业能力开发新发展》，劳务行政研究所，1997。

第十一章　劳动力市场灵活化下的典型国家地区工资支付保障立法规制比较

叶　迎*

摘　要： 在经济下行期，劳动力市场日趋灵活化发展的背景下，工资灵活化是发展相对比较慢的一个过程，因为工资涉及工人的核心利益。在这个背景下，要保障工人权利，目前最有效的努力方向不是通过工资集体协商，或是通过最低工资立法，而是以工资支付保障制度来保障工人的利益。本文将从工资的概念入手，比较七个国家和地区（英国、法国、德国、美国、日本、中国台湾地区、中国香港地区）的工资支付保障制度，为我国的工资支付保障制度提供参考。

关键词： 劳动力市场灵活化　工资支付保障　立法规制

在全球劳动力市场灵活化发展的进程中，各国劳动关系规制呈现出去管制化、灵活化的倾向。工资制度在各国劳动法律规制上也发生了相应变化，主要表现为以下四点。

第一，在工资的界定上出现了基于劳资双方立场的不同设想：劳动者一方期待对工资权利的保护，而企业一方则强调工资应当与企业经营状况及劳动者个人贡献相结合，注重效率。

* 叶迎，副教授，中国劳动关系学院劳动关系与人力资源学院教师。

第二，“同工同酬”原则在各发达国家的法律规制和判例法理上出现了新的发展，在工资水平市场化运作的同时，各国在工资制度上均强调给付正义。

第三，随着劳动者类别化的深入发展，法律对工资的规制呈现出不同强度。例如，对专业化程度高的劳动者，法律对其工资的规制较为克制，允许劳资双方依照约定进行。

第四，共享经济下独立劳动者的增加引起了各国关注，各国政府对他们的工资支付保障在司法和立法政策上做出了一定回应，并引发对劳动关系、工资等基本劳动法律概念的理论反思。

本文将从工资的概念入手，比较英国、美国、法国、德国、日本及中国香港和中国台湾等典型国家和地区的工资支付保障制度。

一　工资趋势与工资概念

（一）全球工资趋势

2016年全球工资报告显示，自2008年金融危机后，全球实际工资增速于2010年开始恢复上涨，但2012年后又转入下降通道，全球范围内普遍呈现出工资增速降低的趋势。报告显示，在全球大多数国家，近几十年的工资增长速度落后于劳动生产率增长速度。2007～2010年许多国家劳动力份额出现逆周期性上升后，2010～2015年，多数国家的劳动力份额重现长期下降趋势。虽然中国①、德国和美国等国家和地区例外，但即使呈现出略微增长的趋势，这些国家的劳动力份额仍远低于其历史峰值水平，总体而言工资分配呈现效率优先的趋势。报告认为，这应是一系列因素共同作用的结果，其中劳动力市场规制渐趋弱化是重要因素之一。

① 自2016年以后，中国也转向工资的“稳慎”增长。

（二）工资概念

1. 国际公约视野下的工资概念

国际劳工组织（ILO）在1949年发布的《保护工资公约》（第95号公约）中对工资概念做了较为宽泛的界定，强调基于劳动合同关系产生的、雇主向工人支付的报酬，都属于工资的范围。在工资的形式和范围方面，公约强调了金钱形式的支付和直接支付，在当时具有保护劳动者的积极意义。

1951年《对男女工人同等价值的工作付予同等报酬的公约》（第100号公约），额外提及了间接支付的规定，并明确提及了实物支付的形式。

2003年，国际劳工组织围绕第95号公约，就工资问题对各国的实践进行了系统考察和分析。从实践来看，各国劳动法对工资定义的范围并不一致，甚至一个国家不同的法律对工资的定义也并不完全一致。但只要各国对于工资提供了相对合理范围的保护，ILO专家委员会尊重各国在国际劳工标准下界定工资的自由裁量权。

2. 典型国家和地区的工资概念

（1）日本

日本《劳动契约法》指出，劳动契约是指“当事人一方为他方使用劳动，并由对方支付工资而形成合意的契约”。《劳动基准法》规定，“工资”是指“工资、给与、补贴、奖金等无论名称为何，作为劳动的对偿而由使用者向劳动者必须支付的部分”。《劳动基准法》与《劳动契约法》的“工资”概念做同一理解。

在日本，工资的第一构成要件是“劳动的对偿性”。这一问题要参照给付的性质、内容等进行个别判断。在实际中，还存在“任意恩惠性给付”、“福利卫生给付”和“企业设备业务费”三个概念，属于这三种概念的给付不构成“工资”。

工资的第二构成要件在于“由管理者支付”。在日本，工资是劳动契约的基本要素，原则上需要劳动者与使用者合意决定。但是，在企业规模较大的情形中，工资往往根据该企业的人事管理理念制度决定，是集团性的决定。

（2）法国

在法国，工资是一个模糊而很具争议的概念。《劳动法典》第 L3221 - 3 条规定，“报酬，是指雇主基于劳动者的劳动，直接或间接，以现金或实物形式支付劳动者的基本工资或收入及所有其他福利和额外收入”。在法国，工资分为三个部分：“基本工资”“其他福利和附加收入”“费用报销”。“基本工资”和“费用报销”相对容易判定，而“其他福利和附加收入”则因为企业实践差异过大而只能予以笼统规定，究竟包括哪些所得曾引起过众多争议。

长期以来，法国最高法院将工资概念与劳动者的直接劳动联系在一起①，认为其他福利和附加收入必须是雇员付出直接劳动的对价，并基于此将工龄奖、出勤奖、集体效益奖排除在工资以外。但就近年的判例看，法国工资定义的范围在不断扩展，比如在 2015 年 2 月 4 日的判决中，最高法院社会庭将雇主根据企业产出吨位数发给的集体效益奖金纳入劳动者的工资范围。

（3）美国

美国联邦法律和各州法律对于工资有不同定义，工资定义的范围较广且灵活。

联邦法律规定，工资包括雇员给雇主提供服务所获得的任何形式支付的现金和非现金报酬的总价值。美国国税局对于雇员工资的定义是指在个人毛收入里一切以服务获得的报酬，包括工资、佣金、各项费用、小费、其他形式的福利和股票等。对于其他福利，比如带薪休假、带薪接受医疗等，在私人领域，联邦法律不强制雇主提供福利，具体条款由雇主和雇员自行协商；在公共领域，政府要求公共项目承建方的雇主须向雇员提供福利。

各州法律对于工资定义更为广泛，包括内容更多。例如，《伊利诺伊州工资支付和征收法》认为工资是由雇主根据和雇员协议规定的，不论类型，不论形式，付给所有雇员的报酬。雇主依法并根据雇员工作时间而支付的福

① 此概念来源于法国最高法院社会庭 2009 年 9 月 16 日判决。

利应定义为工资补充报酬。各州制定了各自的最低工资，并根据经济规模加以区分。

（4）英国

《雇佣权利法》规定，工资是指因工人就业而须向工人支付的款项，包括：①根据合约或其他方式支付的任何费用，奖金、佣金、假期薪酬或其他薪酬；②病假工资；③法定生育津贴。

1999 年《全国最低工资条例》确定，工资是指雇主向工人支付的，在任何扣除发生之前的报酬。同时规定遣散费、退休金、退休补贴、离职补偿金、顾客所付小费等不属于工资。2015 年《全国最低工资法》在此基础上，补充规定以下项目不属于工资：①以贷款协议或用工资提前预付的款项；②合同规定的应付款项外，法院做出的裁决的支付款项；③工人提出建议的奖励；④除住房外向工人提供的实物利益，无论实物利益是否附有货币价值；⑤能兑换货币、货物或服务的凭单、盖章或类似文件。

英国对于报酬的定义非常广泛，且在不断发生变化。[①] 英国对共享经济中的工资进行了初步界定：作为后备的职工、临时工、随时待命的职工，以及他们停工期的职工工资，由劳动关系以及其是否身处工作场所而确定，包括即便在其被要求出现在工作场所期间事实上没有工作的情形。

（5）德国

在德国，工资是指因劳动者所提供的劳动而向其支付的对价，工资分为通常工资和特别给付，支付报酬是劳动关系中雇主的给付义务。

德国法律中并没有工资的法定界定，甚至在同一法律中不同的情况下，工资概念所涵盖的内容都可能并不相同。在理论和实践中引发问题的不是通常工资，而是大量的其他或者补充性工资。

（6）中国台湾地区

在中国台湾地区，“劳动基准法”第 2 条规定：“工资：谓劳工因工作

① 在 Lewen v. Denda［2000］IRLR 67 一案中，欧洲法院认定，圣诞节奖金也是“工资”，因为这是因雇用而产生的。就其发放的频率来看，这种节日奖金不是经常支付的，对男女劳动者收入差别的影响也不会太大，但判例法也将之纳入在工资之中。

而获得之报酬；包括工资、薪金及按计时、计日、计月、计件以现金或实物等方式给付之奖金、津贴及其他任何名义之经常性给予均属之”。

在中国台湾地区，对工资界定的基本原则是，不论雇主以何种名义给予，只要是雇员因工作而获得的报酬，均属工资范畴。比如，久任奖金、团体奖金、绩效奖金、全勤奖金、优秀劳工奖金及红利皆与劳工工作相关，应属工资范畴。

交通补助费、夜点费及误餐费、兼办其他工作所领的各项津贴或加班费均在劳资双方协商的基础上，以个案认定。

（7）中国香港地区

中国香港地区《雇佣条例》确认，工资是指雇主以金钱形式支付雇员作为其所做或将要做的工作的所有报酬、收入、津贴（包括交通津贴、勤工津贴、佣金、超时工作薪酬）、小费及服务费，不论其名称或计算方法，但不包括以下七点。

第一，雇主提供的居所、教育、食物、燃料、水电或医疗的价值。

第二，雇主为雇员退休计划的供款。

第三，属于赏赠性质或由雇主酌情发给的佣金、勤工津贴或勤工花红。

第四，非经常性的交通津贴、任何交通特惠的价值或雇员因工作引致的交通费用的实际开销。

第五，雇员支付因工作性质引致的特别开销而须付给雇员的款项。

第六，年终酬金或属于赏赠性质或由雇主酌情发给的每年花红。

第七，完成或终止雇佣合约时所付的酬金。

3. 典型国家和地区工资概念的特点

（1）工资定义趋于宽泛化和灵活化

各国和地区对工资概念的界定相比国际劳工组织第 95 号与第 100 号公约，在实践上都更为丰富。各国在其立法实践中，根据社会经济发展中的各类具体问题，对于工资的解释日趋严谨，而在工资的定义上都出现了宽泛化与灵活化的倾向，且随着社会经济的发展而变动。

（2）对新经济形态中的工资做了初步界定

英国规定共享经济中的职工工资（作为后备的职工、临时工、随时待命的职工，以及停工期的职工工资），由劳动关系及其是否身处工作场所而确定，包括即便在其被要求出现在工作场所期间事实上并没有进行工作的情形。

（3）工资界定中体现对人力资本、绩效和劳动效率的关注

随着经济增速的放缓，在宏观层面，平均工资增幅减少，GDP 中劳动力份额下降。在微观层面，从结构上来看，低技术水平劳动者的工资增幅大幅减少的同时，高技术水平劳动者的工资呈现更大增长的趋势，这种工资变动的趋势反映在工资的界定上，表现为对劳动者人力资本与绩效表现的重视程度，以及对劳动效率的重视程度。

二　典型国家和地区工资支付保障制度比较

本文主要从欠薪保障制度和企业经营困难期间的工资支付保障两方面来论述。

（一）日本

1. 欠薪保障制度

1973 年石油危机后，经济停滞，企业破产增多，欠薪事件急剧增多。在此情势下，日本通过《工资支付确保法》，主要内容为工资代偿制度。代偿费用是通过全部由企业主负担的劳动灾害保险基金运作的。欠薪代偿的实施由劳动者健康福利机构进行。

2. 企业经营困难期间的工资支付保障

在日本，劳动力使用者在遭遇破产危机时，应确保其工资优于其他债权获得优先支付。在以往《破产法》基础上，工资中作为破产宣告前享有一般优先特取权的部分成为优先破产债权，在分配程序中能获得优先偿还，但其他部分的工资仅作为一般破产债权，退职金亦然。

2004 年日本完成了《破产法》的全部修订，对工资报酬以及退职金的

保护得以进一步强化。首先，在破产程序开始前三个月内，破产人之劳动者的薪酬请求权属于财团债权。同时，破产程序终止前退职的劳动者，其退职津贴的请求权，在退职前三个月内报酬总额（该总额如果比破产程序开始前三个月的工资总额低的，则以破产程序开始前三个月的报酬总额为准）的相当金额属于财团债权。

（二）法国

1. 欠薪保障制度

法国的欠薪保障制度建立于第一次石油危机时期。1973 年 12 月 27 日第73 - 1194 号法律设立了针对破产工资债权支付的保障基金，除无雇员的个体企业主外，一切私人雇主都必须参加。基金的开支全部由雇主方面的缴费承担，缴费率按失业保险缴费的一定比例确定。基金由 1974 年成立的“职工债权保障制度管理协会”（AGS）负责管理，受益人除了在职雇员以外还包括休产假或工伤假的职工。基金保障范围包括集体程序开始时的欠薪，集体程序开始后因辞退雇员应付的债权，企业清算时因履行劳动合同而发生的欠薪，职工参与计划应付的欠款，相关的社会保险费等。

2. 企业经营困难期间的工资支付保障

（1）妥协性集体协商

2013 年 6 月 4 日通过的《就业保障法》允许陷入经济困难的企业与工会代表签订“维持就业集体协议”（AME），以不解雇为条件对全体或部分员工的劳动报酬做出调整。该协议于 2016 年被扩大到没有陷入经济困难的企业并改称“就业维持与发展协议”（APDE）。

（2）工资作为超级优先债权

《劳动法典》第 L3253 - 2 条将集体程序开始前 60 天的应付工资设定为比其他优先债权更为优先支付的工资债权。进入破产程序后的企业应当支付的工资，如果企业有足够资金则按规定支付；如果企业没有足够资金则由上述 AGS 负责垫付。

（三）美国

1. 欠薪保障制度

美国联邦法律层面没有相应的机制提前垫付薪酬保障劳动者权益。在各州法律的层面上，有加强立法来为被欠薪者提供保障案例，例如加利福尼亚州细化追责的事项和适用范围，劳工专员有权申请冻结雇主等人房产，以从公司银行账户划拨方式支付工资，雇员如有必要提起诉讼，诉讼费用将全由雇主支付。如雇主被发现有窃取工资行为，劳工专员可以要求雇主提供5万美元到15万美元不等的资金保障以继续在加州进行商业活动，如不支付，雇主将被劳工专员依法吊销执照。又如伊利诺伊州把欠薪申诉的金额由3000美元降至0美元，雇员可依次向劳工部门申请听证，将雇主置于大众监督范围下，有效遏制不道德的违法行为。

2. 企业经营困难期间的工资支付保障

（1）停工停产期间的工资支付

《法典》第29编第23章《劳动者调整与再培训法》规定雇主如需关停工作场所和大规模裁员，须提前60天书面通知雇员或雇员代表，如工会、州政府。没有被通知的雇员，可申请最高60天的补偿，州政府可在违反期内每天对雇主罚款500美元。联邦法律不要求雇主支付雇员在停工停产期间的工资。

（2）破产时的工资清算

根据《法典》第11编（破产）第7章（清算）和第11章（重组）的规定，企业如为变卖破产，除去必须优先偿还债务的对象后，雇员才能以债权人的身份要求支付薪金；如为重组，公司会在破产法院保护下运行一段时间，在此期间内，公司要制订一个补偿计划，计划里要包括不同时间要清还的债务人类别，不会影响到支付劳动者报酬，以及雇员的保险和退休金。

（四）英国

1. 欠薪保障制度

英国税务海关总署对企业实施监督，对没有支付员工最低生活工资的企业家实施惩罚。从 1975 年起，雇主和雇员都需缴纳费用到国民保险基金，这是欠薪保障基金的来源。欠薪保障基金，由国内税务局征收与管理。

2. 企业经营困难期间的工资支付保障

（1）停工停产期间及破产时的工资支付

据 1986 年《破产法》，工资债权属于无担保债权中的优先债权，应放于担保债权之后普通债权之前清偿。2002 年，英国企业法在 1986 年《破产法》中新增条文，将原来优先分配给王室财产约 10% 的份额分配给无担保债权人，职工债权因此可以获得更多清偿。

（2）破产时的工资清算

1996 年《就业权利法》规定，破产企业的财产清算应优先用于支付雇员的欠薪。英国破产署成立于 1884 年，处理破产案件，并对破产企业董事追究刑事责任。在破产署下设遣散费支付办公室，当破产的雇主应当为以前的雇员支付遣散费及其他款项而未支付时，负责使用“国家保险基金”支付此类费用。

3. 共享经济中与灵活用工中的“准工资”支付保障

2016 年 10 月 28 日，英国劳动法庭就 Uber 司机与 Uber 公司之间的劳动纠纷做出裁决，Uber 公司需要为 Uber 司机缴纳国家保险、收入税等，并确保作为公司员工的 Uber 司机享有带薪休假、最低工资标准等法律保护的劳动者权利。通过确认劳动关系，共享经济中的劳动者得到了报酬保障。

（五）德国

1. 欠薪保障制度

首先，劳动者享有扣押保护。特定性质的支付，例如圣诞节津贴，是绝对禁止雇主扣押的；其他的工资则享有相对保护，也即在特别额度内不得扣押，而该额度取决于劳动者的抚养义务。

其次，转让、质押和抵消限制。在依据上述法律规定禁止扣押的范围内，工资请求权也不得转让或者质押。同时在上述范围内，即使雇主享有抵销权，也不得对其主张抵销。

德国劳动法中并没有工资垫付或者欠薪基金的相关规定。但《社会法典》规定了破产金制度，赋予劳动者在企业进入破产程序时向公权力机构寻求社会保障救济的可能性。在劳动者从破产金获得工资后，其对雇主的工资请求权依法转移给破产金。

2. 停工停产期间工资支付

①如由劳动者一方的原因导致企业停工停产，则劳动者一方的工资请求权也因此而消灭。②如由经营风险导致，即使是非因雇主的过错而因缺乏能源供给、天气所导致的燃料短缺或供货停止而陷于停产，雇主应继续向劳动者支付工资。③如由经济风险（市场原因）导致，则经济风险由雇主承担，雇主应继续支付工资。

3. 破产时的工资清算

破产程序中工资债权得到了特殊保护。在破产程序开始前劳动者享有的报酬支付请求权为破产债权，破产程序开始后发生的报酬请求权为共益债权。共益债权应用全部破产财产来实现；而破产债权如果未能在破产程序中得到全部实现，则劳动者对破产程序开始前三月的工资享有要求联邦劳动部以最后一个月纯收入数额为标准支付破产金的请求权。

（六）中国台湾地区

1. 欠薪保障制度

“劳动基准法”规定，“雇主不按期给付工资者，主管机关得限期令其给付”。又规定，雇主由于停止营业、宣告破产，或者清算时，在劳动契约所积欠的工资未满 6 个月部分，可享有最高的优先受偿权。此后台湾地区内政管理机构颁布“积欠工资垫偿基金提缴及垫偿管理办法”，并用行政命令宣告从 1987 年 11 月 1 日起提缴积欠工资垫偿基金，如果在 1988 年 2 月 1 日以后企业发生了停止营业、宣告破产或者清算等，则可申请垫付。

2. 停工期间工资

停工原因如归责于雇主，停工期间的工资应由雇主照给。停工原因如属雇主经营之风险者，可归责于雇主。停工原因如归责于劳工，雇主可不发给工资。

3. 雇主歇业、清算或破产情况下工资

“劳动基准法”规定，雇主有歇业、清算或宣告破产时，劳工的下列债权受偿顺序与第一顺位抵押权、质权或留置权所担保的债权相同，按其债权比例受清偿；未获清偿部分，有最优先受清偿权力：①本于劳动契约所积欠之工资未满六个月部分。②雇主未依本法给付之退休金。③雇主未依本法或劳工退休金条例给付的资遣费。

4. 派遣劳工工资

“派遣劳工保护法草案”规定，“派遣事业单位积欠派遣劳工工资，经该劳工请求仍未给付时，要派单位应负给付责任。要派单位依前项给付部分，得向派遣单位求偿。派遣单位有第一项情事时，要派单位得扣抵要派契约应付款项”。

（七）中国香港地区

1. 欠薪保障制度

《雇佣条例》规定，任何人，除非有合理理由自信会有能力到支付期时，付给所有根据雇佣合约须到期支付的工资，否则不得以雇主身份订立、续订或继续任何雇佣合约。又规定，在任何情况下，工资不得迟于工资期届满后 7 天支付。雇佣合约完成时的工资支付不得迟于合约完成后 7 天支付。雇佣合约终止时的工资不得迟于合约终止后 7 天支付。

《雇佣条例》对“支付次承建商及指定次承建商雇员工资的法律责任”做了详细规定。从 1977 年 11 月 1 日开始，在建筑及营造业中，主承建商也要承担向次承建商的雇员支付工资的责任。

对“潜逃雇主”的处理方面，如雇员有理由相信其雇主将离港以逃避支付工资，则雇员可向地方法院申请逮捕该雇主。若地方法院认为理由充分则可发出拘捕令，并要求雇主对归还欠薪提出保证或下令将其拘留。

2. 企业经营困难期间的工资支付保障

中国香港地区的《公司条例》和《破产条例》均规定，在公司清盘时或在破产案中，雇员有权获得一定数额的优先偿还。与此同时，雇员还可通过政府劳资关系组向破产欠薪保障基金申请特惠款项，以垫支被拖欠的薪金、代替通知金与遣散费等。破产欠薪保障基金是1985年根据香港政府制定的破产欠薪保障条例而设立的，这一条例旨在当雇主破产或濒临破产的情况下确保雇员应得的利益。按条例规定，香港设立破产欠薪保障基金委员会，负责管理破产欠薪基金，把款项付给申请领取特别垫支款项的雇员。

综上所述，典型国家和地区的工资支付保障制度呈现出以下特点。

第一，支付保障立法力度在加大。在经济下行时期，各国和各地区都在加强工资支付保障方面的立法规制，各国的法律中均有对欠薪以及企业经营困难时期的工资保障的相关规定。所研究的这些典型国家均为工资设定了为比其他优先债权更为优先支付的工资债权，同时欠薪法律责任也在强化。

第二，支付保障范围在细化。比如，大多数国家和地区将支付保障范围细化到停工、歇业、破产期间的具体规定；有的国家或地区设立了专门的欠薪保障基金（日本、法国、英国、中国香港、中国台湾）；有的地区（如中国台湾）则将支付保障范围细化到派遣劳工工资的保障；还有的地区（如中国香港）对发生在转包过程中次承建商欠付工资进行了规定，而且对“潜逃雇主”逃避支付工资和其他款项也提出了相关规定，等等。

第三，支付保障制度在与时俱进发展。劳动力市场趋于灵活化的进程中，工资也在趋于灵活化。共享经济中与灵活用工中的“准工资”支付保障的重要性开始显现。2016年英国劳动法庭就Uber司机与Uber公司之间的劳动纠纷裁决的案例，通过确认劳动关系，使共享经济中的劳动者得到了一定的工资保障。

三　对中国工资立法的借鉴与启示

（一）中国工资支付保障制度的体系与进展

近年来，随着经济增速放缓和劳动者维权意识增强，劳动争议案件受理数逐年增加，中国劳动关系不和谐因素增多，企业劳动关系日趋复杂。从劳动争议发生的原因看，工资争议占到劳动争议总数的三到四成，成为劳动争议焦点。现行的工资支付保障制度体系还存在着许多问题，远不能满足现实劳动关系管理的要求。

随着中国劳动监察力度加大，工资支付保障与清欠工作取得了一定成效，2004 年到 2010 年追缴工资金额与涉及的人数虽有逐年下降的趋势，但 2010 年后又呈现出缓慢上升趋势，欠薪问题依旧严重，工资支付保障任重而道远。尤其是近年来农民工欠薪事件已呈现出“多发、早发、常态化”的新特点。针对此特点，国务院办公厅于 2016 年 1 月发布《关于全面治理拖欠农民工工资问题的意见》（以下简称《意见》），要求健全源头预防、动态监管、失信惩戒相结合的制度保障体系，努力实现基本无拖欠。近年来，我国劳动人事争议调解仲裁工作不断加强，2018 年上半年，全国劳动人事争议调解仲裁机构共处理劳动人事争议案件 83.1 万件，同比上升 3.3%，办结案件 73.1 万件，调解成功率为 68.1%，仲裁结案率为 87.9%。同时，我国劳动保障监察执法力度也在进一步加大，2018 年，我国对 2017 年省级政府保障农民工工资支付工作进行考核，约谈了被评为 C 级的三个省级政府负责人。同时推进劳动用工领域诚信体系建设，在全国公布了 2018 年第二批重大欠薪违法案件，发布第一批拖欠农民工工资企业“黑名单”。截至 2018 年 6 月底，全国各级劳动保障监察机构共查处各类劳动保障违法案件 6.6 万件，为 106.5 万名劳动者追发工资等待遇 108.8 亿元。

中国现行的工资支付保障体系概括起来讲，包括“三制”“三金”“三机制”。具体而言，“三制”是指建立工资支付标准制度、建立工资支付监控制度、建立工资支付信用制度；“三金”是指建立工资保证金、建立欠薪保障金、建立应急周转金；“三机制”是指建立完善工资支付监督检查机制、建立完善欠薪法律救济机制、建立完善欠薪责任追究机制。《意见》的新发展方向是，推行银行代发工资制度，完善企业工资支付监控机制，建立农民工工资（劳务费）专用账户管理制度，推进企业工资支付诚信体系建设，提高企业失信违法成本等。同时，改进建设领域工程款支付管理和用工方式。这套体系总体来看比较系统、全面，力图全方位地对工资支付进行监督和管理，也试图从制度、机制层面建立长效机制。但是，在体系内部仍存在一些问题。

从系统性上来看，制度分散且缺乏有效衔接；从环节上来看，制度法律层级过低，而且一些制度的合法性受到质疑；制度设计滞后，难以全面、有效地惩处用人单位的违法行为。此外，工资支付保障制度中核心概念的内涵、外延没有明确规定，致使全国各地对于核心概念的理解相去甚远，裁审尺度难以统一，削弱了保障力度。

（二）典型国家地区工资支付保障制度的启示

1. 明晰工资定义的内涵与外延的界定

当前中国关于工资定义的内涵与外延界定模糊，法律规定上也极不清晰，导致工资支付领域有很多混乱现象发生。本调研通过文献检索发现，对于工资定义的内涵与外延，典型国家和地区也并不是很清晰，但大多在实践中不断修正，在其立法实践中，典型国家和地区对于工资的解释日趋严谨，而对工资的定义上都出现了宽泛化与灵活化的倾向，并且随着社会经济的发展处于不断的变动之中。有的国家和地区甚至对新经济形态中的工资进行了初步界定。

2. 提升工资支付保障的制度法律位阶

拥有成熟市场经济的国家和地区多通过立法来规制工资支付，而在中国的现行工资支付保障制度中大多凭借部门规章，很大一部分以地方性规章来规制工资支付，制度的法律层级过低。对工资支付保障的很多规范来源于劳动行政部门的答复和文件，这些答复、文件法律效力低下，科学性、稳定性、权威性也无法与法律法规相比拟，很难保障工资支付保障制度连贯、顺利地开展。

3. 从国家层面建立法规规范欠薪保障金

目前中国建立欠薪保障金制度的只有深圳和上海两座城市。欠薪保障金是成熟市场经济国家和地区普遍采用的一种应对措施，因此从性质上讲应当定位成一种方向性措施，从国家层面建立法律法规，将当前中国部分地区采用的宏观监控措施上升到国家法律层面，才能更好发挥治理欠薪的作用。

参考文献

Report of the Committee set up to examine the representation made under article 24 of the Constitution alleging non-observance by Venezuela of Convention No. 95, March 1997, GB. 268/14/9, pp. 5 – 8.

UK Office for National Statistics. Annual Survey of Hours and Earnings: 2016 Provisional Results. 2016.

Advisory, Conciliation and Arbitration Service and Government Equalities Office. Gender Pay Gap Reporting: Overview. 2017. 03. 06.

UK. Employment Rights Act 1996.

UK Office for National Statistics. Annual Survey of Hours and Earnings: 2016

Provisional Results. 2016.

Equality Act 2010

ILO. 2017. Global Wage Report 2016/17: Wage Inequality in the Workplace. Geneva: International Labor Office.

Preis, Individualarbeitsrecht, Verlag Dr. Otto Schmidt, 2009, S365; Zöllner/ Loritz/ Hergenröder, Arbeitsrecht, 7. Auflage, C. H. Beck, 2015, S220.

Hessler, Willemsen, Kalb, Arbeitsecht Kommentar, 6. Auflage, 2014, S2064.

Preis, Individualarbeitsrecht, Verlag Dr. Otto Schmidt, 2009, S364.

Zöllner/ Loritz/Hergenröder, Arbeitsrecht, 7. Auflage, C. H. Beck, 2015, S230.

Junker, Grundkurs Arbeitsrecht, 14Aufl. 2015, S129.

Zöllner/ Loritz/Hergenröder, Arbeitsrecht, 7. Auflage, C. H. Beck, 2015, S224.

Hessler, Willemsen, Kalb, Arbeitsecht Kommentar, 6. Auflage, 2014, S1733.

Junker, Grundkurs Arbeitsrecht, 14Aufl. 2015, S135.

Preis, Individualarbeitsrecht, Verlag Dr. Otto Schmidt, 2009, S340.

刘军胜：《中国工资支付保障立法研究》，法律出版社，2014。

国际劳工组织：《全球工资报告（2008 ~ 2017）》。

関西精機事件—最二小判昭 31・11・2 民集 10 巻 11 号 1413 頁、日本勧業経済会事件—最大判昭 36・5・31 民集 15 巻 5 号 1482 号。

石川吉右衛門「賃金の『全額払』についての疑問」兼子一還暦・裁判法の諸問題

（下）。

福島県教組事件—最一小判昭 44・12・18 民集 23 巻 12 号 2495 号、群馬県教組事件—最二小判昭 45・10・30 民集 24 巻 11 号。

本譲事件—神戸地姫路支判平 9・12・3 労判 730 号 40 頁。全日本空輸事件—東京地判平 20・3・24 労判 963 号。

関西ソニー販売事件—大阪地判昭 63・10・26 労判 530 号 40、三好屋商店事件—東京地判昭 63・5・27 労判 519 号 59。

国際情報産業事件—東京地判平 3・8・27 労経速 1437 号 24。年薪制社员也适用该法规制。創栄コンサルテント事件—大阪地判平 14・5・17 労判 828 号 14。

Taiwan's Labor Standards Act, 2002.

The Hong Kong Employment Ordinance, 2011.

第十二章　可持续社会的就业与未来雇佣关系的研究动态

——第18届国际劳动与雇佣关系学会（ILERA）世界大会侧记

纪雯雯*

摘　要：　在过去的30年里，工作世界发生了翻天覆地的变化。传统的就业关系已经减弱，随之而来的是工作不安全和收入不平等现象激增的情况。这种变化不仅限于发达的工业化国家，发展中国家也出现了新的就业关系形式，它们可能对未来具有世界性意义。一连串的全球金融危机和随后的经济停滞现象表明，结构性问题导致了不稳定的就业关系和两极分化的劳动力市场。兜底保护的短期主义可能只会使这些问题恶化。在这一系列不确定的环境中，机会均等的稳定就业对可持续的社会经济发展和繁荣至关重要。为此，国际劳动与雇佣关系学会（ILERA）围绕“可持续社会的就业：要做什么？”的主题展开讨论，以期探究未来雇佣关系的研究动态及趋势。

关键词：　可持续就业　劳动力市场　工作与雇佣关系变化

一　引言

在过去的30年里，工作世界发生了翻天覆地的变化。传统的就业关系

---

* 纪雯雯，经济学博士，中国劳动关系学院劳动关系与人力资源学院教师，主要从事劳动经济学，教育经济学研究。

已经减弱，随之而来的多样化的新就业形式使工作不安全和收入不平等现象激增。这一变化不仅限于工业化国家，发展中国家的新的就业关系形式也正在形成，它们可能对未来劳动力市场以及经济发展方式具有世界性意义。回顾劳动关系的发展历程，1944 年，国际劳工组织在费城宣言（Philadelphia Declaration）中强调，“劳动力不是商品”。同年，波兰尼（Karl Polanyi）在其书《大转型》中提到，劳动力是虚构出的商品，而这一假定就解释了劳动关系变化的三个阶段：19 世纪伴随着工业化扩张而来的劳动力商品化；20 世纪劳动力商品化形式得到控制，以规避市场力量的影响；21 世纪以来，由于监管放松，劳动力交由市场管理，市场规则的作用越来越凸显。但接连而来的全球金融危机和经济停滞现象表明，经济发展的结构性问题形成了不稳定的就业关系和两极分化的劳动力市场，短期主义的兜底保护可能只会使这些问题恶化。参照已有趋势，对于一个可持续社会的就业，我们需要做什么，当前劳动关系所面临的主要挑战是如何减少市场化的影响，是需要一个新的机制，还是让旧秩序重操旧业？这些都值得我们思考与探索。历史经验告诉我们，机会均等的稳定就业对可持续的社会经济发展和繁荣至关重要，那么在这一系列复杂的背景下，就如何实现更好的就业，维护更健康稳定的雇佣关系，第 18 届国际劳动与雇佣关系学会（ILERA）世界大会针对第四次产业革命对劳动和工作世界的影响，讨论了可持续社会的就业与未来雇佣关系的趋势。

会议围绕与可持续社会的就业相关的六大研究议题展开讨论。如图 12－1所示，一是传统的集体代言人与社会对话机制。二是如何应对人力资源管理挑战和不断变化的工作场所。三是劳动力市场二元化和制度反映。四是劳动力多元化、劳动力市场不平等及社会融合。五是新兴市场经济体下的工作与雇佣关系。六是未来的工作。

在西方发达国家，理想的工作应该具备以下要素：相对安全的就业环境、高水平收入、社会提供的就业保护、工作与休闲的平衡。而对于一些发展中国家或新兴国家而言，这些理想要求在工作中难以实现，并且某些工作充斥着危险与不稳定，欠薪现象随处可见，即使企业付薪也常常使员

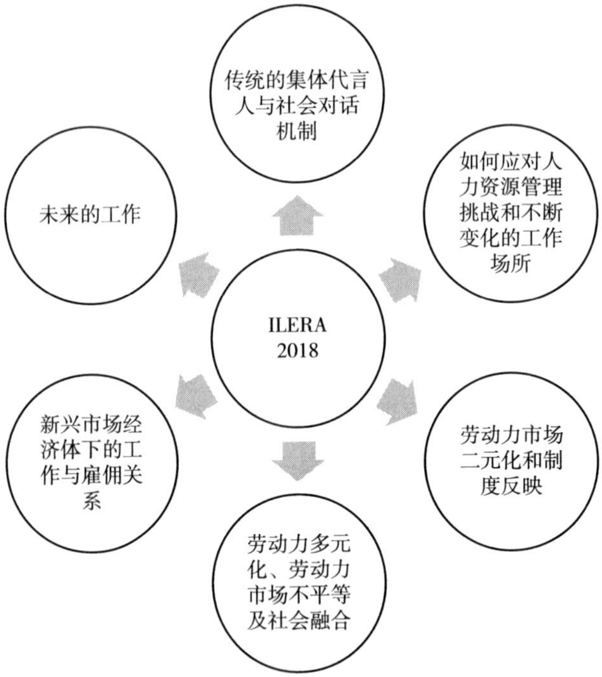

图 12－1　第 18 届 ILERA 世界大会六大议题

工超时工作，而且没有健全的社会保障措施。放眼全球，每个国家的发展水平不同，有的已经站在创新科技的前沿，有的还在奋力追赶，因此各个国家对“未来工作”的定义也截然不同。所以，我们需要多元的视角想象未来的工作——每一个国家或地区都应该加入。对于未来的工作，一方面，我们需要探讨如何在传统的雇佣关系机制基础上持续性地创造更好的机制，在变化中应对新挑战；另一方面，对于工作概念依旧模糊的发展中国家和新兴市场国家，未来工作与其劳动力市场二元化和制度、劳动力多元化、劳动力市场不平等及社会融合有关。虽然，西方社会的劳动力市场发展模式值得借鉴，但是发展中国家和新兴市场国家的劳动力市场发展不能再照搬照抄西方经验，对于未来工作的探讨要放眼全球，同时考虑存在的机遇与挑战。为此，本文第一部分将以“未来工作”为主线进行综述；第二部分将在会议论文的每个主题领域中选取一些与未来工作相关的研究进行综述；第三部分对 1947～2014 年雇佣关系领域的研究进行回顾性总结；第四部分将提出未来研究的可能性趋势。

二　会议综述

（一）传统的集体代言人与社会对话机制如何迎接未来的雇佣关系

工人代表和集体谈判是传统雇佣关系中，维持可持续就业关系最重要的制度基础。在经济全球化、第四次工业革命、数字经济发展和产业结构调整的多重趋势下，传统工会的力量被削弱。当今，工会面临的挑战是工会密度继续下降，现行的法律和法规限制了集体谈判的覆盖范围并影响了其权力下放。这一趋势产生了循环的负向效应，表现为工会衰落削弱了之前较为稳定的就业关系，更加灵活的就业关系又进一步削弱了工会的力量。针对工会和其代言人地位面临的挑战，各种各样的研究都在试图恢复或重建各国的集体谈判机制。

1. 工会与工人代表制度的研究

有关工会的研究，目前还聚焦在工会认同和当今工会智能发展方面。这些研究从工会社区和社会贡献及其未来可持续性的问题展开，包括工会的女工工作，尤其是工会在女性带薪产假和工会的多方面角色的研究（Tae-Youn Park，et. al，2018），工会参与社会管理的问题（Rafael Gomez，2018），工会领导变革对企业股东的影响（Ryan LAMARE，et. al，2018）。Itaru Nishimura 和 Hodaka Maeura（2018）研究了日本全国工会联合会在创造良好劳动力市场条件和在新挑战中工会团结劳动力方面的作用。对于未来的工作，即使在新的就业形式中还存在着传统就业形式，例如维持雇佣双方控制和依赖关系的动态平衡，但是在劳动关系中新产生的问题也应值得关注。工会需要重新思考谈判范式，即以集体协商的新方式开展谈判，使谈判发生在工会和工厂之间，而不是在某一个个人或部门间展开。工人代表制度的研究主要探讨的是非标准就业和国际劳工标准之间的差异。随着越来越多的非典型雇佣关系产生，有酬劳动的形式开始多样化发展，例如，从传统雇佣到非独立或独立的个体经营的转变，以及形式多样的临时工。同时，数字经济的产生促使传统雇佣关系开始松动，虽然这还不是主流，但已经成为一种趋势。

2. 社会对话机制研究

由于在工作场所，企业与不同人签订不同的合同，并会给工人施压，因此增加对工作场所的监管是十分必要的。工作场所中的劳资关系恶化，而且呈现原子化发展的趋势，这不利于全球范围的工作治理。然而，社会对话制度可保证社会和谐，提供一个安全与健康的工作环境。

Bernd Brandl（2018）研究表明信任对集体谈判制度的效力发挥起关键作用，并称信任为社会对话的“水泥”。Barbara Bechter（2018）阐明了欧洲部门间社会对话，在改善就业条件，协调私营和公共部门中的作用。Kurt Walpole（2018）对振兴澳大利亚和新西兰社会对话和劳动力市场改革的不同经验进行了对比较研究。Minawa Ebisui 等（2018）比较研究了中欧和东欧（CEE）国家的个人劳动争议解决系统。Harry C. Katz 和 Thomas A. Kochan（2018）回顾并更新了新兴国家劳动关系分析的新方法。从产业关系的角度来看，我们的分析方法侧重于对工作场所的研究，产业关系是一种经济活动，导致新兴国家的商品和服务的生产。新兴国家包括中国、韩国、巴西等国家，考虑到它们已经取得的先进经济发展水平，将它们称为“过渡性”经济体可能更为恰当。之所以将其称为“新兴国家”，主要是因为这些国家的劳动关系实践和程序起步较晚，并且在处于不断变化的阶段。新兴国家的非正规部门也更为普遍，非正规部门中缺乏正式的集体谈判，非政府组织履行代表和谈判的角色，因此新兴国家的集体代表形式和冲突解决方法也更加多样。

（二）应对工作场所的不断变化和人力资源管理挑战

随着工作的组织方式发生激烈变革，公司不断寻找着降低生产成本的方式。外包、授权、分包、中间商等形式体现了生产结构的多样化转型。其中，信息科技的发展是这场变革的一大推动力，它使生产链中相应供应商的责任实现空间分离。这样的生产方式必然造成责任的模糊性问题，即劳工工作条件该由谁保障的问题。这些问题对现有的人力资源管理机制带来挑战。

1. 全球化对人力资源管理系统和实践的影响

关于全球化背景下人力资源管理的变化、所要面临的挑战和企业社会责任方面的探讨。从行业角度来看，Sudhir Chandra Das（2018）对印度银行业人力资源管理所面临的挑战及其对特定人口多样性的依赖进行了科学探索。Toshiko Suda（2018）调查研究了日本制药业人力资源管理系统变化。从企业角度来看，Hongseok Lee（2018）对汽车生产系统进行多案例研究，分析了工人和工会在组织中采用创新的作用。Emmanuel. I. Uwem 和 Joy O. Ekwoaba（2018）以清洁服务公司为案例，研究了不确定工作环境中的竞争情报和小企业可持续发展。

2. 技术变革对就业、员工、组织和就业关系的影响

Ken Yamazaki（2018）在人工智能和物联网的发展背景下，研究了横向和纵向伙伴关系 HRM 模型。Jing Ren（2018）比较了共享服务平台与共享经济驱动因素。Joelle Nwabueze（2018）研究了工作区的互联网对就业的作用。印度招聘网站的研究人员，介绍了印度城市正规部门的灵活就业的招聘技术和方法。

（三）劳动力市场二元化和制度表现

计算机和信息技术极大地影响了劳动力市场的发展，促进了劳动力市场的细分，二元化和两极分化趋势。与此同时，非标准形式的就业已经延伸到全球各个角落。劳动力市场的新型就业方式以及与其演变相关的不断增长的不公平现象需要新的经济、法律和制度予以确认与解决。鉴于这一系列的变化，该领域的讨论从经济、法律和制度角度对劳动力市场的相关问题进行了分析。

1. 技术变革对劳动力市场的影响

工业和劳动力市场的转变来自数字经济、创新科技、人工智能、机器人

自动化、3D 打印等各种前沿科技的发展，同时新的工作形式也随之产生。这是一次未知的挑战，也是创造工作的机会。每一次时代的变革都从混乱中开始，工业革命即是如此，科技革命也将如此。技术变革的影响在劳动力市场中体现为工作的结构性变化。其中包括：①优与次优工作的结构变化，科技带来的改变能够促进工作质量的提升，没有必要的工作将会减少。②常规与非常规工作结构变化，随着越来越多的重复性工作开始被自动化技术替代，工作的总量开始减少，常规的、重复性的体力工作将会减少。③技能工作结构变化，自动化技术需要员工具备新的工作技能，在与机器竞争下，人力投入的变化也将使职业结构发生改变，随着机器的使用遍及各行各业，未来的工作中，劳工使用机器或者计算机的能力是必不可少的。④职业工作结构变化，新科技的研究、更新换代、提供技术支持的工作将越来越被需要，也越来越普遍，科技提高了生产效率，生产收益的增多也使工人的休闲时间增多，所以未来，服务行业和娱乐产业的潜力不可估量。⑤收入分配结构变化，创新科技对全世界各行各业的影响力，因国家的不同而不同，如果劳工愿意接受低水平的工资，那么上面所说的未来人力资源问题将不是问题。

2. 非正规经济与非标准工人研究

Wakana Shuto（2018）对比研究了韩国与日本超市非正规工人的工会联盟活动。Hiroyuki Aoki（2018）研究了日本钢铁工业分包工作。Sung-Chul Noh（2018）研究了韩国传媒业中的自雇人群。Michio Nitta 和 Jong-Won Woo（2018）比较研究日本和韩国的最低工资设定机制，并试图探究工资差异来源。还有一些学者关注发展中国家的社会保护延伸。Marius Olivier（2018）研究了扩大发展中国家非正规就业工人的社会保障边界。Avinash Govindjee（2018）研究了南非非标准工人的社会保护延伸。Pablo Arellano Ortiz（2018）对拉丁美洲就业的非正规性和社会保护进行了批判性分析。

值得注意的是，所谓的标准雇佣关系所覆盖的劳动力人口仅占到劳动力总人口的29%。因此，研究者应将更多的关注放在对非正式雇佣关系方面的研究，其中包括对社会变迁、自动化、人口与迁移、零工经济、分享经济等方面的研究。当非标准雇佣成为一种常态的时候，管理这类就业形式的机制就该被思考。比如在法国，跨国公司的大型雇主要求人力资源部门报告对人权的尽职调查；在巴西，签有短期服务合同的临时工发起过关于商业合同的谈判，因为这些合同只具有半合法性，不正规。另外对于私人治理的局限性研究，从事企业责任、行为准则等研究者要加强关注，这是对公共治理的补充，而不是替代。

3. 积极的劳动力市场政策

韩国学者从不同角度研究了韩国劳动力市场各项政策，包括针对可持续社会就业而采取的服务战略（Kilsang Yoo，2018），基本生计保障计划（Sam Han，2018），育儿假期的使用（Jungho Kim，2018），劳动激活政策（Myung Joon Park，2018）以及教育与培训对人力资源管理与企业绩效的影响（Young-Chan Ahn，2018）。Yueting Ji、Jing Chai 和 Kuang Tang（2018）等针对中国《劳动争议调解仲裁法》的效力进行了政策评估研究。其他各国劳动力市场政策代表性研究主要包括：Lei Delsen（2018）研究了欧洲灵活性政策的经验教训。Anthony C. Masi（2018）从《工人法（1970 年）》的“灵活刚性”到《就业法（2014 年）》的“严格灵活性”转变研究了意大利就业保护立法的长效设计。Mark Williams 和 Maria Koumenta（2018）以英国零工合同为例，研究了职业结构中弹性工作。Hyemin Han（2018）研究了韩国工会对临时工的应对。

（四）劳动力多元化、劳动力市场歧视及社会融合

在全球化和技术进步的背景下，服务经济的快速增长改变了当代劳动力的构成，加之女性在全球范围劳动参与率的上升，在大多数发达经济体中，过去 40 年来，经济参与人口的性别差距大幅缩小。此外，劳动力队伍更加多元化，包括各种族群体、残疾人群体、各年龄群体、各阶层群体、各国劳动群体等，由此，工作场所关系也变得多元化。ILERA 大会第四个议题是围绕“劳动力多元化、劳动力市场歧视及社会融合”问题展开的。

Hyoung Eun Kim（2018）以韩国女性领导人的数据，研究了工作场所对女性劳动力的歧视问题。Emilio J. CASTILLA 和 Hye Jin Rho（2018）研究了在线招聘流程中的语言和性别歧视问题。Anna Graziella J. Baeeeno（2018）以马尼拉大都会女性银行员工数据，研究了女性职业“玻璃天花板”及其对职业发展的影响。Andy Y. Han Kim（2018）研究了媒体行业出现的性别差异及其 CEO 的结果。Marian Baird 和 Elizabeth Hill（2018）对女工保护问题进行了国别研究，分别从菲律宾、印度尼西亚、缅甸和越南妇女的劳工权利保护方面进行了分析。

关于特殊群体劳动者的就业研究。Pierluigi Digennaro（2018）比较研究了意大利与日本的反歧视立法和残疾人安置工作。Tavee Cheausuwantavee（2018）从包容性市场的机遇与挑战的角度研究了泰国残疾人就业。

（五）新兴市场经济体下的工作与雇佣关系

在新兴经济体的工作、雇佣关系和劳工标准方面，国家和其他机构参与者，如非政府组织，跨国劳工运动组织，甚至跨国公司本身发挥着至关重要的作用。ILERA 大会第五个议题是围绕“新兴市场经济体下的工作与雇佣关系”问题展开的。

1. 基于比较优势研究全球供应链

Mary Leian Marasigan（2018）通过对菲律宾马尼拉大都会信息技术 - 业务流程外包（ITBPO）部门 450 多名工作人员的调查和访谈，探讨离岸服务工作如何影响工人的技能及其对未来就业前景的影响。Qian Cheng（2018）基于比较优势理论，从国内外两个层面，分析了中国省级，以及国际间劳动力成本的发展趋势和制造业的比较优势。研究指出目前供应链管理机制的多元化发展，政府仅靠制定规则管理是不够的，适当执行强制措施是必要的。在全球供应链中，由于一些供应商同时对接多家上游企业，如果政府向供应商施压，也意味着对其上游企业施压，则形成了整套体系运作的压力。与此同时，消费者同样发挥着重要的作用，比如督促公平公正的工作环境建设等。

2. 新兴经济体中的劳动力市场问题

关于非标准就业及其雇佣关系研究。中国人民大学组织了关于中国劳动力市场的灵活性，非标准就业和体面劳动的调研。Janine BERG 和 Susan Michelle Hayter Kucera（2018）介绍了世界各地的非标准就业情况。Zeng xiangquan（2018）介绍了中国非正规就业的形式和就业质量。Fang Lee Cook 等（2018）介绍了中国大学毕业生的非正规就业和体面劳动情况。Huang Wei（2018）研究了中国“共享经济”中的数字平台就业与体面工作情况。关于工会的作用和影响研究。Feng Xiaojun（2018）以北京一家快递公司为案例进行研究，研究结果表明，这个时代正规就业的含义被重新定义，农民工成为代理工作者的重要构成部分。

正规就业的衰退使正式雇员（安全工作）和代理工作者（不稳定工人）之间的传统区别在逐渐消失，正式工作的吸引力也大幅降低。这些研究结果对理解中国正规和非正规就业二元性和城乡就业二元性的连续性和更新具有重要意义。Joy Onyinyechi Ekwoaba（2018）通过制度主义的方法，研究了哥伦比亚的非正规就业及其对国际劳工组织概念下的就业质量的影响，其中包括国家通过制度创造商业和劳动正规化的激励的前提。中国人民大学劳动人事学院学者利用中国社会调查数据 CGSS（2006～2012 年），研究了中国非标准就业和工作满意度。哥伦比亚大学学者 Martha Elisa Monsalve（2018）对哥伦比亚的非正规性劳工问题做了研究。

关于新兴经济体中的就业研究，包括法律制度、集体谈判机制以及就业和劳动关系改革方面的研究。Tu Wei 和 Wang Ruojing（2018）梳理了《劳动法》和《劳动合同法》的法制发展进程，探究了中国就业制度隐藏的变化过程。印度艾哈迈达巴德印度管理学院的 Biju Varkkey（2018）通过亚洲一些国家的经验，研究了最低工资法和实施趋势。Farai Ncube（2018）通过解构 2015 年津巴布韦最高法院裁决的劳动争议法案，研究了劳动立法的保护立场。Henry Hailong Jia 和 Liu Mingwei（2018）研究了中国劳动法的选择性执行。Nobada Yamada（2018）研究了马来西亚联盟议价能力的社会背景和强大原因。Hyun Min Cho（2018）通过对啤酒与纺织业的比较，研究了韩国集体谈判结构形成。Liang Lu（2018）等对中国和挪威的集体谈判制度进行了比较研究。印度学者 Partha Sarkar（2018）从新兴市场经济的视角，对就业关系与经济自由化关系进行了性质研究。

（六）未来的工作

工作世界一直在发生变化。由自动驾驶汽车、物联网、机器人和人工智能等技术进步引领的所谓第四次工业革命冲击了人们长期以来的工作观念，即人类的智力是不可替代的。这也引起了人们对未来工作的希望和关注，即对自我实现的希望、人们的物质和心理满足感，以及高失业率和就业极化的关注。工作中的新社会规范和治理体系可以使所有人受益，包括公司、政府和工人，这种变化可在全球范围内实现社会经济可持续性。ILERA 大会第六个议题是围绕“未来的工作”问题展开的。

1. 第四次工业革命及其影响

德国波恩联邦职业教育与培训研究所（BIBB）进行了一系列相关研究，包括使用劳动力技能数据验证劳动力市场极化的情况（Caroline Neuber-Pohl，2018）。在数字化时代，研究者从雇主和雇员双方的视角研究技能对工人的要求和发展，回顾过去，探究未来是否会有现在的工人可接受的工作等（Michael Tiemann，2018）。Phothong Saithibvongsa（2018）研究了 21 世纪工作世界所存在的巨大技术进步和自动化趋势，指出人工智能不仅被视为人类技术进步的新型创新产品，而且还被认为是一种新的威胁，同时，他还进一步研究分析了人工智能对工作场所的环境、条件和技能的重要影响。David Peetz（2018）认为随着平台技术的兴起，工作向临时化和独立承包式方向发展，导致传统就业逐渐消亡。

2. 新型就业类型以及工作未来的展望

Li Liping 和 Li Dan（2018）等通过对中国最大的网络平台灵活就业群体（DIDI 司机）进行问卷调查和访谈，研究得出：①61% 的司机在成为 DIDI 司机之前工作稳定，39% 的司机在成为 DIDI 司机之前暂时失业；②成为平台就业者的原因显示，76% 的 DIDI 司机希望增加收入，55% 的是被工作的灵活时间所吸引，28.8%的则是希望保持工作与生活的平衡；③78%的DIDI司机对这种新的就业模式的灵活性感到满意，86.6%的DIDI司机不满意无参与决策和管理的权利，64.9%的DIDI司机不满意社会保障福利，55%的DIDI司机担心收入不稳定。由此可以看出，这些司机选择灵活就业的两个主要动机是收入增加和灵活的工作时间，最大的不满和担忧来自缺乏管理和决策参与、社会福利得不到保障和不稳定的收入。网络平台的灵活就业在增加就业方面发挥积极作用，但给人力资源管理带来了新的挑战。伦敦学院管理学院Jamie Woodcock（2018）指出，根据世界银行的统计，目前全世界有500万数字工作者通过“gig经济”中的平台或应用程序进行外包工作。随着越来越多来自低收入国家的人上网，这些工人彼此处于激烈的竞争中。由于缺乏集体谈判的能力，这些工人几乎不可能与经常在世界另一端的雇主谈判工资或工作条件。Hyo-Soo Lee（2018）研究了第四次工业革命与未来的工作的关系，根据绩效管理（PDR）系统理论，论述了第四次工业革命中工作与就业关系的未来，并认为工作的未来取决于参与者对PDR系统的战略选择。

Yunus Dauda（2018）研究了技术变革和全球就业前景对当前管理和未来的挑战，具体表现为，前所未有的技术创新将导致全世界所有主要部门的大量工人失业。大多数发达国家正在努力消除这种失业对工人的负面影响，而大多数发展中国家尚未充分了解或提供政策来控制技术进步对工人的影响。随着技术进步，政府必须加快对未来的预测与判断，以避免发生技术变革可能带来的不平衡和威胁。Lou Siqi（2018）选择了华南地区的八家日本汽车供应商，研究探索工厂自动化革命过程中劳资双方的动态变化。研究结果表明，自动化的技术变化不仅仅是经济性的变化，而且与劳资关系的变化密切相关。因此，即使它在产业革命上具有“革命性”意义，但是有组织的控制可能会使劳动力在这场工业革命中“保持沉默”。未来劳动政策的选择，究竟是刚性创造就业还是寻求更好的监管，对此，各国学者针对本国的劳动力市场政策进行了探讨。Thomas A. Kochan（2018）教授研究了美国集体谈判在工作中寻找新的代言人机制。Edoardo

Ruiz（2018）研究了在自动化时代，工作、就业和社会保障稳定的挑战。Aneta TYC（2018）从如何提高跨国劳工标准的遵守程度，探究了新全球劳工治理的必要性。

三　已有研究的回顾性总结（1947 ~2014年）

第 17 届国际雇佣关系协会主席，韩国大学商学院 Dong-One Kim 教授，对已有研究进行了回顾性总结。目前，关于雇佣关系研究进展目前存在两种相悖的观点：一类观点认为雇佣关系趋向消亡，这种观点认为虽然工作日趋活跃、灵活以及更加复杂，但是雇佣关系并未充分发展，关于该领域的研究仍然专注于工会和集体谈判方面，所以，有些人甚至认为雇佣关系将变得无关紧要并消失；另一类观点认为雇佣关系将维持现状，尽管工会和集体谈判的发展停滞不前，但雇佣关系在大多数发达国家依旧是劳资关系的核心。带着这两类观点，Dong-One Kim 教授及其团队做了相关性研究。

（一）关键词出现频率与时间趋势

研究者通过对《英国劳资关系杂志（1990 ~ 2014 年）》、《劳资关系：经济与社会杂志（1987 ~ 2014 年）》、《工业与劳动关系评论（1947 ~ 2014 年）》、《劳资关系期刊（1975 ~ 2014 年）》以及《劳资关系（1964 ~ 2014 年）》5 本杂志进行文本研究，按照公式 10.1 对关键词的出现频率（AR）测算，在此基础上分析了关键词出现频率（AR）与现实指标之间的相关性，以此来分析相关研究其是否适应实际情况发展需求。

$$AR = \frac{\text{一年内关键词在 5 本杂志中出现的数量}}{\text{一年内 5 本杂志总摘要的数量}} \qquad (10.1)$$

结果如表 12 - 1 所示，关于工会主题的研究一般较为稳定，而且自 20 世纪 80 年代以来，关于工会衰落或振兴的话题研究数量不断上升。相对而言，其他传统主题的研究数量随着时间的推移略有下降，虽然统计上并不显著。雇佣关系的研究越来越多地吸收新的研究现象，比如移民问题、性别问题、女性问题等。雇佣关系的研究一方面与市场和人力资源管理越来越具有相关性；另一方面始终与经济和法律的传统关系保持一致。

表 12－1　关键词的出现率（AR）的时间趋势

关键词	斜率	显著水平	时间阶段
工会(Union)	0.008	$p<0.01$	1947～2012
一般工会议题(General Union Topics)	0.0002	0.555	1947～2007
工会化率上升或下降 Union Decline/Revitalization Topics	0.0003	0	1947～2007
罢工(Strikes)	－0.001	—	1947～2013
集体谈判(Collective Bargaing)	0	—	1947～2013
媒体(Mediation)	－0.001	—	1947～2013
仲裁(Arbitration)	－0.001	—	1947～2013
去工会化(Non union)	0.001	$p<0.01$	1947～2013
家庭(Family)	0.001	$p<0.01$	1947～2013
临聘人员(Temporary)	0.001	$p<0.01$	1947～2013
代表团(Contingent)	0.001	$p<0.01$	1947～2013
全球化(Global)	0.002	$p<0.01$	1947～2013
移民(Immigrants)	0.002	$p<0.01$	1947～2013
性别(Gender)	0.003	$p<0.01$	1947～2013
女性(Women)	0.005	$p<0.01$	1947～2013
市场(Market)	0.004	$p<0.01$	1947～2007
个人＋人力资源管理(Personnel＋HRM)	0.001	$p<0.01$	1947～2007
经济(Economics)	0	—	1947～2007
法律(Law)	0	—	1947～2007

（二）关键词网络分析

1940 年代～2010 年代 20 个最常用的关键词之间的关系排序，结果如表 12－2所示，排序结果始终比较稳定的术语为“工会”（Union）、“工资”（Wage）和“相关性”（Relation），紧密程度增加的术语为“员工”（Employee）、“工人”（Labor）和“劳工”（Worker）；紧密程度下降的术语为“工业”（Industries）、“集体”（Organisation）和“讨价还价”（Bargain）。自 20 世纪 80 年代以来的新兴术语为“妇女”（Women），“工作”（Work），

“新”（New），“工作场所”（Workplace），“管理”（Manage）和“市场”（Market），逐渐消失的术语为“罢工”（Strike），“经济”（Economy）和“国家”（State）。通过对关键字进行网络分析，结果表明：①一些传统的研究主题，比如工会，工资关键词的存在始终如一；②其他传统主题，比如集体谈判，罢工，工业逐渐下降或消失；③新的雇佣关系主题，比如女性，工作，工作场所越来越受到学术界的关注；④研究从经济学转向管理学，从国家层面研究转向市场范畴研究，从集体劳动力转向强调个体员工的研究。

表 12－2　1940 年代～2010 年代 20 个最常用关键词之间的关系排名

排名	1940 年代	1950 年代	1960 年代	1970 年代	1980 年代	1990 年代	2000 年代	2010 年代
1	Labor	Union (－1)	Labor (＋1)	Union (＋1)	Union	Union	Union	Union
2	Union	Labor (＋1)	Union (－1)	Industries (＋1)	Industries	Industries	Employee (＋4)	Work (＋2)
3	Relation	Industries	Industries	Labor (－3)	Relation (＋1)	Relation	Worker (＋2)	Employee (－1)
4	Industries	Relation	Wage (＋1)	Relation (＋1)	Wage (＋1)	Wage (＋1)	Work (＋5)	Worker (－1)
5	Bargain	Wage	Relation (－1)	Wage (－1)	Labor (－2)	Worker (＋5)	Wage (－1)	Labor (＋2)
6	Manage	Worker	State	Bargain (＋6)	Employee (＋1)	Employee (＋1)	Relation (－3)	Relation
7	Organisation	Employee (＋2)	Employee	Employee	Worker (＋3)	Labor (－4)	Labor	Employee (＋2)
8	Wage	Bargain (－3)	Develope (＋11)	State (－2)	Worker	Firm	Industries (－6)	Wage (－3)
9	Employee	State	Worker (－3)	Unit (＋2)	Bargain (－3)	Worker	Employee (＋2)	Industries (－1)
10	Problem	Organisation	Econom (＋1)	Worker (－1)	Job	Job	Job	Job
11	Econom	Econom	Unit	Unemploy (＋7)	Strike	Employee (＋4)	Workplace	Firm (＋5)
12	Act	Collect	Bargain (－4)	Collect (＋3)	Model (＋4)	Bargain (－6)	Market (＋2)	New (＋1)

续表

排名	1940 年代	1950 年代	1960 年代	1970 年代	1980 年代	1990 年代	2000 年代	2010 年代
13	Strike	Problem	Problem	System	System	Manage	New (+2)	Bargain
14	Worker	Trade	Public	Public	Market	Market	Manage (-1)	Workplace (-3)
15	Arbitr	Movement	Collect (-3)	Employee	Arbitr	New	System (+3)	Collect
16	Collect	Act	Organisation (-6)	Model	Manage	Product	Firm	Organisation (+3)
17	Product	Program	Present (+3)	Develope (-9)	Develope	Women	Practic	Research
18	State	Issue	Unemploy	Policy (+2)	Policy	System	Associ	Practic
19	Plan	Develope	Market	Econom	New	Significant	Organisation	Market (-7)
20	Disput	Present	Policy	Determine	Women	Policy	Develope (-9)	Women

（三）研究主题与现实指标的相关性分析

通过计算研究主题的出现频率（AR）与现实指标之间的相关性，以检验研究对现实的适应性，表 12 -3 反映了研究主题出现频率与现实指标之间的相关性，以及滞后 1 年、3 年和 5 年的相关系数，以检验随着时间推移，雇佣关系研究逐渐减少程度。结果表明，①雇佣关系研究始终密切关注工作世界的各方面现实问题，比如临聘员工研究与现实工作中临聘员工份额相关性始终大于 0.5，性别研究与女性就业率的相关系数大于 0.5。②相关系数会产生一些滞后效应，比如工会研究与工会密度的相关系数会随着时间的推移而上升。③雇佣关系研究焦点依旧集中在“传统工会”主题，比如工会问题和罢工问题，尽管前沿问题随着现实世界变化不断增多，但是新问题研究在学术界的重视程度始终不足。④未来雇佣关系发展更应当以问题为导向，以解决实际问题的应用研究为主，以实践和政策导向为产出的学科方向发展。

表 12－3　研究主题出现频率与现实指标之间的相关性

研究主题	现实指标	相关系数	1 年	3 年	5 年
工会	工会密度	0. 144	0. 156*	0. 161*	0. 186*
		（N=167）	（N=164）	（N=158）	（N=152）
非工会	工会密度	－0. 441**	－0. 422**	－0. 469**	－0. 452**
		（N=167）	（N=164）	（N=158）	（N=152）
罢工	罢工次数	0. 044	0. 071	0. 134	0. 187*
		（N=138）	（N=134）	（N=130）	（N=126）
罢工	因罢工不工作天数	0. 216*	0. 138	0. 227**	0. 152
		（N=136）	（N=134）	（N=130）	（N=126）
全球化	FDI 流动	0. 209*	0. 306**	0. 202	0. 204
		（N=79）	（N=77）	（N=73）	（N=69）
移民工人	外籍工人流入	0. 373**	0. 338**	0. 358**	0. 124
		（N=97）	（N=96）	（N=94）	（N=92）
性别	女性就业率	0. 513**	0. 563**	0. 529**	0. 525**
		（N=159）	（N=157）	（N=153）	（N=149）
妇女	女性就业率	0. 342**	0. 36**	0. 388**	0. 41**
		（N=159）	（N=157）	（N=153）	（N=149）
临聘员工	临聘员工份额	0. 663**	0. 639**	0. 637**	0. 569**
		（N=43）	（N=42）	（N=40）	（N=38）
非核心员工	临聘员工份额	0. 303*	0. 309*	0. 334*	0. 348*
		（N=43）	（N=42）	（N=40）	（N=38）

注：***，**，*分别表示在置信度水平1%、5%与10%下显著。

Dong-One Kim 教授最后指出未来雇佣关系研究的趋势和意义在于迎接新的工作世界的到来，从双边市场（资本与劳动力）到多边社会（不同身份群体，包括妇女，少数民族，移民）。随着第四次工业革命的到来，按需经济下的自由职业者（例如优步司机）越来越多。技术进步带来的劳动力市场极化现象将导致极限两端的工人数量增加，例如，低薪工人，兼职青年工人，老年雇员等，从而产生准工会。目前尽管有学术协会提出对工会和集体谈判的研究过度重视，但研究依然集中在这些领域。未来需要拓宽研究范围，这些领域包括：第四次工业革命、人工智能和就业关系，民间社会组织、就业权利组织、劳工非政府组织、准工会、按需经济下的就业关系。与此同时，仍需要保留传统问题的核心研究。从历史上看，工会和集体谈判是长期的、周期性趋势，尤其在新兴经济体中工会和集体谈判正变得越来越重要。

四　未来研究的可能性趋势

来自全世界的经济学家和研究者、政府代表，以及雇主代表和劳工组织的代表参加了此次大会。通过聆听各界的声音，交流多元的观点，一同开启对未来工作的展望。这次全球大会在对时代重大变迁下的各个推进因素进行了深入的交流与探讨。未来的工作是极其复杂多样的，因为我们生活在一个瞬息万变的世界中。面对这些变化，我们一方面需要通过科学的研究了解变化情况以及未来可能的趋势；另一方面我们需要意识到制定有效政策的重要性，使未来的工作能更好地促进社会发展。

未来雇佣关系的研究将会吸引更多学科参与，包括经济学、社会学、法学、心理学、管理学等，以及交叉学科研究。另外随着各国微观数据平台的日渐成熟，这些平台在管理和使用方面更加多元，在传统的文献法、案例法、田野调查法以及比较研究的基础上，将有更多的科学研究方法被应用，包括计量分析法，实验经济学法等。当前雇佣关系研究理论与实践之间存在一定差距。要想实现研究目标，需要结合多元化发展模式，以崭新的视角对雇佣关系展开研究。

参考文献

Andy Y. Han KIM（2018，July）. *Gender Differences in Media Appearances and Their Outcomes among CEOs*，Paper presented at the meeting of International Labour and Employment Relations Association（ILERA），the 18th World Congress，Seoul，Korea.

Aneta TYC（2018，July）. *Emerging Skills and Occupations in the Industry 4.0：How to Respond to Changing Work Demands*? Paper presented at the meeting of International Labour and Employment Relations Association（ILERA），the 18th World Congress，Seoul，Korea.

Anna Graziella J. Baeeeno（2018，July）．“*Glass Ceiling*” *and its Effect on Career Progression*：*A Study on Women Bank Employees in Metro Manila*，Paper presented at the meeting of International Labour and Employment Relations Association（ILERA），the 18th World Congress，Seoul，Korea.

Anthony C. Masi（2018，July）．*From “flexible rigidity” in the Workers' Statute*（1970）*to “rigid flexibility” in the Jobs Act*（*2014*）：*a long-term perspective on the design of employment protection legislation in Italy*，Paper presented at the meeting of International Labour and Employment Relations Association（ILERA），the 18th World Congress，Seoul，Korea.

Avinash Govindjee（2018，July）．*Social protection extension to non-standard workers in South Africa*，Paper presented at the meeting of International Labour and Employment Relations Association（ILERA），the 18th World Congress，Seoul，Korea.

Barbara Bechter（2018，July）．*European sectoral social dialogue for better employment conditions - coordinating interests in the private and public sector*，Paper presented at the meeting of International Labour and Employment Relations Association（ILERA），the 18th World Congress，Seoul，Korea.

Bernd Brandl（2018，July）．*The Cement of Social Dialogue*：*The Pivotal Role of Trust for the Efficacy of Collective Bargaining Systems*，Paper presented at the meeting of International Labour and Employment Relations Association（ILERA），the 18th World Congress，Seoul，Korea.

Biju Varkkey（2018，July）．*Trends in Minimum Wage Laws and Implementation*：*Experiences of selected Asia Countries*，Paper presented at the meeting of International Labour and Employment Relations Association（ILERA），the 18th World Congress，Seoul，Korea.

Caroline Neuber-Pohl（2018，July）．*Polarization in Germany through shifts in labor demand by occupation*，Paper presented at the meeting of International Labour and Employment Relations Association（ILERA），the 18th World Congress，Seoul，Korea.

David Peetz（2018，July）．*The slow*，*lingering death*（*NOT*）*of employment*，Paper presented at the meeting of International Labour and Employment Relations Association（ILERA），the 18th World Congress，Seoul，Korea.

Dong-One Kim & Ki-Jung Kim（2018，July）．*Trend Analyses of Employment Relations Studies 1947 - 2014*：*Implication for Future Research*. Paper presented at the meeting of International Labour and Employment Relations Association（ILERA），the 18th World Congress，Seoul，Korea.

Emilio J. CASTILLA & Hye Jin Rho（2018，July）．*Language and Gender in the Online Recruitment Process*，Paper presented at the meeting of International Labour and Employment Relations Association（ILERA），the 18th World Congress，Seoul，Korea.

Emmanuel. I. Uwem & Joy O. Ekwoaba（2018，July）．*Competitive Intelligence and Small*

Business Sustainability in a Precarious Working Environment: Evidence from Selected Cleaning Service Companies in Lagos State, Paper presented at the meeting of International Labour and Employment Relations Association (ILERA), the 18th World Congress, Seoul, Korea.

Fang Lee Cook et. al (2018, July). *Non-standard employment of university graduates and decent work in China*, Paper presented at the meeting of International Labour and Employment Relations Association (ILERA), the 18th World Congress, Seoul, Korea.

Farai Ncube (2018, July). *Labour legislation as a "crutch" or "crowbar"? Deconstructing the 2015 Zimbabwe Supreme Court Ruling*, Paper presented at the meeting of International Labour and Employment Relations Association (ILERA), the 18th World Congress, Seoul, Korea.

Feng Xiaojun (2018, July). *Trapped in Precariousness: Migrant Agency Workers in China's State Enterprises*, Paper presented at the meeting of International Labour and Employment Relations Association (ILERA), the 18th World Congress, Seoul, Korea.

Harry C. Katz & Thomas A. Kochan (2018, July). *Labor Relations in a Globalizing World*, Paper presented at the meeting of International Labour and Employment Relations Association (ILERA), the 18th World Congress, Seoul, Korea.

Henry Hailong Jia & Liu Mingwei (2018, July). *Selective Enforcement of Labor Law in China*, Paper presented at the meeting of International Labour and Employment Relations Association (ILERA), the 18th World Congress, Seoul, Korea.

Hiroyuki Aoki (2018, July). *The Comparison of Subcontract Work between Electrical and Steel Industry in Japan*, Paper presented at the meeting of International Labour and Employment Relations Association (ILERA), the 18th World Congress, Seoul, Korea.

Hongseok Lee (2018, July). *Role of workers and trade unions on the adoption of innovation in an organization: Multiple case studies of eco-friendly vehicle production system*, Paper presented at the meeting of International Labour and Employment Relations Association (ILERA), the 18th World Congress, Seoul, Korea.

Huang Wei (2018, July). *Digital Platform-based Employment and Decent Work in the Chinese "Sharing Economy"*, Paper presented at the meeting of International Labour and Employment Relations Association (ILERA), the 18th World Congress, Seoul, Korea.

Hyemin Han (2018, July). *Korean trade union responses to contingent workers.* Paper presented at the meeting of International Labour and Employment Relations Association (ILERA), the 18th World Congress, Seoul, Korea.

Hyo-Soo Lee (2018, July). *The Future of Work in the Fourth Industrial Revolution*, Paper presented at the meeting of International Labour and Employment Relations Association (ILERA), the 18th World Congress, Seoul, Korea.

Hyoung Eun Kim (2018, July). *Workplace discrimination of female workforce-Who is the worst enemy and who is to blame: Evidence from women leaders in South Korea.* Paper presented at the meeting of International Labour and Employment Relations Association (ILERA), the 18th World Congress, Seoul, Korea.

Hyun Min Cho (2018, July). *A Study on the Collective Bargaining Structural Formation in Korea -Comparison between Brewery and Textile Industries*, Paper presented at the meeting of International Labour and Employment Relations Association (ILERA), the 18th World Congress, Seoul, Korea.

ILO (1944). *The Declaration of Philadelphia.* https: //www. ilo. org/global/about – the – ilo/how – the – ilo – works/departments – and – offices/jur/legal – instruments/WCMS_428589/lang – – en/index. htm.

Itaru Nishimura & Hodaka Maeura (2018, July). *Effects of the Japanese national labor union confederation (JTUC-Rengo) for creating good labor market conditions and improving solidarity in its new challenge*, Paper presented at the meeting of International Labour and Employment Relations Association (ILERA), the 18th World Congress, Seoul, Korea.

Jamie Woodcock (2018, July). *The Fairwork Foundation: assessing and responding to the online gig economy*, Paper presented at the meeting of International Labour and Employment Relations Association (ILERA), the 18th World Congress, Seoul, Korea.

Janine BERG & Susan Michelle Hayter Kucera (2018, July). *Non-standard Employment around the World*, Paper presented at the meeting of International Labour and Employment Relations Association (ILERA), the 18th World Congress, Seoul, Korea.

Jing Ren (2018, July). *International Comparison and Improvement proposals of Relationship Governance between Ride-sharing Service Platforms and Drivers in Sharing Economy*, Paper presented at the meeting of International Labour and Employment Relations Association (ILERA), the 18th World Congress, Seoul, Korea.

Joelle Nwabueze (2018, July). *Internet in the Workspace: An Impediment or a Catalyst for Vulnerable Employment?* Paper presented at the meeting of International Labour and Employment Relations Association (ILERA), the 18th World Congress, Seoul, Korea.

Joy Onyinyechi Ekwoaba (2018, July). *Impact of Casualisation of Labour on Employment Relations in Nigeria Insurance Industry*, Paper presented at the meeting of International Labour and Employment Relations Association (ILERA), the 18th World Congress, Seoul, Korea.

Jungho Kim (2018, July). *Disparity in the Utilization of Parental Leave in Korea*, Paper presented at the meeting of International Labour and Employment Relations Association (ILERA), the 18th World Congress, Seoul, Korea.

Karl Polanyi (1944), *The Great Transformation: The Political and Economic Origins of Our Time.* US: Beacon Press.

Ken Yamazaki (2018, July). *Horizontal and Vertical Partnership HRM Model (in the context of advancement of AI and the Internet of Things*, Paper presented at the meeting of International Labour and Employment Relations Association (ILERA), the 18th World Congress, Seoul, Korea.

Kilsang Yoo (2018, July). *Employment Service Strategy for a Sustainable Society: The Case of South Korea*, Paper presented at the meeting of International Labour and Employment Relations Association (ILERA), the 18th World Congress, Seoul, Korea.

Kurt Walpole (2018, July). *Revitalising the comparison of Australia and New Zealand's differing experiences of social dialogue and labour market reform: Implications for comparative research and industrial relations system theory*, Paper presented at the meeting of International Labour and Employment Relations Association (ILERA), the 18th World Congress, Seoul, Korea.

Lei Delsen (2018, July). *Lessons from European flexicurity policies*, Paper presented at the meeting of International Labour and Employment Relations Association (ILERA), the 18th World Congress, Seoul, Korea.

Li Liping & Li Dan (2018, July). *Flexible Employment based on Network Platforms in China: From HRM to HRG?* Paper presented at the meeting of International Labour and Employment Relations Association (ILERA), the 18th World Congress, Seoul, Korea.

Liang Lu (2018, July). *Comparative study of Sino-Norwegian collective bargaining system.* Paper presented at the meeting of International Labour and Employment Relations Association (ILERA), the 18th World Congress, Seoul, Korea.

Lou Siqi (2018, July). *Automation or human labor? How the choice is made by Japanese Auto Suppliers in South China*, Paper presented at the meeting of International Labour and Employment Relations Association (ILERA), the 18th World Congress, Seoul, Korea.

Marian Baird & Elizabeth Hill (2018, July). *Labour rights for women in the Philippines, Indonesia, Myanmar and Vietnam: Protection, Equality or Disruption?* Paper presented at the meeting of International Labour and Employment Relations Association (ILERA), the 18th World Congress, Seoul, Korea.

Marius Olivier (2018, July). *Measures adopted by countries of origin to extend social protection to their migrant workers abroad: A critical evaluation*, Paper presented at the meeting of International Labour and Employment Relations Association (ILERA), the 18th World Congress, Seoul, Korea.

Mark Williams & Maria Koumenta (2018, July). *The Bifurcated Nature of Flexible Working Across the Occupational Structure: The Case of Zero-Hour Contracts in the United Kingdom.* Paper presented at the meeting of International Labour and Employment Relations Association (ILERA), the 18th World Congress, Seoul, Korea.

Martha Elisa Monsalve (2018, July). *Labor Informality in Colombia: Advances and*

Challenges, Paper presented at the meeting of International Labour and Employment Relations Association（ILERA）, the 18th World Congress, Seoul, Korea.

Mary Leian Marasigan（2018, July）. *Skills development in offshore service work: Evidence from IT-BPO workers in Metro Manila, Philippines*, Paper presented at the meeting of International Labour and Employment Relations Association（ILERA）, the 18th World Congress, Seoul, Korea.

Michael Tiemann（2018, July）. *Digitalisation of working landscapes – Will there even be acceptable work in the future?* Paper presented at the meeting of International Labour and Employment Relations Association（ILERA）, the 18th World Congress, Seoul, Korea.

Michio Nitta & Jong-Won Woo（2018, July）. *Comparing Minimum Wage-Setting Mechanisms in Japan and Korea: Searching for the Sources of Difference*, Paper presented at the meeting of International Labour and Employment Relations Association（ILERA）, the 18th World Congress, Seoul, Korea.

Minawa Ebisui et. al（2018, July）. *Individual labour dispute resolution systems in selected Central and East European（CEE）countries*, Paper presented at the meeting of International Labour and Employment Relations Association（ILERA）, the 18th World Congress, Seoul, Korea.

Myung Joon Park（2018, July）. *The Failure of Incorporation Policy: Labor Activation Policy and Marginalization of Industrial Relations in Korea*, Paper presented at the meeting of International Labour and Employment Relations Association（ILERA）, the 18th World Congress, Seoul, Korea.

Nobada Yamada（2018, July）. *Why So Strong? The Social Background of Union Bargaining Power in Malaysia*, Paper presented at the meeting of International Labour and Employment Relations Association（ILERA）, the 18th World Congress, Seoul, Korea.

Pablo Arellano Ortiz（2018, July）. *Informality and social protection in Latin America: Critical analysis of the current situation*, Paper presented at the meeting of International Labour and Employment Relations Association（ILERA）, the 18th World Congress, Seoul, Korea.

Partha Sarkar et. al（2018, July）. *In Search of the Direction and Nature of Work Change in the Information Technology Sector: A Cross-country Perspective*, Paper presented at the meeting of International Labour and Employment Relations Association（ILERA）, the 18th World Congress, Seoul, Korea.

Phothong Saithibvongsa（2018, July）. *Artificial Intelligence in the computer-age threatens human beings and working conditions at workplaces*, Paper presented at the meeting of International Labour and Employment Relations Association（ILERA）, the 18th World Congress, Seoul, Korea.

Pierluigi Digennaro（2018, July）. *Anti-discrimination legislation and work placement for disabled. A comparison between Italy and Japan.* Paper presented at the meeting of International Labour and Employment Relations Association (ILERA), the 18th World Congress, Seoul, Korea.

Qian Cheng (2018, July). *Does the Labor Cost Advantage of Manufacturing in China Have Gone?* Paper presented at the meeting of International Labour and Employment Relations Association (ILERA), the 18th World Congress, Seoul, Korea.

Rafael Gomez (2018, July). *What do Workers "do" With Union Membership? Further Evidence of the Union-Civic Engagement "Effect" from American and Canadian Workers*, Paper presented at the meeting of International Labour and Employment Relations Association (ILERA), the 18th World Congress, Seoul, Korea.

Ryan Lamare, Richard Benton & Brandon C. Grant (2018, July). *Examining the Effects of Labor Union Leadership Change on Shareholder Activism*, Paper presented at the meeting of International Labour and Employment Relations Association (ILERA), the 18th World Congress, Seoul, Korea.

Sam Han (2018, July). *Impact of poverty reduction program on family expenditures: An analysis of the National Basic Livelihood Security program in South Korea An analysis of the National Basic Livelihood Security program in South Korea*, Paper presented at the meeting of International Labour and Employment Relations Association (ILERA), the 18th World Congress, Seoul, Korea.

Sudhir Chandra Das (2018, July). *Challenges in Talent Acquisition and Retention: A Study of Non Profit Sector in India*, Paper presented at the meeting of International Labour and Employment Relations Association (ILERA), the 18th World Congress, Seoul, Korea.

Sung-Chul Noh (2018, July). *The Changing Face of Inequality: Emergence and Reproduction of Dependent Self-Employed Professionals in the Media Industry in South Korea*, Paper presented at the meeting of International Labour and Employment Relations Association (ILERA), the 18th World Congress, Seoul, Korea.

Tae-Youn Park, Eun-Suk Lee & John W. Budd (2018, July). *What Do Unions Do for Mothers? Paid Maternity Leave Use and the Multifaceted Roles of Labor Unions*, Paper presented at the meeting of International Labour and Employment Relations Association (ILERA), the 18th World Congress, Seoul, Korea.

Tavee Cheausuwantavee (2018, July). *Employment for Persons with Disabilities in Thailand: Opportunity and Challenge for Inclusive Market*, Paper presented at the meeting of International Labour and Employment Relations Association (ILERA), the 18th World Congress, Seoul, Korea.

Thomas A. Kochan (2018, July). *Beyond U. S. Collective Bargaining: The Search for New Employee Voice Options at Work*, Paper presented at the meeting of International Labour and

Employment Relations Association（ILERA），the 18th World Congress，Seoul，Korea.

Toshiko Suda（2018，July）. *International comparative study for motivational factors between Germany，Russia and Japan*，Paper presented at the meeting of International Labour and Employment Relations Association（ILERA），the 18th World Congress，Seoul，Korea.

Tu Wei & Wang Ruojing（2018，July）. *From labour law to labour contract law：finding the hidden changing processes of the employment institution in China*，Paper presented at the meeting of International Labour and Employment Relations Association（ILERA），the 18th World Congress，Seoul，Korea.

Wakana Shuto（2018，July）. *The Unionization and Union Activities of Non-regular Supermarket Workers：A Comparison of South Korea and Japan*，Paper presented at the meeting of International Labour and Employment Relations Association（ILERA），the 18th World Congress，Seoul，Korea.

Xiangquan Zeng et. al（2018，July）. *Research on the job quality of non-standard forms of employment in China*，Paper presented at the meeting of International Labour and Employment Relations Association（ILERA），the 18th World Congress，Seoul，Korea.

Young-Chan Ahn（2018，July）. *The Effect of Training and Education on Human Resource Performance and Corporate Performance of Workers-Focusing on the Moderating Effect of BSC Use*，Paper presented at the meeting of International Labour and Employment Relations Association（ILERA），the 18th World Congress，Seoul，Korea.

Yueting Ji & Jing Chai & Kuang Tang（2018，July）. *Evaluate the effect of China's "Law on Mediation and Arbitration of Labor Disputes"*，Paper presented at the meeting of International Labour and Employment Relations Association（ILERA），the 18th World Congress，Seoul，Korea.

Yunus Dauda（2018，July）. *Technological Change and Global Employment Prospect：Management of Present and Future Challenges*，Paper presented at the meeting of International Labour and Employment Relations Association（ILERA），the 18th World Congress，Seoul，Korea.

图书在版编目(CIP)数据

中国劳动关系报告. 2019 / 乔健主编. -- 北京：社会科学文献出版社，2019.10
（中国劳动关系学院 70 周年校庆丛书）
ISBN 978-7-5201-5592-2

Ⅰ. ①中… Ⅱ. ①乔… Ⅲ. ①劳动关系-研究报告-中国-2019 Ⅳ. ①F249.26

中国版本图书馆 CIP 数据核字（2019）第 202546 号

中国劳动关系学院 70 周年校庆丛书
中国劳动关系报告（2019）

主　　编 / 乔　健

出 版 人 / 谢寿光
责任编辑 / 王玉霞　徐崇阳
文稿编辑 / 胡相铎

出　　版 / 社会科学文献出版社 · 城市和绿色发展分社（010）59367143
地址：北京市北三环中路甲 29 号院华龙大厦　邮编：100029
网址：www.ssap.com.cn
发　　行 / 市场营销中心（010）59367081　59367083
印　　装 / 三河市龙林印务有限公司

规　　格 / 开　本：787mm × 1092mm　1/16
印　张：17.75　字　数：270 千字
版　　次 / 2019 年 10 月第 1 版　2019 年 10 月第 1 次印刷
书　　号 / ISBN 978-7-5201-5592-2
定　　价 / 88.00 元